教育部国际合作与交流司委托研究项目
"20 世纪 50 年代中苏共建项目的历史与现状研究"

История промышленного сотрудничества между
КНР и СССР в провинции Цзилинь
(период первой пятилетки развития народного хозяйства)

"一五"计划时期
中苏工业合作
史实研究

（吉林卷）

王金玲　帕斯穆尔采夫 A.V.　王　宁　等
编著

社会科学文献出版社
SOCIAL SCIENCES ACADEMIC PRESS (CHINA)

中俄合作图书出版项目负责人

王金玲（中国）

帕斯穆尔采夫 A.V.（俄罗斯）

项目参加人员

中方（长春大学）

编者及翻译： 王金玲　王　宁　马丽杰　韩林耕　张　婵　吴　涵　李俊杰

文献及史料校对： 王金玲　王　宁　马丽杰

文字校对： 张　婵　吴　涵　李俊杰

特别鸣谢以下在该项目资料及图片收集工作中给予大力支持的中方单位：

中华人民共和国驻哈巴罗夫斯克总领事馆

中国国家博物馆（中国，北京）

中国铁路博物馆（中国，北京）

中国第一汽车集团公司

吉化集团公司

吉林省图书馆

俄方（太平洋国立大学）

编者及翻译： 帕斯穆尔采夫 A.V.　沃尔科特鲁波娃 O.N.　罗巴诺娃 T.N.

文献及史料校对： 沃尔科特鲁波娃 O.N.　达维达娃 T.N.　帕斯穆尔采夫 A.V.

文字校对： 沃尔科特鲁波娃 O.N.　达维达娃 E.S.　罗巴诺娃 T.N.　萨摩利亚多娃 E.I.　古德利亚耶娃 N.S.

摄影：帕斯穆尔采夫 A.V.

书中采用的照片来源为中俄两国的博物馆、档案馆，部分照片来自相关单位官方网站

历史顾问：

布尔德格洛娃 L.N.，历史学副博士，太平洋国立大学副教授

斯利夫卡 S.V.，历史学副博士，太平洋国立大学师范学院副教授

汽车制造理论与历史知识顾问：

古力科夫 U.I.，工学副博士，太平洋国立大学副教授

特别鸣谢以下在该项目资料及图片收集工作中给予大力支持的俄方单位：

俄罗斯联邦驻沈阳总领事馆

利哈乔夫汽车股份公司（俄罗斯联邦，莫斯科）以及利哈乔夫汽车股份公司人事部经理阿卡法诺夫 V.N. 等领导

俄罗斯远东科学博物馆及其工作人员：斯达尔金娜 G.V.、车尔尼申科 I.A.

前　言

《"一五"计划时期中苏工业合作史实研究（吉林卷）》一书描述了中苏两国在20世纪中期密切合作的史实。

本书在历史文献、事件亲历者回忆录的基础上，通过对中俄文相关的历史书籍和报刊资料的充分研究，向广大读者呈现了中国东北地区解放之初，乃至1949年10月1日中华人民共和国宣布成立之后，苏联在经济、军事政治、工业技术、科学教育以及干部培养等方面对中国进行援助的史实。

书中以中苏两国合作建设长春第一汽车制造厂（即中国第一汽车集团公司，目前已经成为世界上最大的汽车生产企业之一）和吉林省其他苏联援建项目为例，详细地研究了中苏两国在中国东北地区，包括吉林省大型工业企业建设中，在企业的设计、建设、技术流程及管理干部和技术人员培训方面进行合作的史实。

作为佐证材料，书中还收录了大量的档案资料和图片。

《"一五"计划时期中苏工业合作史实研究（吉林卷）》一书由长春大学外国语学院的教师和俄罗斯太平洋国立大学新闻中心的记者们合作完成。该书是继2015年双方合作完成《东方战场的伟大胜利》一书之后的又一力作。

在中俄全面战略协作伙伴关系不断深化和取得新成就的大背景下，希望本书能为促进中俄人文交流、深化两国人民友谊、实现两个民族的伟大复兴做出积极贡献。

编写组
2018年

长春大学校长潘福林教授致辞

中国东北——"共和国的长子",曾经为新中国建设做出了巨大的贡献。第一辆汽车,第一个火车头,第一个晶体管……

"以史为镜",在新中国建设历史这面镜子中,伴随着"共和国长子"成长的是无处不在的"苏联老大哥"的影子,这在中国人民的生活中留下了深刻的印记。我父母就是苏联援建的中国第一个汽车制造厂的职工,我出生并成长在长春第一汽车制造厂的家属区。在我的记忆中,苏式建筑、苏联专家的故事、歌曲《莫斯科郊外的晚上》、电影《这里的黎明静悄悄》、小说《钢铁是怎样炼成的》伴随着我们这代人的成长,也深深地影响了一代人。

历史需要多维度、多角度地了解和解读。我非常欣慰地看到《"一五"计划时期中苏工业合作史实研究(吉林卷)》一书的出版。这本书是长春大学和俄罗斯太平洋国立大学继《东方战场的伟大胜利》一书出版后再次合作的典范之作,是中俄高等教育院校间人文科学领域国际合作研究的又一显著成果。两校科学研究人员立足中

俄友好关系，联合展开社会热点研究，这是对中俄人文教育领域科研合作的有力推动和又一贡献。

这本书不仅反映了中国"一五"期间工业化建设的背景和成果，还搜集、引用了大量的关于苏联援建中国的珍贵历史资料，客观翔实地再现了新中国建设初期的历史，本书的中俄方作者走访了当年参与"156项重点工程"的相关中俄企业、单位和有关人员，查阅了大量的中俄历史资料和档案文献。在充分了解和使用历史档案文献的基础上，对中苏合作的历史背景、中苏双方在援建项目问题上的政策方针、苏联专家在华工作的先进事迹、苏联专家对中国建设的作用和影响等方面进行了详细的考察和论述。

中国有句名言："落其实者思其树，饮其流者怀其源。"本书让我们更充分地了解到中国现代化建设初期的历史轨迹，了解到新中国工业基础建设的基本史实，更了解到中苏在中国工业化建设中的伟大合作。20世纪50年代，伴随着新中国的诞生、"156项重点工程"的落地，在中国人民最需要的时候，上万名苏联专家先后来到中国参与援华建设，他们胸怀伟大的理想，本着国际主义奉献精神，将知识、经验和技术带到中国，无私地传授给中国人民，为新中国建设做出了巨大的贡献。

中俄人民在共同的建设中建立起深厚的友谊，中俄专家在两国交往中成为和平的使者，成为真诚、永远的朋友。今天，编著本书的中俄双方教育工作者们为了友谊的传承，为了开创更加美好的明天，并肩携手，共同讲述中俄友好的历史故事。明天，我相信友谊的火炬将继续传递，将会有更多的中俄青年人走到一起并肩工作，共同开创更加美好的明天！

中华人民共和国驻哈巴罗夫斯克总领事郭志军致辞
——《"一五"计划时期中苏工业合作史实研究（吉林卷）》一书出版贺词

亲爱的读者们！

《"一五"计划时期中苏工业合作史实研究（吉林卷）》一书由中国长春大学与俄罗斯太平洋国立大学合作编著，凝聚了两国专家、学者的智慧和心血。书中引述大量文献、档案、照片等资料，全景回顾了20世纪40~50年代苏联对华援助的珍贵历史，重现了人类文明史上那场壮观的生产技术与人才大迁移。这是一本沉甸甸的历史著作，它不仅记录了苏联技术专家为新中国经济建设无私奉献的辛勤与汗水，更满含着见证两国伟大友谊的历史瞬间。

1949年10月1日，毛泽东主席在天安门城楼庄严宣告中华人民共和国成立了。中国共产党团结带领广大人民群众取得革命战争的伟大胜利，建立起了独立自主的社会主义人民民主政权。中国人民不会忘记，苏联政府第一个承认新中国并与新中国建立外交关系。中国人民不会忘记，面对百废待兴、百业待举的经济发展困境，苏联政府伸出了援助之手，把社会经济发展经验和资金、技术、人才带到中国，开展了涉及工业、农业、军事、基础设施、科技、教育等领域的156个援华项目，其中包括我们耳熟能详的中国第一汽车制造厂、沈阳飞

机制造厂、鞍山钢铁公司、武汉长江大桥等。中国人民不会忘记，一大批苏联技术专家和学者义无反顾、呕心沥血，为新中国国民经济的复苏和工业化进程加速提供了重要的技术支持和人才保障。中国人民不会忘记，新中国以苏联经验为指导，于1953~1957年实施了第一个国民经济五年计划，迈出经济发展新步伐，逐步摆脱了落后的农业国面貌，为未来国民经济腾飞打下了坚实基础。

如今，中华人民共和国已走过了70年不平凡的发展历程。在中国共产党的领导下，中国人民励精图治，艰苦奋斗，开展了波澜壮阔的社会主义建设事业，进行了改革开放的伟大探索和实践，实现了综合国力的历史性跨越，成为世界第二大经济体和对世界经济增长贡献最大的国家，创造了载入人类史册的"中国奇迹"。当前，中国人民正在以习近平同志为核心的党中央坚强领导下，按照全面建成小康社会、全面深化改革、全面依法治国、全面从严治党的战略布局，积极推进实施"十三五"规划，齐心协力为实现"两个一百年"目标和中华民族伟大复兴的中国梦而努力奋斗。

2016年，中俄两国共同庆祝了《中俄睦邻友好合作条约》签署15周年和中俄战略协作伙伴关系确立20周年。在两国领导人的推动下，中俄全面战略协作伙伴关系发展不断取得新成就，两国政治互信与传统友谊不断加深，经贸合作与人文交流成果丰硕，以中国东北和俄远东地区为代表的双边地方合作不断取得新成果，成为"丝绸之路经济带"和"欧亚经济联盟"战略对接的重要一环。可以说，高水平发展的中俄全面战略协作伙伴关系是20世纪50年代中苏友好的延续，中俄两国将继续秉承世代友好、共同繁荣的发展理念，为发展双边关系、造福两国人民而不懈努力！

最后，我谨代表中华人民共和国驻哈巴罗夫斯克总领事馆向本书的出版表示衷心祝贺，向长春大学和太平洋国立大学参与本书撰述的专家、学者们致以诚挚的谢意！希望两国在教育科研领域的合作进一步发展，取得更多实实在在的成果，为中俄友好事业的发展添砖助力！

太平洋国立大学校长谢尔盖·伊万琴科教授致辞

亲爱的中国和俄罗斯朋友们！

呈现在各位面前的是《"一五"计划时期中苏工业合作史实研究（吉林卷）》这部图书。这已是近年来长春大学的教师们和太平洋国立大学的新闻记者们合作完成并成功出版发行的第二部创造性的科研成果。

这是一部新书，也是两校学者在中俄战略合作伙伴关系框架下多维度全面合作及互助问题研究领域合作的延续性成果。2015年，为纪念二战胜利暨苏联出兵中国东北摧毁日本军国主义70周年，双方首次合作出版了《东方战场的伟大胜利》一书。中苏两国人民和军队在解放东亚地区斗争中的并肩作战促进并加深了中苏两国以及今天中俄之间的友谊。二战结束后不久，苏联援助建设新中国，就复杂程度和建设规模而言，这样的合作是史无前例的。

中苏在经济、工业技术和科学教育领域合作的地域范围几乎覆盖了全中国。在中国的多个省市，甚至是在最边远的地区，在苏联的帮助下和数以千计的苏联专家——工程师、技术员和工人的积极

参与下开始了100多个大型工业、能源和运输企业的建设工程。长春第一汽车厂的设计、建设、技术配备以及本书第一部分中涉及的干部和技术人员培训就是苏联援助中国建设的大型工业企业建设项目之一。

中国国家领导人曾经不止一次地指出，20世纪50年代是中苏两国友谊发展的"伟大十年"。这个时期是中苏两国之间——首先是经济领域——合作最密切的时期。苏联多领域的援助使经济落后的中国能够进行工业技术革命，而中国人民凭借着勇于自我牺牲的劳动精神为国民经济各领域的持续发展打下了坚实的基础。

今天，中国在经济、现代化技术、科学及人才培养等方面已经取得了举世瞩目的成就，并成为世界许多国家关注及全方位研究的焦点。正因为这一点，我希望《"一五"计划时期中苏工业合作史实研究（吉林卷）》这本书能够引起所有人的兴趣。

同时，我也希望并祝愿长春大学和太平洋国立大学的中俄科研合作及图书出版团队能继续合作，编写并出版更多有价值的新书。因为这项工作有助于中俄人民对彼此历史与现状的了解，可以促进两国科研领域的合作及中俄高校人文教育领域重要校际合作项目的实施。更重要的一点是，这将有助于加深21世纪中俄两国人民的传统友谊和相互理解。

俄罗斯联邦驻沈阳总领事馆总领事 谢尔盖·帕尔多夫先生致辞

尊敬的读者朋友们!

《"一五"计划时期中苏工业合作史实研究(吉林卷)》是由长春大学和太平洋国立大学合作完成的关于中俄关系热点问题的学术著作,这是继《东方战场的伟大胜利》一书之后双方合作完成的又一力作。对于长春大学与太平洋国立大学富有成果的科研合作,我感到非常高兴。

1949年中华人民共和国宣布成立,苏联是世界上第一个承认并与中华人民共和国建立外交关系的国家。中苏两国之间的合作与互助开始于中国解放战争时期,并在新中国成立后得到了进一步的推进和发展。新中国从旧中国接收过来的是一份不同寻常的"遗产",中国共产党迫切需要建立起现代化的国民经济体系,迫切需要完成国民经济恢复、推进国民经济各个领域的改革和制定长期的社会主义经济建设战略等主要任务。新中国成立之初危机四伏,毛泽东在给斯大林的电报中写道:"我们不懂经济,没有能力也不擅长组织经济恢复工作,没有经济的恢复也

就无法巩固革命胜利的果实。"

正是为了这个首要目的，苏联顾问、专家和教师们来到中国，而数以千计的中国大学生和技术人员也到苏联进修实习。苏联还向中国提供了优惠贷款，转交了大量的技术文件。如此大规模的经济和科技援助是前所未有的。值得一提的是，中苏之间的合作与互助也是当时苏联外交政策的主导方向。我的前任——当时的苏联驻沈阳总领事们，都尽职尽责地关注与协调鞍山钢铁公司——中国第一个现代化的大型钢铁企业的工程建设。

本书中描述的史实、引用的文件和照片是20世纪50年代苏联在中国工业建设、干部技术人员培训、促进中国各地区社会经济发展、工业可持续发展体系建设和国家文化繁荣等方面给予全方位援助的有力证明。曾在中国工作的老一辈汉学家给我讲述过中国国家领导人和中国人民对苏联援助的高度评价和认可。我不久前读到了一本苏联外交官的回忆录，回忆录中引用了1953年9月15日毛泽东发给马林科夫G.M.的电报，电报中对"在援助中国建设141个工业企业中苏联给予的伟大的、全面的、长期的、无私的帮助"表示诚挚的谢意。这141个工业企业中，位于东北地区的企业超过了1/3，其中包括当今已发展成为行业领头羊的长春第一汽车制造厂、沈阳机床厂、哈尔滨汽轮机厂等大型企业。

我相信，广大中俄读者一定会和我一样对《"一五"计划时期中苏工业合作史实研究（吉林卷）》这本书产生极大的兴趣。与此同时，在当前竞争激烈的国际背景下，我们也希望为进一步拓宽中俄两国区域间和企业间互利互惠的合作与交流做出积极的贡献。例如，是否可以找到20世纪50年代肩并肩工作过的中苏老一辈专家与工人，搜集整理充实他们的回忆录，还可以充实该主题的博物馆藏品，从而使老一辈的合作伙伴之间的接触和联络重新活跃起来。我认为，更重要的一点是，希望这本讲述我们两国友好合作光荣历史的图书也能为我们带来更广阔合作的契机。

最后我想向长春大学和太平洋国立大学的研究团队表达最诚挚的谢意！感谢你们在苏联对华援助问题的研究中所做出的巨大努力和内容全面、史料翔实、高水平的研究成果！同时希望，长春大学和太平洋国立大学两校的科研团队能够继续加强各领域合作，今后带给我们更多有价值的、深化中俄传统友谊以及旨在造福两国人民的新的研究成果。

目录
contents

第一部分
新中国成立前后中苏在中国东北地区的经济、技术与工业合作

一 二战后（1945~1949年）中苏经济技术合作的历史背景
和主要领域　//　3

　　（一）二战后中苏合作的历史背景　//　3
　　（二）二战后中苏经济合作的主要领域和苏联对东北地区的援建　//　5

文献摘选　//　18

二 新中国经济恢复时期（1949~1952年）中苏经济与技术合作　//　22

　　（一）合作情况概述　//　22
　　（二）经济合作的基本方向　//　41

文献摘选　//　55

三 "一五"计划时期（1953~1957年）中苏工业合作　//　58

　　（一）"一五"计划编制情况　//　60
　　（二）"一五"计划编制与实施过程中面临的困难及
　　　　中苏情况对比　//　67
　　（三）苏联对中国工业的援建　//　77
　　（四）"一五"时期中国工业取得的成就　//　100

文献摘选　//　119

第二部分
长春第一汽车制造厂——20世纪50年代中苏两国专家成功合作的典范

一 20世纪50年代吉林省工业发展史概述　//　142
　　（一）国民经济全面恢复时期（1949~1952年）　//　142
　　（二）"一五"计划时期——吉林省工业大规模建设时期
　　　　（1953~1957年）　//　145

二 长春第一汽车制造厂的发展和成就　//　151
　　（一）筹备建设中国汽车制造业——中苏两国领导人决定由苏联援助
　　　　中国建设汽车制造厂　//　152
　　（二）苏联负责汽车制造厂的总设计和建厂援建　//　157
　　（三）中苏双方经过实地勘察，确定在长春建设汽车制造厂　//　160
　　（四）长春第一汽车制造厂列入"一五"计划，中苏双方共同确定
　　　　三年建成汽车制造厂　//　162
　　（五）长春第一汽车制造厂建设完工并移交投产　//　164
　　（六）苏联斯大林汽车厂为中国"一汽"编制企业管理全书——
　　　　《生产组织设计》　//　168
　　（七）苏联为中国汽车工业培养了大批人才和技术骨干　//　169
　　（八）60多年的发展历程：从第一汽车制造厂到
　　　　第一汽车集团公司　//　182

文献摘选　//　182

历史的记忆　//　208

文献摘选　//　227

第三部分
"一五"时期吉林省其他苏联援建项目的历史考察

一 吉林化工集团的创建与发展　//　251

二 吉林化学工业区的建设与发展　//　252

三 吉林染料厂　//　257

四 吉林电石厂　//　261

五 吉林氮肥厂　//　265

六 吉林热电厂　//　269

七 吉林铁合金厂　//　272

八 吉林炭素厂　//　274

九 吉林丰满发电厂　//　276

结束语　21世纪中俄合作新篇章　//　281

第一部分

新中国成立前后中苏在中国东北地区的经济、技术与工业合作

一 二战后（1945~1949年）中苏经济技术合作的历史背景和主要领域

（一）二战后中苏合作的历史背景

1945年8月，苏联出兵中国东北，为中国抗日力量大反攻提供了有利时机。8月9日，中共中央主席毛泽东发表了《对日寇最后一战》的声明。8月10~11日，八路军总司令朱德连续发布受降和配合苏军作战的七道命令。中国抗日力量在前线对日伪军进行了全面大反攻，在苏联边境地区整训的东北抗日联军教导旅以苏联远东红旗第88独立步兵旅的番号被列入苏联红军出兵中国东北的战斗序列。① 中国共产党领导的抗日武装从山海关张家口以北沿长城内外线迅速挥师挺进东北，配合苏军向日本关东军发起了猛烈进攻。

1945年8月15日，第二次世界大战在亚洲及太平洋战场结束，日本战败。然而战争的胜利并没有带来长期稳定的世界格局，也无法使遭受战争破坏的中国经济得到恢复。

战后世界列强在经济利益上的竞争以及两股国际势力地缘政治关系的变化，影响了中国政治局势的发展走向。这两股力量分别以苏联和美国为首。战后苏联和美国在对待欧洲问题上的矛盾表现得尤为突出。美国的支持者主要为一些英语国家，如英国、加拿大、澳大利亚。美国总统哈里·杜鲁门及美国高层的一些反

---

① 王金玲、〔俄〕帕斯穆尔采夫编著《东方战场的伟大胜利：纪念二战和摧毁日本军国主义胜利70周年》（中俄双语），哈巴罗夫斯克：太平洋国立大学出版社，2015，第352页。

共势力认为，苏联利用反法西斯战争胜利的成果最大限度地扩大了自身的政治影响力，使东欧大部分国家的共产党及其政治同盟掌握了政权，同时在法国、意大利及西欧其他国家协助发展了共产主义势力和左翼力量。在这种背景下，美国领导人及其在西欧的政治盟友逐渐改变先前对苏联的政策，从尊重苏联利益到"遏制并孤立"苏联。1946年3月5日，英国首相温斯顿·丘吉尔在威斯敏斯特学院（美国密苏里州富尔敦城）发表了所谓的"富尔敦演讲"（即铁幕演说）。当代历史学家们认为，这次演讲拉开了"冷战"的序幕。

在这种局势下，美国开始将苏联视为其地缘政治的首要对手，不仅在欧洲，而且在世界其他地区也与苏联抗衡，这其中包括中国和朝鲜所在的东亚地区。事实上，美国总统哈里·杜鲁门的政策已逐渐脱离《雅尔塔协定》和《波茨坦公告》的主旨，违反了上述协议中关于苏联有权在其领土周边建立势力范围和安全体系的规定。美国认为中国的东北地区有可能成为苏联扩大势力范围和建立安全体系的地区之一。由于战后苏联的帮助，中国共产党的地位在中国东北地区得到了巩固和加强，东北革命根据地开始形成，成为经济、军事和政治重镇。

1945年8月25日，中共中央发表《对目前时局的宣言》，在宣言中分析了当前的政治形势，并提出了和平建设的目标。宣言中指出："抗战胜利了！新的和平建设时期开始了！我们必须坚持和平、民主和团结，为独立、自由、富强的新中国而奋斗！"[①]

正是在那个非和平时期，在战争仍然持续的情况下，中国共产党提出了国家未来发展方向的问题，其中包括选择什么样的经济模式作为新中国建设基础的问题。

[①] 《解放日报》1945年8月27日，载《中国第三次国内革命战争》，莫斯科：军事出版社，1957，第126页（译自《第三次国内革命战争概况》，人民出版社，1954）。

（二）二战后中苏经济合作的主要领域和苏联对东北地区的援建

东北地区从日本侵略者手中被夺回后，中国共产党领导的爱国主义力量控制了大部分地区，1945年9~12月，在共产党的领导下，东北地区建立起了新的各级民主政权。

1946年2月14日中国共产党中央委员会发表声明：

"在日军和伪军被肃清的地区已建立起民选地方政府……委派中央委员赴东北领导工作，设立了中共中央东北局。目前东北地区和平稳定，经济秩序，包括贸易、工业和国民经济的其他领域在恢复中，居民生活逐步改善……"①

1945年秋至1946年冬，东北地区已处于中国共产党的掌控之下，即使在1946~1947年国民党发动大规模进攻时，共产党仍然控制着东北的大部分区域，这促使中共成功地建立了"东北根据地"。"东北根据地"不仅是政治和军事战略基地，而且成为强大的经济（工业和农业）根据地。"东北根据地"的建立使中国共产党在东北地区发挥出自己施政纲领的优势，并且可以开展建设新国家的具体工作：对工业、交通运输业进行改造，大范围实行土地改革，在生产贸易等领域同小资产阶级和资产阶级阶层进行广泛的合作。与此同时，东北与苏联有几千公里的边界线，对中国共产党而言，控制了东北就意味着苏联可以通过铁路交通与水路交通秘密向人民解放军和人民民主政权提供军事物资及其他必需的战略物资。

从经济角度看，东北是二战后中国最发达的地区之一。东北地区有着丰富的矿产资源：当时东北有占中国已探明储量80%的铁矿、

---

① Новейшая история Китая.1928–1949.–Под ред. Сладковского М.И.–М., Наука, 1984.–С. 264.

超过90%的页岩，中国几乎所有的页岩铝、菱镁矿和铀等矿产都位于东北地区。在这里还发现了储量丰富的镁矿、钨和黄金。当时东北的采煤量占全国总产煤量的45%，铁矿产量占全国总产量的52%，铅锌矿占76%，铜、铝、镁等矿产全部采自东北。①

当时中国东北地区已经拥有纵横交错的铁路网。20世纪40年代初期中国的铁路总运行里程为22000公里，其中10463公里（大约为中国铁路总运行里程的一半）的铁路分布在东北。东北东部和东南沿岸的辽东半岛还有大型海港，利用这些海港可实现与中国南部及其他国家之间的商贸往来及货物运输。

综上，20世纪40年代的东北经济和工业发展都处于全国领先地位。到20世纪40年代中期，东北的工业产值在全国工业生产总值中所占的比重达20%以上，其中生铁产量占全国的87%、钢产量占全国的93%。②东北的采矿工业、化学工业、林业、水泥业、食品工业、电力业、黑色和有色冶金业也相当发达，这些都为日本侵略者在东北建立汽车生产与装配企业奠定了基础。但是，抗日战争胜利后，东北的许多大型企业处于停产状态，因为几乎所有管理人员和工程技术人员都是日本人。在日本侵略中国东北的长时间里，中国专业技术人员、民族工商业企业主不是被杀害，就是被驱逐出境。这种状况导致在中国东北地区已经没有高技能的、经验丰富的专业技术干部来接管日本遗留在东北的工业企业。控制东北后，这个复杂的任务就摆在了中国共产党面前。

1945年12月28日，毛泽东给东北局下达了关于在三四年内将东北建成巩固的根据地的指示，命令东北局在距离国民党占领中心

---

① История Северо-Восточного Китая. XVII–XX вв.–Кн. 2. Северо-Восточный Китай. 1917–1949 гг.–Владивосток, Дальневост. кн. изд–во, 1989.–С. 244.

② Журнал «Народный Китай» (Пекин), 1951, № 9–10.–С. 11；Сладковский М.И. История торгово–экономических отношений СССР с Китаем (1917–1974).–М., Наука,1977.–С. 156, 159.

图 1-1 1946 年在中国东北地区的人民解放军战士

较远的城市和广大乡村，全面发动群众，建立政权。①

在中共东北根据地建立的过程中，借助苏军的协助，旅大地区最早建立起民主政权，同时成为最早形成的最为巩固的革命根据地。

1946~1949 年中国解放战争时期，中国共产党在意识形态和政治观点方面与苏联相近，因此苏联与中共在经济、政治、军事方面的联系越来越顺畅，并且富有成效。

在苏联和中国共产党合作的不同时期，双方所面临的任务也不尽相同。在中国解放战争之前以及解放战争的第一阶段，苏联领导层和远东苏联红军对中国人民解放军的援助主要是提供武器及交通工具、军事和后勤资源保障。

在局势有所稳定之后，苏联对中国共产党的援助主要是帮助中共在东北地区建立根据地和恢复军事工业，其中包括军事机械和武器装备的修理与维护，还包括向中国人民解放军提供弹药和军用服

---

① 《毛泽东选集》(第四卷)，人民出版社，1966，第 1177~1180 页。

装。除此之外，为了保障中共在东北和辽东半岛的工厂和交通企业的高效运转，苏联帮助中共对企业人员进行了技术培训。从1946年起，苏联开始向东北地区的居民提供日常消费品和几种短缺粮食的援助，同时开始对解放区企业进行工业原料的供应，帮助企业稳定生产，也为解放区的居民提供了就业机会。

1946~1949年，各种谷物、植物油、罐头、砂糖和其他食品，以及医药、布匹和其他生活必需品经由符拉迪沃斯托克港通过海路运输或铁路运输经过朝鲜领土和朝鲜南浦港运抵大连："运达大连港的食品在中国地方人民民主政府和苏联军队驻辽东半岛管理处的协助下，以合理的价格提供给辽东半岛的居民。对中国人民提供无偿援助过程中所发生的援助物资运输和保管费用由苏联方面承担……"①

除了以上援助之外，苏军驻辽东半岛管理处还协助中国地方政府恢复了公共事业和社会基础设施，修建了包括学校、道路在内的许多基础设施，同时培训了一批高水平技术人员。

在对辽东半岛的援助工作组织中，作为全苏粮食出口总公司合作伙伴的辽东人民民主政府创建了"福昌工业"贸易公司②以及"辽东渔业"股份公司、"大连能源"股份公司和"大连造船厂"。

正是在辽东半岛，中国共产党与苏联合作建立起资金分配合理、生产效率高的股份公司。③例如，中苏合营的盐业公司（创建于1947年）不仅拥有77艘捕鱼船和运输船，还拥有5个盐场，1个鱼罐头加工厂，3个食品冷藏中心，1个白铁加工厂，1个缆绳加工厂，1个麻袋加工厂。到1948年，产品产量得到了大幅提高：生产了300

---

① Русско-китайские отношения в XX веке. Документы и материалы. 1946-февраль 1950 г.-Кн. 2. Под ред. Мясникова В.С.-М., Памятники исторической мысли, 2005.-С.492.

② 辽东人民民主政府于1946年创建的公司。

③ Сладковский М.И. История торгово-экономических отношений СССР с Китаем (1917-1974).-С.178-181.

万盒罐头制品和18万吨盐，其中8.36万吨盐出口到苏联。"中苏合营远东电业"股份公司由14个大型企业组成，包括水泥厂、玻璃厂、油漆厂、无线电厂、灯泡厂和两个发电站。1948年之前，在实行了现代化运营后，公司的产品开始远销到国外。

此外，苏联工程技术专家参与了中苏合作公司——"中苏合营造船公司"的筹建工作，并参与了属于该公司的"大连造船厂"的修复工作。1947年初，在中国解放战争最艰难的时期，苏联就已经开始向工厂提供机床及其他设备。这些机床与设备大部分通过海路运输抵达大连，因为在当时辽东半岛与东北其他地区的陆路交通因战争已被中断。1947年，有包括350台金属加工机床、50套铸造设备、11个熔炉、2个干船坞在内的总计约1000台各式机器和设备在大连造船厂安装并投入运行。船厂拥有254名工程师和技术人员、260多名服务人员和2000多名工人。1948~1949年，大连造船厂的改建工程持续进行，在苏联的帮助以及中国工人的辛勤劳作下，在中华人民共和国宣布成立前夕，工厂的产量相比战前有了相当大的突破。1947~1950年工厂生产了500多艘轻型船只、拖船和自动推进式驳船，也修理了数量众多的苏联和中国的水上运输工具。

因此，1946~1949年辽东半岛的国民经济发展不仅奠定了中苏经济合作的基础，而且成功地扩大了生产，使地方民众受益，另外也加强了国际上的贸易往来。

1946年在中国共产党和东北行政委员会的领导下，全国最大的解放区——东北解放区的经济建设工作全面展开了。人民民主政权解决了接收并监管日本遗留财产（首要的是大型工业企业）、恢复中小型企业和贸易公司的生产与运营、消灭失业现象、建立居民日常生活必需品保障体系以及建立人民民主政权自己的财政体系等问题。

1946年5月，东北银行成立，同时开始准备发行新的货币——人民币。为了保障解放区各个城市居民的粮食与燃料的供应，1946年1月在哈尔滨成立了东北贸易总公司，这是东北财政委员会领导下的一个专门的对外贸易机构。此外，又创办了东兴公司。它是中国共产党历史上组建的第一个专门对苏联的贸易及签约公司。

到1946年春季之前，解放区的经济活动基本得到恢复。中共中央东北局的资料显示，1945年9月到1946年3月，二战期间被迫关闭的29.3万个企业中有17.2万个大型、中小型和手工业企业已恢复生产。①

对于人民民主政权来说，发展经济除了依靠自身的力量之外，获得苏联的援助也是十分重要的。1946年底，苏联与中国东北人民民主政府就建立稳定的贸易关系等问题达成了一致意见。为此，根据东北行政委员会的请求以及斯大林的指示，以苏联粮食储备部部长季米特里·福铭为首的政府委员会从莫斯科被派往苏联远东地区。

图1-2 20世纪40年代的大连。1946~1949年，因苏联红军的驻扎，大连成为中国最和平、最安全的城市

---

① 《东北党委员会报告书》，1947，第27页。

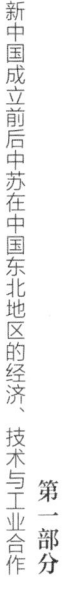

图 1-3　中国东北地区铁路设施的恢复促进了与苏联之间铁路交通的建立

　　1946年12月21日，在沃罗希洛夫斯克市（今乌苏里斯克市，滨海边疆区），苏联对外贸易部东方局局长米哈伊尔·斯拉特科夫斯基、全苏粮食出口总公司副主席苏里门科作为苏方代表与中国东北行政委员会的代表举行了会谈。苏方代表与东北行政委员会代表、东兴贸易公司①签署了向解放军提供军需物资以及向东北地区居民提供粮食和其他生活必需品的供货合同。根据此合同，苏联方面不仅应向野战医院，也要向民用医院提供医疗器械，同时苏联还要向东北人民民主政府提供包括煤炭在内的各种工业原料、棉布棉纱等生活必需品以及汽油、煤油、工业用油、纸、白糖、盐等物资。②

　　供货商品从苏联的后贝加尔地区（经后贝加尔斯克站—满洲里站）和滨海边疆区（经格罗捷科沃—绥芬河）经铁路运往中国，或

---

① 解放战争时期东兴贸易公司的负责人为叶季壮，1949~1952年任中华人民共和国贸易部部长。

② Капица М.С. Советско-китайские отношения.-М., Государственное издательство политической литературы, 1958.-С. 343; Сладковский М.И. История торгово-экономических отношений СССР с Китаем (1917–1974).-С. 173-174.

者通过苏联阿穆尔河河运轮船公司的船只经由阿穆尔河（黑龙江）和松花江的水路运往中国。作为东北解放区临时行政中心的佳木斯市是当时东北人民民主政权与苏联贸易往来的重要中转站。

松花江航线是东北根据地与苏联联系的水上交通大动脉。为了方便和扩大双方的物资交流，苏联还帮助恢复了松花江、黑龙江的水路航运。1947年4月，在苏联远东外贸运输公司哈尔滨公司的协助下，开通了松花江航线，在佳木斯、富锦等处修建了码头，在哈尔滨增建了码头。从当年5月起，苏联船只从布拉戈维申斯克（海兰泡）、哈巴罗夫斯克（伯力）、共青城向松花江流域的中国各港口定期供货。当时，位于航线上的佳木斯市是仅次于哈尔滨市的东北地区的第二大城市，是东北解放区最重要的后勤基地。东北局成员张闻天与苏联外贸和运输部门密切合作，使轮船在1947年和1948年松花江通航期间通行无阻，保障了燃料、药品、衣服、靴鞋等大批必需物资源源不断地运到国内。①

关于苏联与东北行政委员会控制区域的经贸联系的相关数据统计可以直观地证明，在东北地区苏联与共产党政权之间的贸易量很大。例如，1947年共产党控制的东北地区（不包括辽东半岛）和苏联的商品流通量总价值为4.138亿卢布②，其中苏联进口额为2.017亿卢布，东北地区进口额为2.121亿卢布。

东北人民民主政府则主要向苏联提供农副产品。从1946年12月至1947年12月，东北根据地向苏联出口大米、小米、玉米、高粱、小麦等各种粮食共67.5万吨，肉类6000吨，还有植物油、猪鬃等；从苏联进口布匹3000万米、棉纱560吨、纺花60吨、装花4000吨、火柴5000万盒、糖1000吨、盐3.9万吨、轴线240万轴、

---

① 薛衔天、刘成元：《苏联与东北革命根据地》，《中共党史研究》2005年第1期，第70—72页。

② 卢布对美元的汇率为4∶1，参见 Сладковский М.И. История торгово-экономических отношений СССР с Китаем (1917–1974).–С. 184。

长筒毡靴 4 万双、制鞋皮革 10 吨、钞票纸 800 吨、白报纸 580 吨、汽油 3300 吨、煤油 2000 吨、航空汽油 1000 吨、其他工业用油 2000 吨、卡车 500 辆、汽车轮胎 1 万副、自行车 2700 辆、炸药 700 吨、导火线 230 万米、雷管 300 万个、煤 118 万吨、杂料 27 吨、摩托车 150 辆、各种合金钢铁等金属 500 吨，其他军用器材、卫生医药、印刷等器材及民用杂货共 600 多种。进口物品中，军用及建设用物资占 72%，民用物资占 28%。

1948 年 2 月 27 日，双方在哈尔滨签订第二次贸易合同。合同规定，东北根据地向苏联出口粮食 72 万吨、豆油 5000 吨、原煤 30 万吨，此外还有猪、牛、羊、鱼、鸡蛋等；从苏联进口棉织布 2000 万米、棉纱 2000 吨、纺花 1.3 万吨、装花 5000 吨、载重卡车 3000 辆、摩托车 150 辆，以及各种机械原料军需品等①。

1948 年，苏联和东北地区的商品流通增加至 6.74 亿卢布，1949 年，苏联和东北解放区的贸易总额增加至 9.159 亿卢布，与蒋介石政府的贸易额减少到 5700 万卢布。②

随着东北解放区的巩固与壮大，中国共产党与苏联政府之间的关系变得越来越密切。东北省份土地改革后，千百万农民分到了土地。从 1947 年开始，东北地区向苏联远东地区提供粮食援助。这种援助对于当时处在战后经济崩溃状态，而粮食主产区又位于苏联西部（当时哈萨克苏维埃社会主义共和国北部、后乌拉尔地区、阿尔泰地区的耕地尚未被开垦）的苏联远东地区而言意义重大。以下是 1947 年阿穆尔河通航期，从中国东北地区通过水路运往苏联远东地区的粮食供货量：截至 9 月 1 日，已向苏联远东地区输出粮食 20 万吨，其中运往阿穆尔州 6 万吨、哈巴罗夫斯克 11.5 万吨、阿穆尔河下游地区 2.5 万吨。通过对比我们发现，在同期，苏联远东上述地区

---

① 向青等主编《苏联与中国革命：1917–1949》，中央编译出版社，1994，第 543~545 页。
② Сладковский М.И. История торгово-экономических отношений СССР с Китаем (1917–1974).–С. 174, 183–184.

的国营农场和集体农庄上交的粮食总量为22.7万吨。也就是说，运送到俄罗斯远东地区人民餐桌上的中国粮食数量，几乎与当地粮食总产量相当。中国东北解放区还为苏联提供了包括黄油、植物油在内的其他食品，包括辽东半岛的鱼类产品。①

在向人民解放军提供武器装备并发展贸易关系的同时，苏联与中共在东北合作的另一个重要方向是派遣苏联专家参与被战争破坏的公共基础设施的修复与重建工作。1945年秋，第一批苏联铁路专家就开始参与中国长春铁路的修复工作。

图1-4　1949年5月在苏联专家的帮助下开始修复中国东北地区的铁路和桥梁

东北人民民主政权严格履行中苏之间关于《中国长春铁路之协定》的做法不仅使其控制地区的国内铁路交通得以恢复，而且建立了与苏联（主要是在苏联滨海边疆区和外贝加尔地区铁路机构）的

---

① Государственный архив Хабаровского края. Ф. 35. Оп. 18. Д. 25. Л. 213; Ф. 35. Оп. 1. Д. 1959. Л. 47–48.

铁路联系。

东北与苏联之间的铁路货运量也逐年增加。1947年从东北地区通过中国长春铁路运往苏联的国际货运总量为75万吨，1948年增加到90万吨，1949年达到了100万吨。苏联的铁路企业还组织了被战火损坏的火车车厢和蒸汽机车的修复工作，修复铁路所必需的原材料（铁轨、枕木、建筑材料等）和工具也从苏联运往中国。

在苏联专家的帮助下，东北地区抗战胜利后立刻展开了比较重要专业领域的中国铁路干部和人才的培训工作。[1] 培训工作分两个层次进行：有900多名中国铁路工人参加了铁路沿线部门组织的培训班，其中的500人还参加了中国长春铁路局举办的中央培训班。此外，1945年12月10日在苏联军事工程师谢德和大校（被任命为校长）和他的副手格里高罗维奇教授领导下重新开课的哈尔滨工学院（今哈尔滨工业大学）也开始了为中长铁路培训400名铁路工程师的工作。[2]

哈尔滨工学院由中国长春铁路拨款，不收学费。学校设有预备系，还专门为青年工人开设了夜校。许多学生是在日本侵占东北时期无法接受高等教育的中国公民。哈尔滨工学院采用苏联的教学大纲和教学计划，授课教师全部来自苏联高校，实践课指导工程师也都在中长铁路工作过。即使是在解放战争时期，哈尔滨工学院也根据中长铁路组织工作及未来新中国政权铁路事业发展的需要，培养了几百名中国铁路工程师。

苏联领导人斯大林派自己的私人代表科瓦廖夫作为苏联部长会议的全权代表来到中国，领导苏联专家负责援助中长铁路的修

---

[1] Борисов О.Б., Колосков Б.Т. Советско-китайские отношения, 1945–1980.–Изд. 3-е-М., Мысль,1980.–С.33.

[2] Каневская Г.И. Харбинский политехнический в воспоминаниях его выпускников: к 75-летию со дня основания ХПИ. //Рубеж.–Владивосток, 1998.–С. 309–316.

图1-5 哈尔滨工学院教学楼。1945年在这里为中国长春铁路培养了中国籍专家

复工作。在1941~1944年苏联卫国战争期间，具有工程兵中将军衔的科瓦廖夫担任红军军事交通局局长。1944~1948年科瓦廖夫任苏联交通部人民委员，20世纪50~80年代任职于苏联总参谋部军校，是苏联科学院世界经济与国际关系学院教授。

就这样，苏联专家组由50名工程师、52名铁路修复教练员以及220名技术员和工人组成。苏联政府1948年5月17日、10月9日及1949年2月6日的决议，通过了科瓦廖夫领导的专家组名单，修复中长铁路、铁路桥梁和其他设施所需的大量技术设备和机器以及建筑材料被运送到东北地区。这些设备与材料的供货部门不仅仅是苏联交通部，还包括苏联其他各部委。

为了能完成大量的修复、建设以及其他工作，在苏联专家的帮助下，人民解放军在短时间内就组建起3万人的铁道兵队伍。苏联工程师和教练员仅在1948年夏秋两季就为4600多名指战员进行了铁路各专业的培训。

1948年下半年，几千公里的铁路干线和专用铁路线路被成功修复。修复的铁路桥梁的总长度超过 9000 米，其中包括结构复杂的横跨松花江的两座铁路大桥（长度分别为 987 米和 440 米）和横跨饮马河的铁路大桥（长度为 320 米）的修复工程。

在科瓦廖夫的帮助下，中国人民解放军铁道兵部队为修复铁路进行了大量工作，他们为新中国成立后的经济恢复也做出了巨大的贡献。

中共中央对苏联专家的工作给予了高度评价，甚至专门向斯大林建议对科瓦廖夫及其专家组成员进行表彰。

新中国成立后苏联成为中国最值得信赖的盟友。中国共产党和中国人民解放军需要苏联提供更多的援助，来恢复和建设被连续几十年的战火破坏的工业、交通、农业等国民经济的各个领域。

文献摘选*

1946年6月前，东北解放区各地火车与汽车交通已经恢复，开始水路交通的恢复工作。1946~1947年，苏联向中国提供了燃料、汽车、煤炭、棉布、食盐和其他当时紧缺的物资。1947年4月，在苏联专家的帮助下为实现松花江通航在佳木斯、富锦、清津等地建了码头，并对哈尔滨码头进行了扩建。苏联阿穆尔河航运公司划拨了拖船和驳船。因此从苏联港口城市哈巴罗夫斯克、布拉戈维申斯克、阿穆尔共青城运到中国的货物在革命军队的作战中起了重要保障作用。

1947年春季前，东北解放区所有铁路干线的交通已恢复，还恢复了经过后贝加尔斯克和格罗捷科沃与苏联的铁路交通……

科瓦廖夫

* 选自苏联部长会议主席斯大林派往中国与毛泽东联系的私人特使、中共中央政治局总顾问、1948~1950年苏联在中国工作专家组组长科瓦廖夫的回忆录。Ковалев И.В. Транспорт в Великой Отечественной войне (1941–1945 гг.).–М., Наука, 1981.–С. 415–419.

1948年6月，由50名工程师、52名教练员以及220名技术员和工人组成的铁路修复专家组奔赴中国东北。专家组配备有必要的设备，包括抢修列车设备、潜水作业站、起重机以及其他设备，还有备用零件。铁路修复的具体工作由达罗宁将军负责，而我作为苏联部长会议的全权代表参与了中国东北解放区和其他解放区所有援建项目的协调工作。专家组的工作量非常大：要修复铁路和大型的铁路桥梁以及几千个小的铁路设施。

中国东北地区的特点是：铁路设施不是一般意义的损坏，而是完全被破坏，到了几乎不存在铁路的状态。曾经铺设铁路的地方变成了稻田和菜园子。侵略中国并进行疯狂掠夺的帝国主义分子根本就没做任何的铁路建设的修复工作，他们更喜欢用海运和河运的方式来满足自己的需求（中国多数重要的中心城市都位于大江大河的岸边以及沿海地区），而在中国内陆地区，他们会使用汽车运输或者是空运的方式。

图1-6 1948年科瓦廖夫专家组修复的跨松花江铁路大桥

在中国建设工业和交通设施的帝国主义国家公司在工程结束后，想尽办法让中国工人无法了解技术、工艺和经济方面的知识。因此苏联专家组认为不仅有必要帮助中国人民恢复被战争摧毁的国民经济，也有必要帮助中国人民培养自己的、能胜任所有复杂的工业和交通设施建设的干部。所以，苏联专家组的领导者建议中共中央政治局、东北地方政府和东北人民解放军指挥部组建1万人的铁道兵部队，并由

苏联专家组负责对他们进行培训，使他们掌握未来国家铁路交通建设事业恢复和建设所必需的组织工作和专业知识。

仅仅几天之后，人民解放军的士兵和指挥员共计1万人的队伍就已经开始进行铁路修复工作了。在此基础上组建了中国第一支一个军的铁道兵部队，共有六个旅，每个旅六个营。所有指挥员的职务均由中国人担任，但是各个级别（从班长到军长）的职位都配备了我们的人员——顾问或者是教练员。知名专家达罗宁将军任中方军长的顾问。每个苏联工人、教练员和顾问在中国工作期间都要负责培训10~20名中国同志，向他们传授相关工作必要的技术和工艺知识。

工作条件极其艰苦。为了获得修铁路桥的梁木、枕木、外壳板，我们组织人进行木材砍伐、加工及运输，还要生产制造垫板和铁路的道钉。当地的农民也纷纷把国民党军队进攻时根据共产党的号召而藏起来的钢轨从地里挖出来运送到工地。工作一开始就受到了国民党分子的破坏……国民党的飞机时不时就会出现在工地的上空，或者向修复的设施扔炸弹，或者是用机关枪射击。他们毁坏了几个小的设施，但是一个炸弹也没能扔到最大的铁路桥上。苏联人组织的对施工现场的空中防御措施很快就让国民党的飞行员们打消了精准扔炸弹的念头。于是国民党分子就发动了事实上的细菌战。在苏联专家工作的东北的几个区域，先是暴发了霍乱，然后是鼠疫……但是国民党的企图并没能实现，苏联立刻用飞机运来了对付鼠疫和霍乱的防疫队伍。他们运来了几百万份疫苗，不仅保护了苏联和中国的铁路修复者，也挽救了东北城乡数以万计居民的生命……

当然困难不止这些。由于一系列的原因，用来移动跨松花江大桥桥梁桁架的大型起重机迟迟无法从苏联运来。这种情况下工程师锡林、卡拉阔拉夫和他们的同事们在极短的时间内就设计好了一个独一无二的大型悬臂起重机，在铁路大桥桥墩完工前，哈尔滨机械制造厂也将这台起重机制造好了。它可以安装重达80吨的桁架。用这台起重机，从河里将大桥的桁架部分举起，然后将它们装好并固定在桥墩上。

工作不分昼夜地进行着，这些工作对于中国的士兵和指挥员而言是有很多益处的。求知欲强、勤劳、顽强的中国指战员很快就掌握了新职业技能中的一些精髓所在。他们来到工地时消瘦、疲惫不堪，穿着各种各样的破旧制服。他们每天的食品供应是两顿小米饭，有时候还吃不饱。在工地上我们为中国的士兵和指挥员配备了制服，还有一天四顿的分量充足的饮食。苏联专家对待他们向兄弟一样。他们耐心地、孜孜不倦地向中国修路者传授知识，对他们不明白的地方反复耐心讲解，直到他们弄明白为止。士兵们基本是农民出身，都是第一次接触现代技术，也都完全没有学习过具体的工艺操作。

重建老山沟站附近（距离哈尔滨120公里处）横跨松花江的铁路大桥（大桥直线长度1000米，建设总工程师为锡林）的工程比三个月的限期提前三天完工。由中共中央政治局和东北人民民主政府组成的验收委员会在该桥梁的验收报告上签上了"优秀"字样。

1948年12月15日前，东北地区共有长度超过10000公里的铁路线、120座大型和中型铁路桥梁（直线总长度超过9000米）被重建或修复……同时我们还对修建的公路和水泥路进行了技术研究，并且编制好了一份恢复交通干线的两年计划。根据中国领导人的请求，苏联专家还对东北地区交通部以及其他经济管理部门的组织结构和职能给出了自己的建议。苏联专家组共培训了3万名中国铁路建设者。在苏联专家组完成自己的工作任务后，中共中央政治局向苏联专家表达了谢意。从东北地区各地来的代表团为苏联人送行，感谢他们慷慨无私的援助。

1948年9~11月，人民解放军发动了辽沈战役，中国东北从国民党手中被解放出来。东北地区铁路的修复与重建在很大程度上促进了战役的胜利，它降低了部队向主要作战方向集结和机动作战的难度。1949年1月，人民解放军又取得了淮海战役的胜利，长江以北（除青岛之外）的地区被解放。同月，人民解放军占领天津和北京。随后，人民解放军很快渡过长江并最终解放了全中国。

二 新中国经济恢复时期（1949~1952年）中苏经济与技术合作

（一）合作情况概述

在1946~1949年解放战争期间，中国共产党领导集体在对亟待解决的军事、政治问题做出重大决议的同时，又开始认真探讨涉及战后中国经济发展战略和实践的若干问题。很多中国共产党领导人积累了宝贵的工业和财政管理工作的实践经验，尽管这些经验主要局限于区域管理一级。比如，1949年6月14日这一天中共领导人毛泽东在致苏联领导人斯大林的电报中提到："在长江以北的老解放区我们拥有160个军工企业，近10万名工人和职员在这里工作。"[1] 管理如此大规模的、实行统一管理模式的企业要求其管理者必须具备管理知识和组织能力，包括企业规划、对工厂和兵工厂的物资技术方面的保障、干部的调配以及生产各类产品的调度等，以确保满足近400万人民解放军（包括其地方军队，培训指挥人员的军事机构和学校）的基本需求。

当时在东北的两个区域——辽东半岛和东北革命根据地成功恢复了经济建设。比如，1948~1949年在东北解放区恢复了340多家大型企业和2430家中小型企业。而在实施土地改革的东北地区，农民都得到了土地，这使得1948年的谷类作物收成创下了最高纪录——

---

[1] Телеграмма Мао Цзэдуна И.В. Сталину по вопросу о создании в Китае правительства, продолжения борьбы за Китай, структуре экономического центра будущего правительства и некоторым вопросам отношений с СССР. // Русско-китайские отношения в XX веке. Документы и материалы. 1946–февраль 1950 г.-Кн. 2.-С.146.

1600万吨小麦和黑麦。①

解放战争后期，工业与运输业领域的大规模改造成为中国共产党经济政策的主要方向。中国共产党领导集体确定的战后首要任务就是恢复战争中被毁坏的成千上万的工业企业、基础设施和运输设施，其中，最先要恢复的是铁路。需要充分保障一个拥有5.4亿人口的国家（1949年中国大陆的人口数）对粮食、服装和日用品的基本需求。

但是仅仅把经济恢复到战前水平还不够。要知道，在日本侵略之前，甚至在战前经济发展的最好时期，中国的国家经济仍处于落后、半殖民地和半封建化的状态。工业生产总值（主要集中在东北地区和东部沿海地区）占10%左右，而其他90%左右的经济收入都依靠农业和以手工劳动为主的手工业。②在抗日战争和解放战争期间情况更加恶化，大部分工业企业遭受到破坏、洗劫，再加上原料供应的中断、销售市场的丧失以及大批中外高水平技术专家的流亡等一系列原因，国家经济慢慢走向衰落。

为了在国际社会上占有一席之地并维护自己的主权，不再受到外族的压迫和侵略，中国必须在最短期限内实现工业化。也就是说，要建立重工业作为自己的经济基础，要从零开始创建几十个新的工业领域（首先是汽车制造和仪器仪表制造领域），建造数百个现代化大型企业，建立现代科学体系。只有依靠强大的工业和科学体系，中国才能克服经济和技术上的落后。为解决上述问题，中国必须选择高效的经济社会模式，在结合中国经济建设起点实际状况的基础上选择未来经济建设的原则和方法。

中国应该选择什么样的未来发展之路呢？应该选择世界上哪个国家的经济社会发展模式作为借鉴样本呢？在当前的形势下，世界

---

① Газета «Дунбэй жибао». 17 апреля 1950 года.//История Северо-Восточного Китая. XVII–XX вв.–Кн. 2. Северо-Восточный Китай. 1917–1949 гг.–С. 268.
② 《在中国共产党第七届中央委员会第二次全体会议上的报告》，《毛泽东选集》（第四卷），人民出版社，1991，第1430页。

上哪个大国能够成为中国的战略同盟并对国家的现代化建设给予现实性的援助呢？这些问题在解放战争最后的决胜阶段成为中国共产党及其领导人面临的最主要问题。

作为发展模式的样本与主要地缘政治和经济合作的伙伴，中国共产党选择了苏联。其中的原因在中国共产党领导人于1949年春夏期间公开发表的许多重要讲话中都有详细说明。

图1-7 解放前的上海。人力车是当时中国的基本交通工具，在最大的经济中心上海也不例外

在被解放的城市中主要任务是恢复和发展生产，发展国营工业企业是第一要务，掌握工业技术和生产管理方法，研究银行业机构的基础，对内和对外贸易，等等。这些问题在1949年3月在中共中央委员会第二次全体会议上进行了研讨。①

除此之外，1949年6月30日毛泽东为庆祝中国共产党成立28周年发表了《论人民民主专政》一文。文章指出："中国有许多事情和十月革命以前的俄国相同，或者近似。"并且，按照毛泽东所说，

---

① 《在中国共产党第七届中央委员会第二次全体会议上的报告》，《毛泽东选集》（第四卷），人民出版社，1991，第1428、1431~1433页。

中国经济关系与俄国相比显得更加落后。①即便是对这样一个经济水平起点相当低的国家来说，似乎也有两条现代化和工业化的道路可以选择：一条是资本主义道路——吸取西方经验的道路，另一条是社会主义道路——走苏联发展模式的道路。但是对于中国来说，最现实的只有第二条道路："帝国主义侵略者打破了中国人向西方人学习的幻想"——中国共产党领导人在充分审视前十年中国的历史经验后得出了上述结论。

对于中国到底选择资本主义道路还是借鉴苏联社会主义建设的成功经验问题，毛泽东曾指出，"以苏联为主力军的反法西斯的第二次世界大战，打倒了三个帝国主义大国，两个帝国主义大国在战争中被削弱了"。此外，中国共产党领导人援引孙中山政治遗嘱的思想精髓，得出了如下结论："必须唤起民众，及联合世界上以平等待我之民族，共同奋斗"。②中国共产党领导人认识到必须依靠苏联模式的政治主张，重点要利用其经验，向苏维埃共产党学习其进行经济建设的长处，同时一定要考虑到中国的具体国情。

新中国领导人借鉴苏联发展经验不仅是出于意识形态领域和地缘政治因素的考虑，还因为新中国要解决各种复杂问题，而这些问题与苏联20世纪20~40年代所面临的复杂形势具有很大的相似性，这些问题在苏联都得到了成功和有效的解决。

另外，在卫国战争（1941~1945年）和苏日战争（1945年8~9月）中，苏联向中国和全世界直观地展示了1917年苏联十月革命后所选择的战略发展道路的合理性（这一点是毛泽东同志在面向全体党员和广大干部群众的讲话中特别指出的）。中国共产党领导集体看到，尽管苏联在政治斗争过程中犯过许多错误，有过一些冒进行为，尽管在战争中付出过巨大牺牲，但正是其所选择道路的正确性才使其

---

① 《论人民民主专政》，《毛泽东选集》（第四卷），人民出版社，1991，第1469页。
② 《论人民民主专政》，《毛泽东选集》（第四卷），人民出版社，1991，第1471、1472页。

图 1-8　20世纪40年代批评中国对西方经济依赖的漫画（中国国家博物馆藏品）

战胜了欧洲工业技术最发达的国家——德国。这与苏联采取的一项极其重要的基础性战略方针密切相关，即建立独立的、自给自足的国防工业基地和发展最广泛领域的工业和国防工业技术。因此，即使在1945年6月22日之前德国法西斯掌控着欧洲大部分国家，而且其在实施侵略计划时所依赖的是本国及法国、比利时、荷兰、奥地利、捷克斯洛伐克、挪威等国家为其提供的先进的高技术工业，苏联仍然取得了战争的胜利。

中国历史学家、政治学家李慎明从当时的历史背景出发，对于毛泽东所做出的选择依据及其思想内涵进行了具体分析，阐述如下："苏联创造了奇迹：短期内就把一个落后的农业国转变成为世界上公认的社会主义工业强国……其经济和社会得到快速发展，国家总体实力快速提升，在很多方面都超过了资本主义国家的类比指标。从1953年和1913年的数据对比可以发现，苏联国民经济收入增长了13.67倍，而同一时期的美国，国民经济收入增长仅为3.03倍，英国1.71倍，法国1.54倍。苏联……向全世界证明了新社会主义制度无可比拟的优势和社会主义制度的强大生命力……"①

无论是两次世界大战之间那段时期的苏联，还是解放战争后诞生的新中国，都处于军事威胁之中。对于这一点具备丰富战争经验和地缘政治敏锐性的中共领导人看得十分清楚。事实也的确如此，在接下来的20年间，美国方面一直没有停止攻打中国的意图，甚至动了使用核武器的念头。在中华人民共和国宣布成立之后，尤其是20世纪50年代，美国曾试图建立反中国和反共产党的"东方边界"以对中国采取进攻措施，或者至少要对中国实施包围和封锁。同时，美国在太平洋区域集中了强有力的武装力量，在中国周边国家建立了大量的空军、海军基地和武器仓库。1950~1953年，美国发动了武装干涉朝鲜的战争。基于上述原因，对于1949~1950年始终处于敌对势力包围之中的中国来说，苏联工业化的成功经验就显得尤为重要。

新中国的领导人非常清楚的是，苏联在1920~1930年所进行的经济技术体系与政策的改革也是在残酷的经济抵制并禁止其从西方发达国家进口先进设备的背景下进行的。新中国在很大程度上与当时的苏联面临着相似的地缘政治和地缘经济。在解放战争结束之前，中国人民解放军沿海解放区就遭到了封锁。而1949年10月中华人民共和国宣布成立之后不久，中国沿海地区就遭受到经济制裁和贸易封锁。在冷战的背景下，美国和大多数西方其他国家禁止向中国提供战略性商品和先进的工业技术。美国政府对中国实行制裁的第

---

① 李慎明主编《居安思危——苏共亡党二十年的思考》，社会科学文献出版社，2011，第454、455页。

一步就是禁止向中国出口战略性商品，包括发电机、润滑油、石油开采和矿业开采的工业设备、汽车、服装、粮食等，①也就是那些对恢复工业和进一步实施现代化起决定作用的设备。

对于中国领导人来说特别重要和可借鉴的是苏联在各领域大规模培养专家的经验。为了快速建立高新技术工业、科教体系、有战斗能力的武装力量和高效的外交机构，中国需要大量的管理、科研、军事、工程技术人员和技术工人。像中国一样，苏联在十月革命前也是一个以农业为主的国家——是一个有很多文盲的国家。尽管如此，苏联还是成功地培育出新一批管理、科学技术和创造领域的知识分子。这就意味着，苏联已经掌握了建立新的职业教育体系的经验和方法，其新的职业教育体系涵盖了数千所大学、中等技术学校和数万所手工业技术学校。这些成功的举措和经验对于当时的中国来说无疑是非常宝贵的。

综上，在考虑到苏联已取得的成功经验和可能对新中国提供援助（在经济、技术、科教甚至军事领域）的同时，还必须考虑到客观存在的各种困难，这不仅仅涉及历史文化传统和民族思维方式的差异问题。当时苏联仍没有走出本身历史发展阶段的最困难时期：最具有破坏性和最残忍的血腥战争结束仅四年。1949年6月苏联领导人斯大林在会见以刘少奇为团长的中国代表团时坦承："二战使苏联的经济遭受到空前巨大的损失，国家从西部边境至伏尔加河流域已变成了一片废墟。"② 这绝不是危言耸听。

毋庸置疑，以斯大林为首的苏联领导层对中共及中国人民解放军进行援助，不仅仅是因为双方相近的意识形态和政治同盟关系，更重要的是，苏联最高领导人出于地缘政治方面的考虑，希望将中

---

① Нагорный А.А., Парканский А.Б. США и Китай: экономические и научно-технические аспекты китайской политики Вашингтона.–М., Наука,1982.–С. 30.

② Гончаров С.Н. О Китае средневековом и современном. Записки разных лет.–Новосибирск, Наука, 2006.–С. 289.

国拉向自己一方，以此来对抗美国及其西方盟友，从而保障苏联在冷战初期的国家安全，并巩固其在远东地区的军事和经济地位。

正是出于这种考虑，斯大林决定增加对中共的经济和军事援助，扩大技术专家派遣的规模。1949年1月，在行政管理专家兼技术专家科瓦廖夫被派到中国之后，斯大林又将资深的政治家，也是苏共高层领导人及国民经济部门的领导人之一的米高扬秘密派往中国。①

1949年1月30日至2月8日，米高扬及随行的科瓦廖夫与毛泽东、周恩来和其他中共中央领导人在西柏坡（中共中央所在地，距石家庄80公里）进行了会谈。通过会谈，联共（布）②代表得到了政治军事局势的详尽信息，也了解到了中国经济形势以及中共领导层对苏联和美国的态度。在2月2日和3日的会谈中，他们与中共中央政治局委员刘少奇、任弼时和周恩来详细讨论了中国的经济问题和未来苏联对中国的经济援助问题，在2月6日和7日又与毛泽东进行了重要会谈。

米高扬通过从西柏坡发出的电报和回国后的个人汇报将这些信息反映给斯大林。他高度评价了中国共产党领导人的政治及专业素养，也证实了中国共产党领导人希望巩固同苏联的关系和向苏联学习发展经验的强烈愿望。"同我会谈的政治局委员们都是权威人士，他们在谈到政治局势及党的问题，包括农民问题和经济问题时自信而自如……"与此同时，他也注意到，中国同志们"在处理国民经济问题方面缺乏经验"，"他们对工业、交通、银行的概念十分模糊，没有任何关于战后日本留下来的资产的情报，也不知道在中国有哪些重要的外国企业以及它们隶属于哪国政府……"③

在与米高扬的会谈中，中共领导也谈到了许多地方干部缺乏经

---

① 1949年米高扬的职务为联共（布）中央政治局委员，苏联部长会议副主席（主席为斯大林），同时还任苏联对外贸易部部长。

② 联共（布），1925年前称为俄共（布），1925年之后称为联共（布），1952年之后去掉布尔什维克的称呼，直接称"苏共"。

③ Ледовский А.М. СССР и Сталин в судьбах Китая : Документы и свидетельства участника событий 1937–1952.–М., Памятники исторической мысли, 1999.–С. 78.

济知识和经济工作经验的问题，例如，解放后的城市"将没收的贸易企业交给了工人们，企业的货物被工人们分光，厂房被拆掉，建筑材料也被陆续拿走了"。①

因此，毛泽东及中共中央分管经济工作的委员们特别强调有必要派遣大批苏联专家到中国工作，需要派遣各个专业领域和职业的专家，首先是工程技术和管理方面的干部，尤其是金融机构、工业企业及整个工业领域中擅长计划和组织日常工作的专家，高校及其他教学机构的教师，等等。

在会谈中，毛泽东及中共中央委员们向米高扬通报了中国人民政权所面临的复杂的经济局面，包括通货膨胀和外汇赤字情况。苏联代表得知，中国人民解放军和解放区政府的财政预算在相当大程度上依靠的是实物保障，而不是黄金储备。任弼时通报说，在财政收入方面"我们以小米的价值而不是以货币形式来计算"，"1949年政府所有财政支出相当于1500万吨小米，收入为1000万吨小米，赤字500万吨小米（约合2亿5000万美元）"。②

在这样的经济条件下实现工业和交通现代化是非常困难的，就连最基本的重建工作也面临困难重重的复杂局面。

于是毛泽东通过米高扬请求苏联向新中国提供3亿美元贷款，"我们需要经济援助来缩短过渡时期，我们认为援助只能来自苏联和新生民主国家。我们需要借贷3年（1949~1951年）共3亿美元，也就是每年1亿美元的有息贷款，其中一部分我们想以设备、石油和其他货物的形式来借贷，我们也需要白银来稳定货币"。③

---

① Ледовский А.М. СССР и Сталин в судьбах Китая : Документы и свидетельства участника событий 1937–1952.–С. 75–76.

② Запись беседы А.И. Микояна с членами Политбюро ЦК КПК Жэнь Биши и Чжу Дэ по вопросам экономики (2 февраля 1949 г.). // Русско-китайские отношения в XX веке. Документы и материалы. 1946–февраль 1950 гг.–Кн. 2.–С. 53.

③ Запись беседы А.И. Микояна с членами Политбюро ЦК КПК по вопросам экономической политики КПК (февраль 1949 г.). // Русско-китайские отношения в XX веке. Документы и материалы. 1946–февраль 1950 гг.–Кн. 2.–С. 93.

图1-9 旧中国的工厂。就连如此简陋的车床也只有为数不多的工厂才有

1949年夏天，刘少奇率中共中央代表团访苏，讨论并基本解决了贷款问题。刘少奇的这次访问是米高扬在中国期间双方确定的计划。

总体来看，米高扬的中国之行标志着中国共产党领导下的新中国与苏联之间的关系发展进入了新阶段。

1949年6月26日，以刘少奇为首的中共中央代表团开始了对苏联的访问。在这次会谈中，刘少奇与斯大林等苏联领导人继续探讨了两国的经济形势，另外也就联共（布）和中共以及两国之间的关系前景做了进一步探讨，实际上也就是对苏联和新中国同盟关系的发展指出了明确的方向。由此，一系列被讨论的问题从初步对话阶段进入实际操作阶段。会谈中苏联同中国东北人民民主政府签订了中苏商品互通协议。会谈还通过了新中国向苏联贷款3亿美元的协定，此项贷款中国享有年利率为1%的最优惠政策（苏联提供给欧洲人民民主国家的利率为2%）。另外，斯大林甚至还声明贷款是两党间的协定，而非两国间的协定，这在苏联和联共（布）的历史上是前所未有的。

毛泽东和中共中央认为，苏联的贷款应当首先提供给东北地区（占50%），另外还有华北和西北地区，贷款将用于恢复冶金、煤炭工业，建设发电站、铁路，以及用于石油开采和加工企业。①

苏联高层还决定向中国的工业企业提供大量机床和其他设备，同时为中国人民解放军提供军用技术装备。在国防方面，苏联将帮助中国创建空军、对空防御部队和海军。

除此之外，中共代表利用长达一个半月的访问时间，参观访问了苏联的政府职能部门、工业及其他企业，熟悉它们的内部机构设置、干部的培养模式和配置，以及日常工作秩序。例如，刘少奇在访问苏联商务部时与其领导人米高扬谈到了自己对"国内市场上的贸易网构成和对外贸易的组织机构以及这方面的经验有哪些、国际合作方面怎么操作等问题"感兴趣。②

在访问外交部并与安德烈·维辛斯基部长的会谈中，刘少奇详细询问了以下问题：外交部的组织机构、工作方式方法，干部培养和分配程序，包括对非党员技术人才、国情专家和法律人士的任用，驻外外交代表处的组织情况及其工作内容，苏联外交的基本原则和外交领域最重要的经验，以及其他开展新中国外交工作需要了解的重要问题。③

在中共代表团访问期间，关于苏联军事顾问和专家派往中国的选派工作就已经开始了。中国历史学家沈志华指出，第一批苏联专家随

---

① Докладная записка И.В. Ковалева И.В. Сталину о беседах с Мао Цзэдуном, Гао Ганом, Ван Цзясяном… (6 июля 1949 г.). //Русско-китайские отношения в XX веке. Документы и материалы. 1946-февраль 1950 гг.-Кн. 2.-С. 164.

② Письмо главы делегации ЦК КПК Лю Шаоци А.И. Микояну (22 июля 1949 г.). // Русско-китайские отношения в XX веке. Документы и материалы. 1946-февраль 1950 гг.-Кн. 2.-С. 169.

③ Запись беседы А.Я Вышинского с членом Политбюро ЦК КПК Лю Шаоци по вопросу об организации дипломатической службы и задачах дипломатии нового центрального правительства Китая.//Русско-китайские отношения в XX веке. Документы и материалы. 1946-февраль 1950 гг.-Кн. 2.-С. 172-175.

中国代表团一同前往中国，"8月14日，刘少奇离开莫斯科回国，将220名苏联高水平经济学家和工程师带回了中国"。之后，刘少奇始终关心着苏联专家们，为他们创造舒适的日常工作和生活条件，并指出他们对新中国建设工作的重要价值："苏联专家来，给了我们学习的好条件，但还要靠自己努力学习得快一些，如果没有学好，不管工作职位高低，就要调动、撤职。""我们的同志在工作中与苏联专家的关系只能搞好，不能搞坏，如果出现搞不好的局面，我们的同志要负责任。这就要'有理扁担三，无理三扁担'，我们必须严格要求自己。"[1]

苏联政府在刘少奇代表团访问后，立即通过了一系列文件，批准了对中国援助的具体行动，这些既定的行动包括：苏联部长会议1949年8月9日颁布的关于派遣专家赴中国的指令；苏联部长会议1949年9月19日颁布的向中国人民解放军派遣教授专家组以及向其提供飞机和高射炮的指令；苏联部长会议1949年9月29日颁布的关于在大连西山县建设造船厂的指令；等等。[2]

1949年10月1日，中华人民共和国宣布成立。10月2日，苏联成为世界上首个承认新中国并与之建立外交关系的国家。

新中国成立初期，国内面临百废待兴、百业待举的严峻局面。中国是一个高度文明、具有独特文化传统的国家，也是世界上人口最多的国家。所以，在短时期内要解决如此众多的问题，是世界上任何一个国家都不曾遇到的。首先要解决一系列生产经营方式问题，因为只有这个问题解决了，才能保证新政权以及国家本身的生存问题，这一点是毫不夸张的。

新中国成立后的前几个月，国家的经济形势极其严峻。

新中国成立前，工业产值仅占国民收入的10.3%，当时农业产

---

[1] 沈志华：《苏联专家在中国（1948~1960）》，新华出版社，2009，第47页。

[2] Русско-китайские отношения в XX веке. Документы и материалы. 1946–февраль 1950 гг.-Кн. 2.-С. 547–548.

值占84.8%。根据1947年中国经济学家与统计学家所做的中国工业研究采样数据，在14078个企业之中，只有3240个（23%）可以划分为制造类企业（拥有机械发动机并且工人人数不少于30人）。甚至在上海这样一个最重要的国家经济中心，7738个企业中也只有1945个（25.1%）具有工业生产的水平。83%的中国企业在生产过程中完全不使用电能，主要依赖工人廉价的体力劳动。① 甚至到1952年对工业实现了全口径的统计之后，在全国167400个企业中，有139900个企业属于小型企业，而且这些企业之中的70%员工数量不超过10个人。②

当时的中国还缺少高级冶金业、飞机制造业、汽车制造业、拖拉机制造业、重型能源和精密机械制造业、仪器制造业等现代化工业领域。产能小的机械制造厂和手工作坊基本从事进口零部件的简单组装。这种机械加工在1930~1940年的生产总值只占全国工业总产值的1.7%~2.2%。统计数据表明，中国对工业产品的人均需求是英国和德国的1/250，是意大利和法国的1/75，是日本的1/35。③ 1949年的数据和事实足以证明中国当时交通领域的落后程度：中国境内的大部分货物靠人力搬运，当时的搬运工总数超过3000万人。人力搬运货物的总量甚至超过了畜力（当时在中国约有300万头驴、骡）搬运货物的数量。④

从19世纪（1840年）鸦片战争开始的100年来，帝国主义集团

---

① «Синьхуа юэбао», 1949, № 1. Ширяев Н.П. Экономика и внешняя торговля Китая.-М., б. и., 1949.-С. 8-9, 58-59.// Промышленность КНР. Под общ.ред. М.И. Сладковского.-М., Наука,1979.-С. 10, 13.

② Промышленность КНР. Под общ. ред. М.И. Сладковского.-С. 19.

③ Промышленность КНР. Под общ. ред. М.И. Сладковского. Москва: Наука, 1979, с. 108-109.

④ Мордвинов Г.И. Развитие транспорта в Китайской Народной Республике.//Ученые записки Института востоковедения.-Т. XI. Китайский сборник.-М., Изд-во Академии наук СССР,1955.-С. 191; Транспортные проблемы Китая. // «Вестник Маньчжурии».-Харбин,Упр. КВЖД, 1932.-№ 6-7.

在中国的统治导致中国工业极度落后，直至20世纪中叶还处在半殖民地状态。这一时期，中国工业沿着符合帝国主义国家利益的方向缓慢发展，工业结构单一。截止到1949年10月，为数不多的中国大型工业和能源企业（例如鞍山钢铁公司、丰满电站、开滦煤矿），基本属于外国资本或者与其相关的地方买办资本。

根据中国学者吴承明（笔名魏子初）在20世纪50年代初所做的调查，革命胜利前，有一多半的外国资本"被投入投机倒把式的进出口外贸企业，或者是与它们相关的交通运输企业、银行和保险公司等。也就是说投入中国工业的实际外国资本是微乎其微的"。① 一些外国企业投资参与了中国铁路建设，但是这些铁路首先是用来将外国货物从港口城市运往内陆城市，其次用于把属于外资的中国内陆矿产产地与港口连接起来，并从港口将开采的矿产原料运出中国。也就是说，中国的铁路成为帮助"外国侵略者掠夺中国矿产资源和倾销其产品的主要通道"。②

因此，截止到1949年，中国的工业企业具有地域分布不平衡的特点。工业企业分布的区域只占全国17%的领土面积。其中，相对发达的工业地区如下。③

东北地区：东北南部（沈阳、大连、鞍山），哈尔滨和齐齐哈尔（采矿、冶金、汽车装配、食品加工和军工工业）。如上文所述，1931~1945年日本帝国主义侵占东北时期，曾妄图将东北变成其强大的军事和工业基地。东北解放后，在苏联的帮助下，日本遗留下的部分企业恢复了生产，这部分企业主要是为中国人民解放军提供物资保障的企业。

---

① Вэй Цзы-чу. Капиталовложения империалистов в Китае (1902–1945).–М., Изд-во Акад. Наук СССР, 1956.–С. 9.

② Вэй Цзы-чу. Капиталовложения империалистов в Китае (1902–1945).–С. 10.

③ Алималлаев Ф.Р. География промышленности Китая: исторические формы и современные тенденции развития: диссертация... кандидата географических наук: 11.00.02.–Санкт-Петербург, 2000.–С. 51.// Промышленность КНР.–С. 13.

华北地区：天津—北京—唐山一带及石家庄至太原铁路沿线（食品加工、采矿和冶金等工业）。

华东地区：上海—无锡—南京一带以及济南—青岛—博山（淄博）铁路沿线（造船、丝绸加工、棉纺、食品加工、化工、机械制造等工业）。

东南地区：广州—顺德—佛山一带（食品加工、造纸、丝绸加工、冶金等工业）。

中原地区：京广铁路沿线城市（武汉、长沙、湘潭）以及邯郸－郑州的周边地区（冶金、纺织等工业）。

西北地区：西安（军工、采矿、冶金、机械制造等工业）。

西南地区：成都、重庆、昆明一带（军工、采矿、冶金、机械制造等工业）。

其中60%的工业企业集中在上海和天津两大城市。① 上述的绝大多数工业区域在很大程度上处于封闭的、彼此孤立的状态，导致东部沿海城市的大部分工业企业与中国的原材料基地被割断，从而使其生产原材料基本依靠进口。与上述工业区域所不同的是，中国内陆的其他地区仍然实行前工业化时代的生产方式，即工场手工业和家庭手工业的生产方式，生产的产品也主要用来满足当地居民，主要是农民和小城镇居民的日常生活需求。这种生产方式几乎完全是手工劳动。

就拿1949年新中国成立后的首都北京来说，其工业发展水平从如下描述中可窥见一斑。

"北京的大型工业发展薄弱……国民党政府1948年的数据表明，全市在册的工业企业总数为272个……其中包括不同规模和行业类别的企业。这些企业规模都不大（从规模为50名工人的工厂到只有3~5名工人的小作坊）。拥有几百名工人的企业寥寥无几，只有几个

---

① Промышленность КНР. Под общ. ред. М.И. Сладковского.–С. 12.

铁路机车修配厂和纺织厂。"

"北京西部郊区……有几个冶金企业，它们都隶属于知名企业'石景山冶金联合体'。但是这些企业多年来都没有生产。"①

总体上看，1949年中国工业生产规模几乎相当于日本侵华战争前工业最大规模的一半，尤其是重工业的生产规模严重下滑。截止到1949年10月，全国煤炭的总开采量（与战前最高开采量相比）缩减了几乎1/2。其他工业产品生产规模下降得更为严重：钢下降了83%，水泥下降了71%，石油下降了62%。甚至在轻工业领域也出现了下滑：棉布产量减少了32%。在主要工业城市，70%的企业处于停产状态。失业工人和技术人员的总量接近150万人，还有150万人处于工作量不满的临时就业状况。②

这种灾难性的局面甚至影响到人才领域，不仅缺乏生产管理人才、工程师和技术员，甚至缺少技术工人。这一点首先与中国文盲比例偏高有直接关系，在新中国成立前，有80%的人口不识字，在某些农村地区，文盲比例甚至达到了人口总数的90%，只有20%的适龄儿童接受了小学教育。③

教育领域的落后局面不仅与半殖民地时期中国所遭受的惨重伤害、国家的贫穷与落后有关，而且与中国人所特有的文化观念有关。在中国，文化水平的判断以农村每人认识1500个汉字、城市每人认识2000个汉字为标准。20世纪40年代中国教育的落后，还与很多专业类、技术类和科学类的文献没有中文版本有关。所以，为了掌握工程技术领域的专业知识，或者在军队中担任领导职务，须掌

---

① Никитин Н.Н. Пекин, столица Китайской Народной Республики.–М., Географгиз, 1950.–С. 33–34.

② Великое десятилетие (Вэйдады шинянь) (на кит. яз.).–Пекин, 1959.–С. 92.// Промышленность КНР. Под общей редакцией М.И. Сладковского.–С. 14.

③ Ван Гуанхуа. Основные тенденции развития народного образования Китая после революции 1949 года: Дис… канд. педагогич. наук: 13.00.01.–Казань, 1998.–С. 21–22.

图 1-10　20 世纪 40 年代的北京

至少一门欧洲语言或者日语。鉴于此，直到 1952 年，中国人民解放军指战员还有超过 27% 的人是文盲，超过 58% 的人员只受过小学教育。在民用管理和工业管理中所面临的人才匮乏局面也不亚于教育领域。

新中国从国民党政权手中接收过来的工程师只有 2 万人，对于一个拥有 5 亿 4000 万人口的国家来说，这个数量实在是微乎其微。由于管理人才和工程技术人才的短缺，在中国东北（当时工业最发达地区）的企业，在相当长的一段时间内不得不使用日本的工程师和技术员。在他们被遣返回国之后，专业技术人员占员工总数的比例约为 0.24%，① 也就是说，平均每 400 个工人中只有一个工程师或技术员。

---

① 沈志华：《苏联专家在中国（1948~1960）》，第 72 页。

图 1-11　1953 年一汽基本建设工程一角

因此新中国面临十分艰巨的任务，首要的是在战争中被破坏的各个工业领域重建工厂，恢复交通运输和农业生产。在这种情况下，当时的国务院副总理、中央财经委员会主任陈云曾指出："因此，需要尽快聘请苏联专家前来。否则，不仅鞍山、本溪难于全面复工，而且究竟需要从国外订购制作哪些设备都开不出清单。"①

于是，在新中国宣布成立的两个半月之后，毛泽东作为中国中央人民政府主席和中共中央主席首次对苏联进行了官方正式访问。毛泽东先是参加了斯大林七十寿辰大会。1950 年 1 月，为了与苏联签订协议，毛泽东与包括周恩来（中国中央人民政府总理兼外交部部长）、李富春（东北人民政府副主席）、叶季壮（中国对外贸易部部长）在内的中国政府其他代表在莫斯科会合。

1950 年 2 月 14 日，苏联和中国的最高权力和法律机关通过了期限为 30 年的新协议，两国领导人授权各自的外交部部长维辛斯基和周恩来签署协议，与该协议一起签署的还有涉及经济和其他问题

---

① 沈志华：《苏联专家在中国（1948-1960）》，第 73 页。

的一系列合同。选在2月14日签署协定，是因为2月16日是中国的农历新年，作为新年贺礼，2月15日中国所有的报纸都刊载了两国在莫斯科签订协议的好消息。

中国代表团此次访问莫斯科还确认了向苏联申请3亿美元贷款的协议，贷款优惠条件在以刘少奇为首的代表团访苏时已经协商好，只不过贷款方式从1949年商定的两党间贷款变为两国间贷款，也就是说贷款是正式的、官方的，符合国际经济准则。中国不仅将以货币偿还贷款，也用传统农作物和原材料根据国际市场标准还贷，其中包括苏联需要的钨、锑、铅、锡等。中国还贷期限较长，在1963年12月31日之前偿还，①尽管在周恩来拟定的协议草案中，中方认为还款期限可以定在1960年12月31日之前。②两国领导人还商定中国将在最短的时间内提出工业生产所需的设备申请，这些设备也包括在贷款内容中，因为苏联部长会议要根据需要向机械制造工厂下达具体任务。另外，苏联和中国也商定了每年都将签订备忘录，为中国50个大型工业企业提供所有需要的机械设备包括机床和机器，这些企业包括冶金和机械制造工厂、发电厂、矿山和矿井。③

毛泽东在访苏期间参观了几个大型工厂，包括位于莫斯科的苏联最大的斯大林汽车厂（后改名为利哈乔夫汽车厂），以及列宁格勒的基洛夫工厂。

1950年2月14日中苏协定及其他协议签订后，双方的经济合作

---

① Соглашение между Правительством Союза Советских Социалистических Республик и Центральным народным правительством Китайской Народной Республики о предоставлении кредита Китайской Народной Республике. // Советско-китайские отношения. 1917–1957 гг. Отв. ред. И. Ф. Курдюков и др.–М., Изд-во вост. лит., 1959.–С. 223–224.

② Русско-китайские отношения в XX веке. Документы и материалы. 1946–февраль 1950 гг.–Кн. 2.–С. 279.

③ Сладковский М.И. История торгово-экономических отношений СССР с Китаем (1917–1974).–С. 195–196.

全面展开。3月27日在莫斯科签署了关于成立中苏合作股份公司的协议，内容包括：建立中苏金属公司，在地质勘查、开采、稀有金属和有色金属加工方面进行合作；建立中苏石油公司，在地质勘探、石油和天然气开采、石油副产品的加工方面进行合作；成立合营企业——中苏民航公司，开辟了北京—沈阳—长春—哈尔滨—齐齐哈尔—海拉尔—赤塔、北京—太原—西安—兰州—苏州—哈密—乌鲁木齐—伊宁—阿拉木图的航线。① 据媒体关于中苏协定的报道，"公司在平等的基础上构成，目的是要发展中国民族工业和巩固中苏两国的经济合作。公司的产品归中苏双方所有，所有支出和盈利都要五五平分"。②

合约和协定标志着中苏两国战略联盟关系开始进入新的时期。中国高度评价了这些协定。1950年5月1日，刘少奇在庆祝"五一"国际劳动节的演说中提到："由于中苏友好同盟互助条约的签订，我们已经有了一个强有力的同盟者……我们又从苏联获得了低利贷款和专家的帮助，并就短时期内我们自己无法举办的几项事业和苏联实行经济合作，这也就可以减少我们资金和经验不足的困难。"③

（二）经济合作的基本方向

在1949~1952年战后恢复时期，中苏经济合作的基本方向包括如下几点。

第一，大力发展双方的经济贸易往来，并使其向更深层面拓展，扩大两国间的贸易规模。

在战后经济恢复时期，中苏贸易之间存在很大程度的不平衡。

---

① Сладковский М.И. История торгово-экономических отношений СССР с Китаем (1917–1974).–С. 196–197.

② Сообщение о подписании соглашений между СССР и Китайской Народной Республикой об учреждении двух советско-китайских акционерных обществ («Известия», 29 марта 1950 г.). // Советско-китайские отношения. 1917–1957 гг.–С. 227–228.

③ 《刘少奇选集》（下卷），人民出版社，1985，第18页；Титов А.С., Усов В.Н. Лю Шаоци. // Вопросы истории.–1989.–№ 8.–С. 87.

比如，1950年中国向苏联出口的贸易总额为1.695亿卢布，而从苏联进口的贸易总额为3.494亿卢布。为了维持收支上的平衡，苏联根据1951年2月1日和1952年11月9日双方签署的协议向中国提供了补充贷款。但是随着中国在矿山开采、农业、轻工业和食品工业等领域逐渐恢复生产，这些领域的中国产品越来越多地向苏联方面供应。① 这就使双方的进出口逆差大大缩小。

为了恢复经济，中国从苏联进口了国家所必需的所有工业产品，主要是机床和技术设备（1950年占苏联进口商品的比例为10.6%，1952年占27.7%）、黑色金属产品（其中包括金属管，1950年占苏联进口商品的比例为5.2%，1952年占12.1%）、石油产品（1950年占苏联进口商品的比例为2.9%，1951年占8.2%，1952年占5.9%）、有色金属、化学工业产品、纸张和其他商品。同时，在进口苏联机械制造商品的过程中逐渐加大了保障重建工业企业得以全面恢复生产工艺的成套设备的进口份额。至20世纪50年代中期，中国从苏联进口的机械技术设备、工业产品、半成品和原材料等的商品名称增加到17000种之多。②

第二，苏联帮助中国建立从车间、企业、部门/行业领域到国家的整个国民经济体系等各层面统一的经济管理体系，并向中国派遣大批的顾问和技术专家。

在传授组织和管理经验的问题上，根据中国领导人的请求，苏联方面大多数国家部门和机关，包括国家计划经济委员会都参与到这项工作之中。

苏联顾问和编制生产计划的专家为中国同事们编写了各种学习参考资料，如《制订国民经济计划的方法》《计划完成情况组织检查

---

① Сладковский М.И. История торгово-экономических отношений СССР с Китаем (1917–1974).–С. 205.

② Сладковский М.И. История торгово-экономических отношений СССР с Китаем (1917–1974).–С. 223.

的原则》《制订国民经济发展计划的方法指标体系》《检查五年计划完成情况的原则》《形式与指标》等。苏联专家在中国帮助创建了《统计工作通讯》杂志，并协助完成了中国大多数经济部门统计数据的定期发布。中国在苏联专家的帮助下为工业企业的领导干部制定了《关于企业与企业集团领导和总工程师的管理条例》《关于部委主要司局的管理条例》等，甚至在苏联专家的参与下制定了工业企业和部门管理机关的工作人员作息时间表。①

图1-12 1950年发行的新中国第一批邮票，纪念中国与苏联同盟关系的确立

苏联专家甚至直接参与了数百个企业的生产工艺流程的组织过程。中国学者沈志华的书中讲述了苏联专家在中国工业和交通等不同领域表现出高超的专业技术和忘我工作精神的很多例子。沈志华在讲到苏联专家如何向中国同事传授知识和经验时，并不是偶然地把这一节命名为"他们是中国人最好的老师"。在冶金工业、能源工业、煤炭工业、石油化学工业、铁路运输工业、海洋交通工业、建筑业、林业、畜牧业和其他很多经济领域，到处都体现出苏联专家

---

① Ремыга В.Н. Система управления промышленностью КНР (1949–1980).–М., Наука, 1984.–C. 33–35.

提供的援助。这些援助使成千上万个合理化建议和先进的工作方法得以实施，最终帮助中国企业大幅度扩大了生产规模、提高了生产力。①

苏联专家主要从事组织咨询工作并于1951年12月向中国政府递交了《关于制定1951—1955年度恢复和发展中华人民共和国经济国家计划方针的意见书》，提出了如下建议。

● 要重点依靠设备现代化及其合理应用、依赖干部专业技能的提高、组织生产竞赛、根据成品的质量发放薪酬等手段提高生产力。该文件中也提出要重视企业的专业化问题和劳动程序需要做出清晰的、合理的划分问题。

● 生产的主要目的之一是降低生产成本，其中包括依靠制定单位产品对原材料、燃料、电能、劳动力使用的量化标准以及在党组织和工会行动组织的参与下开展生产节约活动等措施。

● 要依靠节约和降低生产性支出来实现企业的经济合理化，使用内部资源，提高企业利润。

● 在工业部门（首先是机械制造业）要使用国际通用设计标准，这也包括其他生产过程以及会计计算方法领域。

● 在生产活动的各个领域要引入和实施劳动安全规则和安全技术方法，加大负责人对安全过程的监管力度。②

这些反映了苏联工业中已经形成的常态性生产实践的经验在当时对中国的工人、工程师甚至管理者来说还是新生事物。

档案资料显示，截止到1952年3月，仅在中国的国民经济领域就有332位苏联顾问和高校教师、471位技术专家在中国工作过。1952年8~9月周恩来总理访问苏联期间，中国领导层请求再向中国派出800名专家。③后来应中国政府的请求，苏联各部委派出的专家数量又有所增加。

---

① 沈志华：《苏联专家在中国（1948~1960）》，第80~98页。
② 沈志华：《苏联专家在中国（1948~1960）》，第86页。
③ 沈志华：《苏联专家在中国（1948~1960）》，第73页。

以下是中国历史学家们查证的中国工业恢复时期苏联派往中国工作专家数量的数据:"到1952年,有近1000名苏联专家在中国工作,其中400多人是根据各种合同提供技术援助的,其他人则是根据1950年3月27日协定来华工作的。"① 数字上的一些出入说明那个时间之前苏联派专家到中国是大规模的、动态的过程。一批工程师和技术人员在完成他们的预期任务并完成企业投产后就离开了中国,而为了解决生产中出现的新问题,另一批人又来了。下一个时期,即中国的第一个五年计划时期,苏联专家的数量以及由他们完成的任务相比之前就更多了。

图1-13 20世纪50年代初期的中国宣传画。号召向苏联专家学习,在新中国的工业建设中借鉴苏联专家的经验

从1950年起,苏联派出顾问和专家这项工作由阿尔希波夫领导,后期接替他岗位的是苏联冶金工业部副部长。就像一些中国学者指出的那样,阿尔希波夫在这项工作中起到了巨大作用,一批有责任心的、专业技术过硬的苏联专家被选派到中国工作。所以,周恩来、陈云、薄一波、李富春和其他中国领导人对阿尔希波夫的推

---

① Чжан Байчунь, Яо Фан, Чжан Цзючунь, Цзян Лун. Передача технологий из Советского Союза в Китай. 1949–1966. СПб., Нестор-История, 2010.–С. 124.

荐给予了高度重视。此外，需要特别强调的是，阿尔希波夫在各个方面工作十分努力，他特别关注到苏联专家的推荐要与中国国情相结合，并亲手检查准备转交给中国方面的所有资料。①

根据我国要在全国范围内发展工业的政策，苏联专家在工业领域提出的许多具体建议对我国具有重要的价值。比如，1952年8~9月在周恩来访苏过程中斯大林在会谈中几次谈到，在中国现有条件下大力发展机械制造工业（特别是飞机和汽车制造工业）需要循序渐进、一步一步地来。也就是说，在初期要先建立一些维修厂，然后再把它们变成装配厂，只有在掌握了复杂的技术，并在他们的帮助下培养出一批工程师和技术工人的前提下，才能把这些企业改造成完全意义上的飞机和汽车制造厂。②而至于人才的大规模培训，苏联领导人则建议中国领导人，要建立技术学校和维修厂、装配车间、机械制造厂的学徒学校合作的模式，像当年苏联几乎在每个大型和中型企业所采取的模式一样。③

那一时期，成千上万的中国企业管理人员和工程技术人员开始到苏联的各大企业参加培训和生产实习。

第三，1949~1952年苏联对中国进行全方位的技术援助，协助中国恢复了几十个大型和几百个小型工业和交通企业。

这些援助主要体现在：为购买设备和技术提供贷款；推行苏联的先进经验和企业管理模式；帮助制定一整套企业管理措施。这些措施包括企业恢复生产和建设的图纸设计、由苏联供应安装和调配设备、转交技术和工艺流程资料、培训专家等方面。

---

① Чжан Байчунь, Яо Фан, Чжан Цзючунь, Цзян Лун. Передача технологий из Советского Союза в Китай. 1949–1966.–С. 124, 128.

② Запись бесед И.В. Сталина с Чжоу Эньлаем в августе–сентябре 1952 г. по вопросам советско-китайских отношений. // Русско-китайские отношения в XX веке. Документы и материалы. 1946–февраль 1950 г.–Кн. 2.–С. 317–319.

③ Запись бесед И.В. Сталина с Чжоу Эньлаем в августе–сентябре 1952 г. по вопросам советско-китайских отношений. // Русско-китайские отношения в XX веке. Документы и материалы. 1946–февраль 1950 г.–Кн. 2.–С. 318.

这些工作的实行都基于1950年2月14日签署的关于苏联援助中国建立和改造50个大型企业的协定，以及其他一些政府间的协定。正如那些详细研究苏联向中国提供工艺与工业技术援助的中国学者在书中所描述的那样，工作的现实结果是"纳入计划的……需改造的企业有47个，10个煤井，11所发电站，3所冶金联合企业，3个非金属加工厂，5个化工企业，7个机械加工厂，7所国防企业，1个纸浆造纸联合工厂。其中36个企业位于中国东北地区"。①

根据1950年双方签署的协议，在国民经济恢复时期建设和改造的企业，主要是对于发展东北地区和全国经济极重要的工业项目。②

钢铁企业：鞍山钢铁公司、本溪钢铁公司（辽宁省），富拉尔基特殊钢厂（一期）（黑龙江省），吉林铁合金公司（吉林省）。

有色冶金企业：哈尔滨铝加工厂（一期、二期）（黑龙江省），抚顺铝厂（辽宁省），吉林电极厂（吉林省）。

煤炭企业：西安竖井（辽东省，后划归吉林省），阜新平安5号竖井和阜新海州露天煤矿（辽宁省），鹤岗东山1号竖井和鹤岗兴安台10号竖井（黑龙江省）。

电力企业：抚顺热电站（辽宁省），丰满水电站（吉林省），富拉尔基热电站（黑龙江省），郑州第二热电站（河南省），重庆热电站（四川省），西安热电站（第一、第二期）（陕西省），乌鲁木齐热电站（新疆）。

化工企业：太原化工厂（太原染料厂）（山西省），吉林氮肥厂（吉林省）。

机械制造业：沈阳第一机床制造厂和沈阳风动工具厂（辽宁

---

① Чжан Байчунь, Яо Фан, Чжан Цзючунь, Цзя н Лун. Передача технологий из Советского Союза в Китай. 1949–1966.–C. 38.

② Чжан Байчунь, Яо Фан, Чжан Цзючунь, Цзя н Лун. Передача технологий из Советского Союза в Китай. 1949–1966.–C. 172–181.
Александрова М.В. Экономика Северо–Восточного Китая и советская помощь КНР в 50–х годах XX века. // Китай в мировой и региональной политике.–Вып. XVIII.–М., РАН. Ин–т Дальн. Востока, 2013.–C. 332–337.

图1-14　东北的鞍山钢铁公司成为新中国与苏联在经济与工业技术领域合作的象征

省），哈尔滨锅炉厂、哈尔滨仪表厂和哈尔滨量具刃具厂（黑龙江省）；开始制定长春第一汽车制造厂的建设规划（吉林省）。

轻工企业：佳木斯造纸厂（黑龙江省）。

据中国学者考证，引进到中国的大量苏联技术（许多技术不仅是先进的，而且具有世界先进水平），在援建项目合作初期（1949~1952年）就使重工业企业的产品类型得到大幅度增加。

"苏联对中国的技术援助掀起了世界向中国出口技术的浪潮，为中国出现新技术并实施全面工业化奠定了坚实的基础，使中国形成了统一的工业技术体系，从而对中国的社会发展产生了积极正面的影响……通过引进现成设备、获取样品设计和生产方法，中国很快就掌握了在原材料加工、能源利用、机械电子技术和军用产品等方面的生产技术。这为中国带来了直接的经济和社会效益。这些援建措施也为中国的科研机构提供了借鉴和学习的机会，使它们对苏联在中国建设工业项目时期所运用的产品设计和制造技术有了研究的机会，同时也使它们掌握了苏联的工业与技术标准。"[①]

---

① Чжан Байчунь, Яо Фан, Чжан Цзючунь, Цзя н Лун. Передача технологий из Советского Союза в Китай.1949–1966.–С. 38.

第四，中苏企业合作采取建立股份制的模式进行，其中包括依据1950年2月14日《中苏友好同盟互助条约》所建立的三个股份制合资企业。

这三个股份制企业是1950年春季成立的中苏金属公司、中苏石油公司及中苏民航公司，随后双方又建立了第四个合资的股份制企业。1951年7月28日，双方在北京签署了关于在原有的"大连造船厂"基础上建立中苏股份制合资企业"中苏造船公司"的补充协议。①

在这些股份制合资企业运营的过程中，大批的中方企业领导、工程师和工人从苏方人员那里获取了必要的生产知识和实践经验。例如，中苏金属公司在运营期间，培训了73个专业的5150名中国工程师、技术员和技术工人，以及近300名行政管理机关的工作人员。②另外，有大批的中方铁路技术人员（涵盖了中国所有的铁路线）在中苏合营的"中长铁路"各部门进行了培训和再培训。根据周恩来总理1952年7月发表的声明，"中长铁路"不仅是一条高效益的、高效率的、低成本的模范铁路线路，还是一所培养全中国铁路行业人才的"学校"。在"中长铁路"下设的企业和学校参加培训的中国铁路工作人员达到4万多人。③

1952年末，苏联无条件地向中国转交了"中长铁路"所有权。被转交的财产总价值约为6亿美元。1952年12月31日苏联向中华人民共和国转交财产的总目录显示，转交的内容包括：1728.3公里单线铁路，782.3公里双线主要铁路干线，772.4公里支线铁路，1万多节货运车厢，400多节乘务和专门用途车厢，763节客运车厢，

---

① Сладковский М.И. История торгово-экономических отношений СССР с Китаем (1917–1974).–C. 196.

② Ремыга В.Н. Система управления промышленностью КНР (1949–1980).–C. 36.

③ Газета «Хочэтоу» (Харбин), 5 июля 1952 года.//Мордвинов Г.И. Развитие транспорта в Китайской Народной Республике. // Ученые записки Института востоковедения.–Т. XI. Китайский сборник.–C. 204.
　　Сладковский М.И. История торгово-экономических отношений СССР с Китаем (1917–1974).–C. 200–201.

880个火车头，此外还包括58台起重装置以及所有的铁路通信及信号发送设备。被转交的"中长铁路"企业和机关还包括：位于哈尔滨和大连的车头及车厢修理厂，哈尔滨和扎赉诺尔煤矿，一些附属林场，贸易和食品企业，技术及行政用房，180万平方米的民用住房，69所学校，25个俱乐部和文化宫以及其他资产。①

第五，苏联援建中国培训高水平专家，并在中国构建高级和中级职业技术教育体系。

在重建时期苏联也向中国提供了科学研究方面的援助，使中国科学院成为国家知识中心，并在各个科学领域建立起现代化科学机构。

为了支援中国高校的工作，并为教育改革提供帮助，从1949年到1950年，在中国领导人的请求下，苏联开始向中国派遣大批教授、副教授和教师。

早在解放战争时期，苏联教师就被派遣到哈尔滨，在那里他们帮助工业院校进行教学组织工作。1950年5月，按照联共（布）政治局和苏联部长会议常委会的决定，40多名教授、副教授以及其他教师被派往中国人民大学、北京师范大学、南京大学和其他几所高校，这些教师都是法律、经济、人文、师范以及俄语教学法方面的专家。1949~1952年，约200名来自苏联大专院校的教师被派往中国的主要高校。②在这之后的一段时期（20世纪50年代后半期），从苏联派往中国的教师数量大幅度增加。

根据中国学者的研究，在苏联高校教师和高校领导的帮助下，50年代的中国不仅进行了高等和中等职业教育的改革，而且已经使中国的高等职业教育实现了真正意义上的"苏联模式化"。这是因为中国在国民政府统治时期，根据西方模式所建立的高等职业教育体系已经"不能满足工业建设的规模化和技术现代化日益增长的需求"。

---

① Сладковский М.И. История торгово-экономических отношений СССР с Китаем (1917–1974).–С. 201.

② 沈志华：《苏联专家在中国（1948–1960）》，第105、106页。

根据苏联模式，中国正在"形成具有明确目标的、具有计划性和高度专业化的新型高等教育质量体系。这是一个注重教育方法和管理方法的新型模式。这一新体系的目标是加快培养工业化和经济建设所必需的专业技术人才"。①

1952年，中国政府决定引进统一的教学计划，全国所有高校开始转向苏联教学运行模式，甚至把苏联大批专业和课程的教材与教辅资料集中翻译成汉语，中国科学院下设的各个机构以及大批中国高校参与到此项工作之中。参与此项工作的主要是有苏联专家参与俄语教学，且中方教师和学生都已掌握俄语的高校。

东北地区在农业教育领域推广苏联教学大纲、教材和教辅资料的主要是东北农业学院（现为东北农业大学）。20世纪50年代上半期，这所大学的苏联和中国的教师把141门课程的教学大纲、36个农学专业的教学资料以及85卷农业类专业书籍翻译成了汉语。②

50年代初期，在全国范围内建立工业大学成为培养国民经济恢复时期和工业规模化生产所需人才的重要举措。首先是建立国内处于空白专业领域的大学和学院。

北京航空学院正是在此背景下开始建设的。1952年6月12日，中国重工业部和教育部联合下发了关于组建北京航空学院筹建委员会的决定。为协助中国建立第一所航空学院，苏联从莫斯科飞行学院和莫斯科航空技术学院选派了以杜巴索夫为首的一批教师和飞机设计师来华工作。这位在航空动力学和理论力学领域享有盛誉的苏联学者和教育家被任命为北京航空学院院长的首席顾问。组建大学的工作开展顺利并在短期内完成：1952年10月末即举办了北京航空学院的揭牌仪式，率先成立了两个系——飞机制造系和发动机组装

---

① Чжан Байчунь, Яо Фан, Чжан Цзючунь, Цзян Лун. Передача технологий из Советского Союза в Китай. 1949–1966.–С. 116.

② XI форум ректоров вузов Дальнего Востока и Сибири РФ и Северо-Восточных регионов КНР (13–15 октября 2014 г., Благовещенск): Сборник докладов.–Благовещенск, Изд. БГПУ, 2014.–С. 87–88.

系。①现在这所大学已经更名为北京航空航天大学，它是中国培养航空航天领域人才的重要基地，也是具有世界水平的科研中心。

第六，苏联向中国提供各方面的军事援助。

1950年6月末朝鲜战争爆发之后，中国共产党决定从1950年10月起派遣中国人民志愿军30个师赴朝援助。在抗美援朝战争时期，苏联对中国和人民解放军的帮助主要体现为提供大量的军事技术和武器、弹药及各种军用装备，还参与了对朝鲜军事人才的培训。此外，苏联第64歼击航空军还负责保卫朝鲜北部和中国东北区域的领空。正是在那一时期，借助苏联援助，中国人民解放军60个师配备了所有必要的武器装备（不仅是射击武器，还有装甲设备、坦克、大炮、空中防御设备、工程兵技术装备）。部分师团直接参与了反抗美国及其同盟者对朝鲜北部发动的侵略战争。中国在苏联的帮助下快速组建了新兵种部队，首先是空军和海军，在苏联的帮助下，中国建立了强大的军事基础。

通过对国民经济恢复时期的总结可以看到，尽管中国遭到资本主义列强的禁运和经济制裁，尽管经历了美国及其同盟者对朝鲜发动的侵略战争，而中国要向朝鲜提供负担沉重的军事和经济援助，新中国政权仍然在短时期内成功实现了国家经济的平稳发展。

在经历了几十年外国侵略和国内战争之后，新中国政权首次成功地把各族人民团结起来，促使他们投入坚苦卓绝的、创造性的劳动中，向他们提出明确的、振奋人心的、把中国变成强大的、现代化的、经济发达国家的奋斗目标。

依靠人民的热情，借助于苏联的帮助，1949~1952年中国不仅成功恢复了大量的企业，而且给它们注入了新技术，大大提高了企业管理水平和生产力。下面列举一些反映中国工业生产恢复时期经

---

① Чжан Байчунь, Яо Фан, Чжан Цзючунь, Цзян Лун. Передача технологий из Советского Союза в Китай. 1949–1966.–C. 137.

济状况的数据对比。

电能产量：1949年为43.1亿千瓦时，1952年达到了72.6亿千瓦时（新中国成立前最大生产规模为59.6亿千瓦时）。

煤产量：1949年为3240万吨，1952年达到了6650万吨（新中国成立前最大开采量为6190万吨）。

石油开采量：1949年为12.1万吨，1952年达到了43.6万吨（新中国成立前最大开采量为32.1万吨）。

铁产量：1949年为25.2万吨，1952年达到了192.9万吨（新中国成立前最大产量为180.1万吨）。

钢产量：1949年为15.8万吨，1952年达到了134.9万吨（新中国成立前最大产量为92.3万吨）。

化肥产量：1949年为2.7万吨，1952年达到了18.1万吨（新中国成立前最大产量为22.7万吨）。

金属切割机床制造量：1949年为1580台，1952年达到了13730台（新中国成立前最大产量为5390台）。

水泥产量：1949年为66万吨，1952年达到了286万吨（新中国成立前最大产量为229万吨）。

棉布产量：1949年为18.9亿米，1952年达到了38.3亿米（新中国成立前最大产量为27.9亿米）。[①]

综上所述，几乎在经济建设所有重要领域生产水平都有了大幅提高，远远超过了新中国成立前的水平。

交通领域也得到了快速恢复，国民党从大陆撤退到台湾前夕沉入水底的大量海运和河运船只被打捞出水并得到修缮。东部沿海的20个主要港口也恢复使用，天津港和塘沽港也得到快速修复。截至1952年底，中国大陆地区的铁路运营线路总长度达到了24232公里，

---

① Великое десятилетие (Вэйдады шинянь) (на кит. яз.).–Пекин, 1959.–С. 92.// Промышленность КНР. Под общей редакцией М.И. Сладковского.–С. 17.

比1948年延长了近一倍。①

在国民经济恢复时期（1949~1952年）和1953年，在全中国，首先是主要河流（长江、黄河、淮河）流域开展了战争期间被破坏的灌溉设施的重建与修复工作。这一时期共修复并重建了1万多个水利设施，其中包括总长度为4.2万公里的堤坝工程，还恢复了中国最重要的一条水路交通线——1000公里长的京杭大运河。共有2000多万人参与了这些工程的建设。中国报纸曾自豪地报道，新中国政府仅用了三年时间就解决了所有灌溉和水利设施建设问题。

因此，1949~1952年中国共产党和中国政府总体上顺利完成了恢复国民经济和改善居民生活的基本任务。这些成就的取得一方面得益于新中国成立后，全国各族人民高涨的民族精神和饱满的工作热情，另一方面也得益于苏联政府给予的全面支援。

在国民经济恢复阶段的后期，利用苏联的经验，中国领导集体开始制订第一个五年计划。在实施第一个五年计划的过程中，国家要完成新的、更加艰巨的任务，首先就是要实现国家的工业化，把国家建成重工业和轻工业都高度发达、具备先进科学技术和教育水平以及高水平国防能力的现代化强国。

---

① Мордвинов Г.И. Развитие транспорта в Китайской Народной Республике. // Ученые записки Института востоковедения.–Т. XI. Китайский сборник.–С. 196,199.

文献摘选*

刘少奇关于在苏联帮助下建立工业基地的观点

缺少苏联和其他人民民主国家的帮助，在解放了的中国建立工业基地是无法想象的，援助对我们来说至关重要，我们认为援助可以有以下几种方式：

一、提供社会主义经济建设经验。

二、向我们提供相应的文献，派遣国民经济各个领域的顾问和专家。

三、为我们提供资金来源。

我们很清楚，没有苏联的帮助我们不能在东北重建鞍山钢铁公司……

依靠苏联的援助我们会更快地步入社会主义，当然也会避免犯错。

关于中国向苏联贷款、苏联专家派遣到中国的可能性和其他有关苏联援助中国的问题[①]

关于贷款

斯大林同志表示，联共（布）中央委员会决定向中共中央提供3亿美元贷款，另外他还提到，这种两党间的协定在历史上属

---

* Русско-китайские отношения в XX веке. Документы и материалы. 1946–февраль 1950 г.–Кн. 2: 1949–февраль 1950 г.–С. 60.

① Русско-китайские отношения в XX веке. Документы и материалы. 1946–февраль 1950 г.–Кн. 2: 1949–февраль 1950 г.–С. 149–151.

首次。

年利率为 1% 的 3 亿美元贷款将会以设备、机械和各种生产资料与商品的形式提供给中国，每年 6000 万美元，分 5 年提供。中国将在该款项完全兑付之后的 10 年内还清贷款。

斯大林同志向代表团解释说，苏联向西方人民民主国家提供贷款的年利率是 2%，对中国收取 1%，实行这种差别对待的原因是中国正处于战争时期，经济还处于崩溃状态，而西方国家已经趋于稳定，没有战乱，国民经济趋于稳固，鉴于此中国需要更优惠且更大的援助。

关于专家

斯大林同志表示，我们将会派出专家。按照你们的请求，我们已于近期做好派出第一批专家的准备，但是我们需要商谈好专家待遇问题。我们认为，如果你们是按照粮食价格向你们的专家提供报酬的话，对苏联专家也可照此办理。但是应当按照你们的优秀专家的高水平报酬标准对待苏联专家。不能低于当然也不要高于这个水平。鉴于我国的专家享有高工资，因此，如果需要的话，将由苏联政府对他们进行补足。

我们向你们请求……如果发现我国专家中的个别人有不良行为，请你们通知我们。我们不容许苏联专家对中国专家和中国人民采取傲慢和轻视的态度。

关于舰队

中国应当有自己的舰队，因此我们准备帮助你们创建舰队……我们可以将沉没的战舰和商船打捞出来并帮助你们修好……

斯大林同志说，我们还准备派出专家和扫雷舰帮助你们排除海上的水雷。比如说，我们可以将几艘扫雷舰卖给东北人民政府，教给大连、旅顺或者符拉迪沃斯托克的中国水兵排雷技术。

斯大林同志表示，我们准备好向你们提供全面的帮助，包括国家机关的建设与管理、工业生产流程方面，以及所有你们希望得到援助的方面，但是为了实现这个目标，你们要以中国东北地区贸易代表团的合法身份来洽谈。

关于1950年2月14日中苏之间签订条约和协定的中苏公报①

近期在莫斯科苏联部长会议主席斯大林和外交部部长维辛斯基出席谈判，谈判另一方为中华人民共和国中央人民政府主席毛泽东和政务院总理、外交部部长周恩来，研究中苏关系重要的政治和经济问题。

谈判在亲切友好且相互理解的氛围下进行，双方确定增强和发展两国友好关系与合作，同时希望在保障世界安全方面进行合作。

2月14日双方于克里姆林宫谈判签字：1.关于友好条约，中华人民共和国和苏联应相互帮助；2.关于中国长春铁路、旅顺港、大连的协议在同日本签署和平条约后生效，中国长春铁路全部财产归中华人民共和国所有，苏联军队从旅顺港和大连撤出；3.关于苏联政府向中国政府提供长期经济贷款，苏联向中国交付工业和铁路设备。

苏方维辛斯基和中方周恩来共同签订上述合同及协议内容。

由于双方签订《中苏友好同盟互助条约》，关于中国长春铁路、旅顺港、大连的协议，周恩来和维辛斯基互致照会，即1945年8月14日中苏签订的协议和相关条约失效。另外，两国政府确认1945年蒙古人民共和国独立全民公决结果，中华人民共和国同蒙古人民共和国建立外交关系。

同一时间，周恩来和维辛斯基互致照会，苏联政府决定向中国政府无偿转交苏联在伪满洲国的经济企业财产，同时无偿转交在北京的所有军事营区和房屋……

---

① Из Советско-китайского коммюнике о подписании 14 февраля 1950 года Договора и соглашений между Советским Союзом и Китайской Народной Республикой //«Известия», № 39, от 15 февраля 1950 г.

三 "一五"计划时期(1953~1957年)中苏工业合作

图1-15 国民经济恢复任务完成后,面对国家发展所面临的新形势,中共中央于1953年正式提出党在过渡时期的总路线。图为1954年在庆祝"五一"国际劳动节的游行大会上,北京市民高举"为实现国家在过渡时期总任务而奋斗"的标语通过天安门广场

国民经济恢复时期经济和社会政治任务的顺利解决、工业和农业生产的快速增长、财政状况的稳定,都表明了中国共产党有能力对国家实行有效管理,有能力完成国家建设与改造中的各项任务。

为了成为世界强国,与这一时期走上独立发展道路的"第三世界"其他国家一样,中国需要建立现代化、多领域、具有高技术含量的工业体系。地缘政治同盟因素以及与苏联的紧密合作促使中国选择了苏联的经济模式和发展社会主义计划经济的方针。与此同时,中国还借鉴苏联,在工业化建设进程中选择了优先发展重工业的战略。

图1-16 新中国的劳动成就。左侧图片为抚顺的先进矿工（1951年）；右侧图片为建设者——劳动模范（1951年）。图片来自20世纪50年代初期的《人民画报》

假如中国能有一个更加安全的军事政治环境，即如果没有来自美国以及其所支持的台湾国民党政权的军事威胁，没有必要参与1950~1953年朝鲜战争的话，那么中国经济优先发展目标的定位也许完全是另外一种情形。也就是说，中国会采取更加平衡的发展战略：以提高因几十年战争灾难而急剧下降的人民生活水平为目标，均衡地发展重工业、轻工业和农业。

然而，所处的外部政治环境迫使中国最大限度地集中力量、控制内需、加快建设自己的国防体系。而国防体系的建设必须以重工业领域的快速发展为支撑。

为了把国家建成先进的、经济技术发达并能实现自我保护、免遭新的军事威胁的伟大强国这一战略目标，我们要完成一系列复杂任务。世界历史经验告诉我们，在这些复杂任务中，特别重要的有以下诸方面。

- 在计划经济发展模式下建立高效的国家经济事务整体管理体系。
- 实现涵盖国家所有区域的大规模、大范围的工业化，建立国民党统治时期缺乏的新工业领域。

● 建立强大的现代化重工业体系，其中包括满足国防需要和人民解放军现代化装备需要的重工业体系，大力发展民用机械制造业、机床制造业、仪表制造业，以及保障这些制造业生产活动的工业领域——能源工业、有色金属和黑色金属工业、化学工业等。

● 加快发展偏远地区的经济，尤其是对中国工业发展极为重要的矿产资源蕴藏地的经济，如能源和矿石原料蕴藏地区、建筑和其他材料蕴藏地区等。

● 在国家遭受到毁灭性战争、军国主义集团分裂和经济孤立的条件下建立现代化的、统一的、线路密集的交通体系。

● 建立涵盖各方面现代化知识和先进技术的科学教育体系，培养能够在国民经济各领域从事计划、决策和执行工作的专业化人才，包括国家行政管理、国防安全以及国民经济（金融、工业、交通通信、农业）和社会生活（卫生、教育、文化）等各领域的专业化人才。

● 实行农业改革，在劳动力资源大量缩减和农村多余人口向工业和交通业转移的条件下大幅提高农业生产力。

● 建立新的社会意识形态，包括培养全国各族人民具有民族统一和团结一致的意识与高度的民族自豪感，树立国家利益高于个人利益、集体利益、民族利益和地方区域利益的自觉性。

（一）"一五"计划编制情况

新中国领导人把苏联的计划经济原则作为管理经济发展的主要概念，首先采取了国民经济建设五年计划的模式。

在国民经济发展第一个五年计划制订的过程中产生了很多困难：中国国家领导人和国家行政机关的管理人员没有在经济领域工作的经验。

众所周知，苏联的第一个五年计划是在1928~1929年交替时开始实施的，也就是在十月革命胜利十一年和俄国国内战争结束八年之后在苏联的主要工业区开始实施的。而在此之前，苏联依靠革命后和革命前获得的丰富工作经验，已经在全国范围内建立了经济管理机构。例如，早在1923年8月就已成立了苏联国家计划委员会。而中国第一个五年计划开始制订的时候，新中国成立还不到三年，国家层面上的经济管理体系尚未建设完成，而且在五年计划方案筹备的过程中又赶上抗美援朝战争正在进行。这一战争使中国投入了大量的军力、财力和工业资源。

新中国第一个五年计划的制订始于国民经济恢复末期，这与中共中央制订的计划用至少15年的时间向社会主义过渡的总路线是一致的。第一个五年计划的一个核心内容就是宣布要按照苏联模式实现国家的工业化。当然，这一过程必须考虑中国经济和社会政治的现实条件，以及中国人民特有的文化传统和民族心理。

中国第一个五年计划的研究首先是在中苏两国政府的层面通过定期协商的方式完成的。其中的一些问题是在1952年8~9月中国政务院总理兼外交部长周恩来率代表团访问莫斯科期间讨论确定的。中方领导层为了这次讨论事先为苏联政府准备了两个信息简报：《中国经济状况和五年建设的任务》①和《中华人民共和国军队建设五年计划的基本内容》。访问期间，周恩来亲自做了这两个题目的报告。

根据中国领导人的请求，大批经验丰富的苏联专家参与到中国第一个五年计划的研究和制订之中。这些专家来自苏联国家计划委员会以及苏联各大工业部委。中国政府向苏联专家转交了关于中国经济各领域发展现状和1953~1957年以及更长期的国家工业化建设各项任务的文件和资料。经过8个月紧张而细致的工作，苏联方面

---

① Доклад Чжоу Эньлая «Экономическое положение в Китае и задачи пятилетнего строительства». 29 августа 1952 г. // Китайская Народная Республика в 1950-е годы. Сборник документов: В 2 т. Под ред. В.С. Мясникова.–Т. 2.–М., Памятники исторической мысли, 2009.–С. 158–180.
Сладковский М.И. История торгово-экономических отношений СССР с Китаем (1917-1974).–С. 208.

提出了初步的意见和建议。这些建议在题为《苏联国家计划委员会关于对中华人民共和国五年计划建设任务的意见书》（1953年4月30日）[①]（以下简称《意见书》）的文件中有详细的表述。1953年5月初，《意见书》由时任苏联驻华大使库兹涅佐夫V.V.亲手呈交到中华人民共和国中央人民政府主席毛泽东手中。

总体上看，苏联专家对中国同事关于第一个五年计划期间国家现代化战略目标的定位以及优先发展的经济领域定位给予了肯定性的评价。然而，因为中国编制计划的专家和经济学家们缺乏经验，加上计划所列任务过于宏伟巨大，所以需要对计划进行修订与调整。要确保国民经济重要发展领域的平衡性和协调性；要确保既定任务目标与国家生产能力和已有的原料资源、能源、人才资源以及未来实现经济现代化的资金来源等方面的需求相一致。

苏联国家计划委员会的专家们提出的一条重要意见是中国学者制订的五年计划中有关工业生产年平均增长速度不合理的问题。最初确定的工业产值年增长速度明显过高（具体为中国工业整体上的年增长率为20.4%，国营和公私合营企业的年增长率为24%）。苏联国家计划委员会的专家们详细解释了为什么不能把国民经济恢复时期的实际工业增长速度照搬到第一个五年计划时期。因为在第一个五年计划实施期间，各工业领域的数百个企业以及许多省份的企业实际上都要从零开始。除此之外，《意见书》还认为，"工业发展的速度和先进技术的引进不可避免地要受到干部、专业技术工人和工程技术人员短缺因素的制约"。制约生产力提高的因素还包括许多资源开采型工业企业在第一个五年计划时期不仅要面临建设、投产的任务，而且生产这些产品的原料储备情况还有待于地质专家进一步的勘探和研究。

例如，苏联专家指出，被列入第一个五年计划的黑色金属冶金

[①] Советско-китайские отношения. 1952–1955: Сборник документов (Издание подготовлено МИД Российской Федерации и МИД Китайской Народной Республики.).–Ижевск, Изд. ИП Пермяков С.А., 2015.–С. 92–103.

（生铁、钢、轧材）企业的产量增长不仅需要充足的铁矿石，还需要一定数量的已探明储量的焦炭、锰矿石和其他冶金原材料。而在这一方面，中国的地质勘探工作还没有推进，甚至连实施方案还没有制定出来。

针对这一主要问题，《意见书》中提出1953~1957年全国工业总产量的平均增长速度应确定为14%~15%的建议。在个别领域增长指数有可能和有必要提高的情况下，建议在具体的年度计划中对指标进行调整："如果在执行第一个五年计划的过程中，出现能够保障工业生产扩大规模的补充资源，那么可以在制订年度计划时考虑不仅要完成计划，还要超额完成五年计划中设定的目标任务。"

苏联国家计划委员会的专家们提出的另一条重要意见是要把解决新企业的建设任务及企业后续的产量问题与培养相当数量的人才队伍结合起来。既要考虑到全国经济发展的人才需求，也要考虑到每个部门甚至每个大型企业发展的人才需求。《意见书》中指出，"苏联的经验表明，国家工业化最难完成的一项任务就是培养大批的专门化人才，即把普通的劳动人民变成知识分子。应当单独制订专业技术工人和工程师的培养计划"。

因此，在《意见书》中苏联专家论据充分地指出，在第一个五年计划中，计划培养的工程师（13.2万人）和技术员（16万~18万人）的数量需要调整，需要增加中等技术人才的培养数量并稍微减少工程师的培养数量，否则就会导致中国高等院校的计划招生人数超过中等学校的毕业生人数。此外，虽然中等专业技术学校的学习年限比高等院校短，但是中国正在建设的工业项目在近期就需要有大量的专业技术人才投入生产车间和建设工地进行实地工作。鉴于苏联的经验，《意见书》中提出，要在大学的参与和帮助下，在大型工业企业内部大力推广面向工人的中等技术学校建设，特别是在第一个五年计划实施期间。

至于谈到为工业、建筑业和交通业培养熟练工人这一问题，《意

图 1-17 新中国的建设者。图片来自中国国家博物馆（北京）

见书》建议，利用现有的手工业和家庭手工业从业者，在企业内部组织短期培训班，以个人或小组培训的形式对他们进行培训。

苏联国家计划委员会还向中国同事提出了其他一些建议，例如，苏联专家指出，应当列出基本建设所需要的资金总额。该数额要与生产增长速度、经费来源以及在经济建设和未来工业生产中所使用的金属与能源资源数量保持平衡。

为了保证第一个五年计划时期所有大型企业建设计划的顺利、高效、及时完成，苏联专家强烈建议中国政府"率先成立……专门的行业和地区性的建筑公司，配备长期稳定的专业技术工人和工程师队伍，负责完成一般性建设任务（瓦工、混凝土工、钢筋混凝土工等）和特殊性建筑任务（电力维修、供暖、通风、排水、水利工程等）"。

除了工业建设这一重要任务，《意见书》中还针对其他领域的经济建设问题提出了建议。例如，中国专家们提出应将发展大型工业企业与发展小型手工业企业结合起来，因为小手工业企业可以保障居民日常消费品的需求。《意见书》中指出，如果国家能够对这类小型生产企业提供原材料支持，并且与小手工业者之间建立起合作生产的方式，那么这种模式是可行的。

正如苏联国家计划委员会在《意见书》中所指出的那样，在第一个五年计划中要对农业给予特别的重视："保障城市居民的粮食需求以及工业生产所需的农业原料需求是一项重要的任务……为了工业的快速发展，应当重视经济作物产量的提高。"同时，《意见书》中还指出，国家工业的主要目标还应包括向农村供应日常生活必需的工业产品，以及在各省份依靠小型企业组织普通农业生产工具的生产。

通过对"一五"时期中国所面临的经济形势、问题和解决途径的详细分析，苏联国家计划委员会的专家们得出以下结论。

"苏联经验表明，五年计划的制订，要保障国民经济各部门和各领域之间的比例关系协调发展，就需要更加细致地论证和经济测算。鉴于第一个五年计划所要解决的许多重要问题还没有得到充分研究，所以中国第一个五年计划的方案制定还需要做大量的补充工作。"

中国方面对第一个五年计划方案制定负主要责任的是 1952 年 11 月成立的中华人民共和国中央计划委员会（1954 年改为国家计划委员会，隶属于国务院）。[①] 在第一个五年计划编制和任务细化的过程中，为中国提供全面帮助的是来自苏联政府、国家计划部门与各大部委和委员会的顾问和专家们。此外，1954 年 4 月，苏联最有经验

---

① Ремыга В.Н. Система управления промышленностью КНР (1949–1980).–С. 19, 21.

的国民经济领导人之一、对外贸易部部长卡巴诺夫亲自率领由一大批计划专家组成的代表团来到中国。①为了解中国经济的现状及存在的问题,代表团访问了中国"一五"计划中要成为新工业区域中心的许多省份和城市(包头、西安、兰州、太原、武汉、上海等)。苏联专家们根据访问结果提出了一系列有价值的建议,他们特别建议成立一个大型的国家设计院,负责实施五年计划中全国所有项目的设计勘察工作,避免因将工作交给小型设计院而造成资金和人力的分散。

在中国工作的苏联专家和顾问针对"一五"计划方案的修改工作提出了几十条建议,并附有详细的分析报告和数据。中国学者沈志华以这些分析报告和数据为依托得出了如下结论:第一个五年计划基本上是在中国人员的参与下由苏联专家制订的,苏联专家的意见不仅在行业发展规划方面起到了决定性作用,而且对中国总体经济方针的形成也产生了决定性影响。②

中国高层领导人也高度评价了苏联在第一个五年计划制订过程中给予中国的援助。1953年5月20日周恩来代表中央人民政府发给苏联领导人的信中指出:"中华人民共和国中央人民政府认真研究了苏联政府备忘录及苏联国家计划委员会针对中国五年计划各项任务制定所提出的意见,中国政府完全赞同备忘录中的观点和看法……以及经苏联政府审查过的苏联国家计划委员会提出的所有原则性和具体性建议……所有这些意见和建议都是苏联在经过三十多年的伟大社会主义建设实践中积累的丰富经验的基础上和经过苏联检验是正确道路的基础上提出的,这可以使我们在中国的经济建设中避免犯错和减少失误。这些经验对于中国政府实际研究和制订五年计划与制订中国国民经济发展计划的基本纲领具有重要的指导意

---

① 卡巴诺夫·伊凡·格里高利耶维奇,1946~1951年任苏联电气工业部部长,1952~1953年任国家物质与技术保障委员会主任,1945年起参与苏联核武器研制工作。

② 沈志华:《苏联专家在中国(1948–1960)》,第185、187页。

义……"①

关于这一点我们将在下文中做详细介绍。众所周知，第一个五年计划实施的结果对中国而言是非常成功的。中国的历史学家与经济学家们认为，这充分表明，在和中国同事一起制订第一个五年计划的过程中，苏联专家与顾问们表现出高超的专业技术水平，也表明他们为新中国建设提供最大帮助的真诚意愿。

（二）"一五"计划编制与实施过程中面临的困难及中苏情况对比

如上文所述，由于一系列原因，五年计划的编制工作仍然进行得非常艰难，比预计完成时间延迟了很久。中国第一个五年计划本应该在1953年9月开始实施，而这项工作的实际开展，包括新工业企业的建设也的确在这一时间开始了。但是在此之前，五年计划的方案还没有完成。沈志华指出，1954年初，中国领导人毛泽东不得不参与问题的解决：他为五年计划编制人员制定了"战时制度"，要求国家计划委员会在自2月25日起的一个月之内拿出计划草案，国家计委请求延长期限，但毛泽东只多给了他们5天时间。4月15日，由陈云最终确定的五年计划初稿被递交到毛泽东手中。②

中国第一个五年计划方案的最终稿直到1955年1、2月才完成。3月31日经中国共产党全国代表会议讨论并正式通过。1955年7月30日，第一个五年计划作为"法律文本"经国家最高权力和立法机关——一届全国人大二次会议审议通过。

第一个五年计划编制过程中所面临的重重困难和推迟两年多才完成的原因既与中国特有的国情有关，也与其他因素相关。

---

① Письмо Центрального народного правительства КНР правительству СССР. 20 мая 1953 г. // Советско-китайские отношения. 1952–1955: Сборник документов.–С. 112–113.

② 沈志华：《苏联专家在中国（1948–1960）》，第170页。

第一，正如上文中提到的，在中国共产党战胜国民党之前和新中国成立之前，中国经济的性质是带有明显东方封建残余的半殖民地经济，在生产组织水平、技术水平和劳动生产力方面都远远落后于西方发达国家，甚至落后于邻国日本100~150年。① 除东北和上海周边的部分沿海地区之外，国内没有形成统一的工业体系，而是以传统的、半原始状态的农业生产和简陋的手工业生产方式为主。

尽管新中国领导层在1949~1952年对国民经济进行了初步改革的尝试，但国家仍保留了多种经济方式并存的局面：工业和贸易领域还存在大量的私有制经济成分，小商品生产领域还存在个体私营的手工业生产组织，农业方面还有一亿多农民从事个体农业经营。在这种情况下，在全国范围内搜集客观反映经济形势的统计数据都难以实现，更何况要在此基础上来确定经济发展优势、明确经济现代化建设的具体任务，以及面向所有经营主体落实国家第一个五年计划的各项具体任务、组织各经营过程的协调和管理。

尽管1952年国营经济在工业生产领域中所占的比例比1949年提高了一半多，从原来的26.5%提高到41.5%，但是私营资本主义经济（产量占30.6%）和个体手工业经济（产量占20.6%）与国营企业并存的局面仍在持续。② 因此，中国有超过半数的工业企业没有被包含在国家计划经济体系和中央集中的物资技术供应体系之中，这些企业在很大程度上依靠市场自发调节规律生存。在这一时期（在1954年全国实行农业合作社之前）大规模的农业生产整体上都处于计划经济调节之外。

第二，与苏联不同的是，新中国工业在国家监管之下实行国有化之后，过渡期的工业从一开始就分为三种类型：（1）中央人民政

---

① Промышленность КНР. Под общ. ред. М.И.–С. 13,14.
② Молодцова Л.И. Особенности формирования промышленной системы КНР (1949–1985).–М., Наука, 1988.–С. 9, 11.
Пивоварова Э.П. Социализм с китайской спецификой.–М., ИД "Форум", 2011.–С. 17-18.

府各部委的直属企业；（2）属于中央人民政府但转为地方人民政府（省、自治区、直辖市）代为管理的企业；（3）属于地方人民政府管理的企业。① 这种"分级责任制"的经济体制是依据中华人民共和国政务院1950年3月3日的决议建立的。但是在这之后，尽管国营工业管理体系经历了一系列改革，但工业的双重归属身份（同属于地方和中央）依旧保留了下来。

此外，与苏联不同的是，中国地方政府管辖的工业范围不仅是中小型工厂，还有很多大型企业，包括技术设备制造企业。其中包括第一个五年计划期间要修复或建设的825个大型工业企业（中国的超大型企业是指每所企业的固定资产总值超过300万元人民币的企业）中有125个属于地方政府管辖企业。直至1957年，地方政府管辖企业生产的工业产品份额达到53.8%。这些企业生产的产品中约有40%的生产资料和近67%的消费品。②

中国经济的这些特殊性导致在制订第一个五年计划的过程中所有必要信息的收集和统计都面临重重困难，同时导致在资金和物质资源的分配以及专业性人才队伍的需求上的极大不平衡。这也给习惯了另外一种经济运行模式——工业化和国民经济各部门实行高度集权管理模式的苏联专家、管理人员和计划制订人员造成了极大困难。

第三，中国经济管理体制本身，还有从事计划编制和收集必要统计信息的管理机构、领导机构和国家组织，在编制第一个五年计划前夕和整个"一五"计划期间都处于刚刚建立和不断改革的阶段，这使五年计划的编制工作变得更为复杂。

为实现向计划经济体系的过渡，中国经济管理真正开始实行中

---

① Ремыга В.Н. Система управления промышленностью КНР (1949–1980).–C. 11–12. Молодцова Л.И. Особенности формирования промышленной системы КНР (1949–1985).–C. 10–11.

② Ремыга В.Н. Система управления промышленностью КНР (1949–1980).–C. 30–31.

图1-18 中国农业曾以繁重的手工劳动为主，农用机械短缺，生产中几乎没有使用过机械化设备。图为20世纪50年代初期中国广东省农民在稻田里劳作时的场景

央集权制是从1952年末创建中央和地方各级管理机构开始，目的是代替权力分散的部委和在各大行政区域内设立的各大部委的下设机构。在国家管理机构层面设立了财经委员会，隶属于政务院。最初有5个部委（负责国民经济领域职责的共有16个部委）隶属于政务院：重工业部、燃料工业部、纺织工业部、食品工业部和轻工业部。与此同时，设立了地方层面的经济管理机构——隶属于各相应省、自治区、直辖市人民政府财经委员会的工业厅（或工业局）。经济管理体系的重组一直持续到1954~1957年，也就是第一个五年计划的各项任务具体实施期间。其间政务院更改为国务院，工业部委增加到14个，负责经济活动的部委总数也增加到了22个。[①]

第四，为了实现工业化，任何一个国家都要保证规划和国家现有原材料资源使用的协调性。特别重要的是要了解中国各个区域已探明的矿产、能源和现代工业领域可利用的其他矿产、原材料资源

---

① Ремыга В.Н. Система управления промышленностью КНР (1949–1980).–C. 16,17,20,166.

储量的详细和准确信息。但是在第一个五年计划制订初期，中国大陆的资源勘探工作开展得远远不够，甚至还没有成立国家地质局。关于这一问题的严峻性，在1952年8月中国政府代表团访问莫斯科时周恩来就向苏联同事阐述过。在他的报告中有一部分是专门阐述中国的地质勘探工作现状的，其中谈道："中国拥有丰富的可利用矿产资源，但是旧中国政府几乎没有留下任何系统的国家地质研究资料。目前中国的地质学家数量很少（只有500多人），他们的专业技术水平很低。如果不采取紧急措施改变现状，那么这将阻碍中国经济建设。"①

即使在20世纪40年代末期从苏联引进了一批地质学专家的中国东北地区，许多铁矿、煤矿和其他资源的产地也没有被充分研究。还有更多计划建设大工厂的中国其他地区矿产资源产地的储量情况的勘探工作需要完成。

关于这一点在《意见书》中已经指出。并且，由于地质信息的特殊性，苏联专家强调，可利用矿产资源的勘探工作应该用较长时间才能完成。比如，《意见书》中指出："开采工业最重要的任务是强化地质勘探工作，与此同时，在所设计的五年计划期间要进行的地质勘探工作不仅应该探明1953~1957年要使用的原料资源情况，还要弄清楚今后一个时期企业建设所需要的原料资源情况。"②

接下来发生的事件表明，在整个"一五"时期日益发展的中国，工业原材料资源问题一直是相当严峻的问题。

第五，苏联的政治经济状况也在很大程度上影响了"一五"计划的制订过程。

正如上文所述，在20世纪50年代初期，苏联恢复了在1941~1945

---

① Доклад Чжоу Эньлая «Экономическое положение в Китае и задачи пятилетнего строительства». 29 августа 1952 г. // Китайская Народная Республика в 1950-е годы. Сборник документов: В 2 т. Под ред. В.С. Мясникова.-Т. 2.-С. 175.

② Замечания Госплана СССР по вопросу о задачах пятилетнего плана Китайской Народной Республики. 30 апреля 1953 г. // Советско-китайские отношения. 1952-1955: Сборник документов.-С. 94.

年卫国战争期间被彻底破坏的工业、交通、农业和社会发展事业。此外，苏联由于美国推行的"遏制共产主义"的"冷战"政策所面临的危险处境，不得不全力追赶美国和北约同盟国，改变其在工业主要是在军事技术领域即核开发和核武器运载手段方面的落后局面。

图1-19　20世纪50年代初，美国军用飞机在轰炸朝鲜领土

在中国的第一个五年计划紧锣密鼓地编制过程中，苏联正经历着重大的政治变革。其中必须提到的事件包括：斯大林的逝世（1953年3月），马林科夫G.M.被任命为苏联部长会议主席并出任领导职务（1953年3~9月），贝利亚L.P.下台和被捕（1953年6月），赫鲁晓夫被选为苏共中央第一书记（1953年9月）及其后来为争夺苏联领导权而进行的斗争。与此同时，许多历史学家指出，斯大林与其继任者马林科夫、赫鲁晓夫在发展与中国的关系上所坚持的目标、出发点和战略有很大的差异。斯大林主张苏联要在人民民主国家阵营占有绝对的领导地位，而苏联共产党要在世界共产主义运动中占有绝对

的领导地位。在地缘政治的较量中，斯大林不可能总考虑到像中国这样一个政治和经济同盟者的利益。①

而他的继任者们对包括中国在内的同盟国却采取另外一种更加深思熟虑和平等的外交战略。例如，马林科夫在担任苏联部长会议主席期间，成功地完成了关于向中国提供大规模经济和技术援助的谈判，并在1953年5月15日签署了《关于苏维埃社会主义共和国联盟政府援助中华人民共和国中央人民政府发展中国国民经济的协定》②（以下简称《协定》）。根据《协定》，苏联负责对91个建设和重建工业项目提供全面援助（作为1950年2月14日签署的苏联对中国援建50个工业项目协议的补充协议）。1953年9月，赫鲁晓夫在执政初期加大了苏联对中国的经济援助，尤其是工业技术援助，这使中国实现了向实施第一个五年计划的成功过渡。

中国成功地从根本上改变旧的生产经营体制，苏联的援助当然是重要因素之一。但是在解决国家实现现代化所面临的一系列难题，以及在建立现代工业基础的过程中，主要依靠的还是中国人民自身的力量。中国人民凭借勤奋、吃苦耐劳、团结、快速掌握外来经验的能力和善于在错误中学习等优良品质使这些复杂的问题最终得以解决。

需要指出，尽管经过1949~1952年的三年经济恢复，国民经济得到了根本好转，但是在执行第一个五年计划前，中国的工业、交通乃至整个国民经济体系的初始条件与苏联执行第一个五年计划时期（1928~1932年）的情况相比有着很大的不同。首先，中国的工业基础比苏联当年要落后得多。对比中苏两国开始工业化进程时的工业生产基本指数，这一结论显而易见。尽管1953年中国的人口总数（第一次人口普查的结果为5.94亿人）③几乎是苏联1928年人口

---

① Галенович Ю.М. Сталин и Мао. Два вождя.–М., Восточная книга, 2009.

② Советско-китайские отношения. 1952–1955: Сборник документов.–С. 104–110.

③ 《中国统计年鉴2004》，中国统计出版社，2004，第97页。*World Population Prospects: The 2006 Revision*, United Nations, New York, 2007.

总数（大约 1.5 亿人）①的 4 倍，但是绝大多数重要的生产指数以及交通基础设施建设比苏联当时落后很多。

以 1928 年苏联的冶金产量数据为例：生铁产量为 330 万吨，钢产量为 430 万吨，钢材产量为 340 万吨。②中国 1952 年钢产量只有 135 万吨，生铁产量只有 193 万吨，钢材产量仅为 131 万吨。而且中国当时的钢铁生产主要集中在鞍山钢铁公司和本溪钢铁公司这两大钢铁企业。③众所周知，钢铁产品是机械制造业、工具制造业最基本的原材料，钢铁产品还被广泛地应用在建设行业以及现代化材料制造业的各个领域。

以另一个重要工业领域的生产数字为例。苏联执行第一个五年计划之前（1928 年）的石油开采量为 116 万吨，即便如此，当时石油的开采量也并不能满足苏联经济发展的需求。1952 年中国石油总开采量不到 44 万吨。④这一产量，即便加上东北地区的油页岩产量，也远远无法满足供航空、汽车、轮船以及其他类型交通工具使用的燃油生产的需求。因此，在 20 世纪 50 年代初，中国不得不进口石油产品（汽车及航空汽油、煤油、机油等），因为对于 20 世纪这个"发动机经济"时代而言，石油产品是必不可少的。

中国在执行第一个五年计划之前的铁路交通也相当落后。

1928 年苏联铁路总长度为 9.24 万公里，实际运营的铁路总长度

---

① Андреев Е.М., Дарский Л.Е., Харькова Т.Л. Население Советского Союза: 1922–1991. М., Наука, 1993.–С. 118–119, 122–123.

② СССР в цифрах в 1967 году.–М., Статистика, 1968.–С. 46.

③ Настоящее и прошлое металлургической, электроэнергетической, угольной, машиностроительной, текстильной бумажной промышленности нашей страны (Вого ганте, дяньли, мэйтань, цзицзе, фан–чжи, цзаочжи гунъеды цзиньси) (на кит. яз.).–Пекин, 1958.–С. 19.
Промышленность КНР. Под общей редакцией М.И. Сладковского.–С. 122.
Сладковский М.И. История торгово–экономических отношений СССР с Китаем(1917–1974).–С. 156.

④ СССР в цифрах в 1967 году.–М., Статистика, 1968.–С. 46. Промышленность КНР. Под общей редакцией М.И. Сладковского.–С. 21.

为7.69万公里。铁路货物运输总量为1.56亿吨，铁路货物运输流通量为934亿吨每公里。①铁路运输已经成为苏联工业货物运输的基本方式。

中国三年经济恢复时期结束前（1952年）铁路总长度为2.62万公里，实际运营铁路总长度为2.42万公里。②其中超过一半的铁路线路位于东北地区，在中国还有相当大的区域没有铁路，其中包括矿产资源蕴藏丰富的地区，例如新疆、内蒙古以及其他区域。1952年中国铁路货物运输的流通量也低于苏联1928年的水平。

在对中国和苏联执行第一个五年计划前的初始经济条件的对比中可见，中国经济最严重的问题是不仅各类重要的工业产品生产领域落后，而且工业产品的质量也落后于苏联。历史原因造成了中国经济与技术的相对落后，这导致20世纪50年代初中国的许多机械制造领域还处于空白状态。正因为如此，苏联国家计划委员会在为中国设计第一个五年计划方案时，在方案的附件说明中强调指出，机械制造领域里特别重要的任务是："制造设备和掌握汽轮机、发电机、水力涡轮发电机成套设备、电力变压器、电缆、电动机、金属切割机床、金属冶炼设备、采矿和化工设备以及汽车的生产制造技术。"③

中国工业化进程初级阶段的另一个薄弱环节是工程师和技术工人的质量与数量。例如，1928~1929年苏联工业、交通以及建筑领域的工人和服务人员的数量为586.1万人。④1952年中国工人及服务人

---

① История железнодорожного транспорта Советского Союза.–Том 3. 1945–1991.–М., Академкнига, 2004.–Приложение 1.

② Мордвинов Г.И. Развитие транспорта в Китайской Народной Республике. // Ученые записки Института востоковедения.–Т. XI. Китайский сборник.–С. 199.

③ Замечания Госплана СССР по вопросу о задачах пятилетнего плана Китайской Народной Республики. 30 апреля 1953 г. // Советско-китайские отношения. 1952-1955: Сборник документов.–С. 100.

④ Год работы правительства. Материалы к отчету за 1928/29 г. Первый год пятилетки.–М., 1930.–С. 372–380. (http://istmat.info/node/8768).

员的总数为568万人，但是其中工业与交通领域的工人数量只有430万人，而且基本为小型或微型企业的工人。①

根据当代中国学者以及党的领导人的观点，20世纪50年代，尽管在1949~1952年的经济恢复时期就已经开展了工程技术人才培训体系的创建工作以及各工业领域专门人才的培训与再培训工作，但是新中国的人才培养无论是从质量还是从数量来讲都无法满足工业建设任务的需求。因为中国工业化的目标是要建立起新的高技术含量行业，建设数百个大型工业企业及几千个其他工业企业并实现现代化，深入普及各类技术设备知识，以及复杂的生产技术流程。

中国执行第一个五年计划时面临的另一个严峻的问题是受到了资金积累渠道的限制，即国家工业化战略纲领的财政保障问题。经济学家以及历史学家指出，在国家工业基础薄弱，又受到来自美国及其同盟者的经济封锁的情况下，只有一小部分中国产品能出口到主要的西方资本主义国家，在这种情况下，中国只能依靠自己的力量以及苏联提供的贷款和援助来实现资金积累。

与农业、贸易业以及与重工业相比，相对发达并且盈利的轻工业是中国实现现代化建设的内部财政来源。但是在执行第一个五年计划初期，在这些经济领域里国家的地位还不是很稳固，私营经济还占主要份额。工业中的合营国家资本主义成分，如果从利润分配的角度（资方红利20.5%，公积金30%，福利费15%，所得税34.5%）看，原本是可以为国家上缴数目可观的资金的，但是1952年国家资本主义在生产中的份额仅占4%。②

---

① Чжао Инцун. Экономическая помощь Советского Союза Китайской Народной Республике в 1949–1959 гг.: диссертация... кандидата исторических наук: 07.00.02.–Москва, 2003.–С. 97.

② Чжунго тунцзи няньцзянь (Статистический ежегодник Китая, 1984) (на кит. яз).–Пекин, 1984.–С. 194.
Молодцова Л.И. Особенности формирования промышленной системы КНР (1949–1985).–С. 11.

众所周知，20世纪20~30年代，苏联是通过农业集体化、手工业合作化、私营工业国有化的方式，也就是说是通过国家对所有经济成分的绝对掌控，获得了建设现代化工业所需要的资源。

新中国政权也不得不沿着这条路进行建设，但也考虑到了中国的某些具体国情。例如，1957年9月7日毛泽东在与工商界部分代表的谈话中指出，要基本上完成国家工业现代化，基本上完成对农业、对手工业和对资本主义工商业的社会主义改造需要几个五年计划的时间。但是解决寻找工业化所需的资金的复杂问题以及庞大的中国工业建设规模标准促使中国党和国家领导人加快了社会主义改造的速度，同时加快了将所有经济成分纳入国家控制的步伐，即在1955~1956年完成。①

图 1-20 中华人民共和国发行的新版人民币。该版人民币图案集中突出了中国工业现代化这一主题

（三）苏联对中国工业的援建

正如上文指出的那样，无论是在经济恢复时期，还是在准备执行第一个五年计划期间，苏联都以贷款的方式为中国提供了发展工业所需要的财政援助。在中苏两国签署的一系列协议中可以发现，

---

① Гельбрас В.Г. Экономика Китайской Народной Республики. Важнейшие этапы развития. 1949–2007.–М., Гуманитарий, 2007.–С. 43–44, 46–47.

苏联对中国的工业技术以及工艺流程体系的援助有着同样重要的意义。

1953年5月15日，中国执行第一个五年计划的第一年，中苏两国政府签订的援助《协定》是标志着斯大林时代后中苏两国合作进入新阶段的最重要文件之一。在《协定》签署之前，1953年4月30日苏联部长会议通过了《关于援助中国建设五年计划中的工业企业》的决议。在决议中，根据苏联当时的实际经济状况，确定了苏联可能为中国提供的援助规模。[1]

最终，根据1953年5月15日的《协定》以及中国第一个五年计划的内容，确定了苏联对中国的援助主要是帮助中国建设重工业领域的大型基础企业。而且其中多数企业需要在技术流程方面与其所在地域的其他企业之间形成整体上相互关联的综合体（例如，开采铁矿的企业—钢铁公司—金属制品厂—机械制造厂以及保证以上企业生产运行的电站）。在苏联国家计划委员会向中国推荐有经验的专家时，苏方充分考虑到要深入推行这种行业领域综合与平衡的建设方式，因为这种方法对中国而言还属于新事物。

根据1953年的《协定》，苏联援助中国建设和改建包括钢铁业、冶金业、煤炭业、石油化工业、电站、机械制造业、国防以及其他工业领域在内的91个企业。苏联对中国的援建还考虑到了有必要帮助中国建立起重工业自给自足的工业基础问题。重工业应该成为中国多领域生产体制的基础，也应该满足民用与国防建设的需要。被列入1953年5月15日《协定》的企业（以及根据1950的协定需要建设与改建的50个企业）预计在1959年前建成投产。也就是说，在第一个五年计划与第二个五年计划期间完成。

---

[1] Соглашение об оказании Правительством СССР помощи Центральному народному правительству Китайской Народной Республики в развитии народного хозяйства Китая. 15 мая 1953 г. // Советско-китайские отношения. 1952–1955: Сборник документов.–С. 104–110.

至于这些企业所属的行业，首先是要建设两个大型的钢铁公司（企业设在包头和大冶，每个钢铁公司的生产规模为年产120万~150万吨钢）和8个有色金属冶炼企业（它们的生产规模为年产3万吨锡、1.5万吨铝、1万吨钼精矿、3万吨钨精矿和13万吨钒精矿及钛精矿）。

这样中国就有可能提高冶金业产品供货能力，既可以为本国的工业供货，又可以依靠苏联提供的技术与设备将冶金产品（这里指的是有色金属和稀有金属）出口。新的钢铁企业与有色金属企业的投产运营，以及改建工程生产规模的扩大在很大程度上为机械制造业，即国家现代化建设首要考虑的领域提供了经济保障，因为高质量的钢、钢材及金属制品是机械制造业必需的原材料。

上文已经谈道，在中苏两国1953年签署的《协定》中，特别重要的一点是要在中国建立起多种类型的机械制造业。苏联援助中国从零开始，建成了32个机械制造企业（这个数字是对根据1950年协议已经在建的13个企业的追加补充）。在新建的企业中，包括5个生产冶金、采矿和石油开采设备以及金属切割设备的重型机械制造厂。中国还计划建立新的汽车制造厂（年产6万辆卡车）和拖拉机厂（年产1.5万辆拖拉机）；还建设了各个机械制造领域都需要的滚珠轴承制造厂（年产量为1000万吨）；还计划建设16个新的动力机械及电力机械制造厂，将生产涡轮机、涡轮发电机、电动设备、电话无线电设备以及其他的电子技术产品。其中大部分新建的机械制造企业的定位是为中国人民解放军生产武器以及军事技术装备。

为了满足中国经济对电能日益增加的需求，计划建设8个煤矿和一个煤炭联合体（总生产能力为年产1990万吨煤炭），3个选煤厂（生产能力为450万吨煤/年）。

考虑到中国对石油产品的大量需求，在《协定》中计划建设大型石油加工厂（年加工原油100万吨）。

苏联还将援建每年可以为中国农业生产18万吨氮肥的化工厂，

以及年产1.5万吨合成橡胶和其他产品的化工厂。

援建项目还要兼顾中国经济的能源保障问题。1953年的《协定》中，计划建设10个热电站，其电能总产量预计为41.3万千瓦。加上根据1950年协议已经在建和改建的11个电站，中国能源业的生产能力将大幅提高。

在建设上文列举的重工业企业的同时，根据《协定》还计划建设2个医药企业，以保障医药制剂的生产，主要生产青霉素、链霉素。援建项目还包括一个食品工业企业（淀粉厂）。

那么根据苏中关于提供援助的《协定》，苏联的各部委、国家机关以及派往中国的苏联专家在设计和建设被援建企业过程中的主要分工是什么呢？

时任国家计划委员会主任的李富春（他代表中方签署了1953年5月15日的《协定》）指出，苏联所提供的全面而系统的援助包括"地质勘探、企业选址、收取原始设计数据、工程设计、设备供应、建设安装和投产工作的关键技术指标、新产品技术文件的配备等以及

图 1-21 新中国年青一代的地质工作者们。图片来自20世纪50年代中期的《人民画报》

提供新产品生产过程的关键技术指标……这是一种涵盖从始至终全部必要过程的全方位援助"。①此外，根据双方协议，苏联专家还要在上述所有工作过程中对建设和实施现代化企业的中方人员进行培训。而且，对中方的工程师、技术员以及技术工人的培训不仅仅在中国当地进行。根据双方达成的协议，中国每年派1000名各专业方向的工人和工程技术人员到苏联的相关企业进行生产技术实习。

苏联还负责向正在建设的中国工业企业配备最先进的技术设备（从当时苏联已有的设备中选择）。1954~1959年苏联向中国所供应设备的总价值以及苏联各大机关所完成的设计图纸的总价值达到30亿~35亿卢布。此外，1953年5月15日签署的《协定》中还规定，所有供应设备的技术使用说明书、产品设计图纸以及用于大规模工业化批量生产的许可证都无偿转给中方。中方只负责支付这些技术文件的复制费用。

因此，与资本主义经济模式下形成的世界专利和生产许可证转让制度不同，苏联向中国及其所有工业企业提供的援助实质上是赠予了工程设计理念、工艺和技术解决方案，这些技术是苏联数百个科研生产部门历经多年研制出来的，具有很高的市场价值——相当于几十亿美元。

从苏联得到的技术使中国的工业企业和设计部门在一些新工厂的设计和建设阶段也做出了自己的巨大贡献。这一点也是1953年5月15日双方签署的《协定》中约定的。例如，在苏联派往中国的200多名工程技术顾问协助下创建的中国各设计部门就完成了20%~30%的设计任务。此外，《协定》中还约定，在苏联专家援建的中国工厂在建设初期将生产部分零部件、建筑材料和半成品。而

---

① Сладковский М.И. История торгово-экономических отношений СССР с Китаем (1917-1974).-С. 211; Выступление заместителя председателя Финансово-экономического комитета Государственного административного совета КНР Ли Фучуня на 26-м заседании Центрального народного правительственного совета КНР. 15 сентября 1953 г. // Советско-китайские отношения. 1952-1955: Сборник документов.-С. 129-130.

后期，随着对更加复杂产品的生产加工技术的不断掌握，中国工厂根据苏联技术文件独立生产的工业设备比例将达到30%~50%。

《协定》中还规定了苏联援建中国的其他一些重要举措，例如：

●组建中国国家地质勘查局，组织地质勘查和对中国地质人员的生产培训，勘探有色金属矿产的位置和探明其储量；

●派遣苏联专家对黄河和汉水流域的水资源和电资源综合利用的可能性进行研究和设计论证，并对中国设计部门完成的长江大桥建设项目进行技术鉴定；

●派出四组苏联计划编制专家协助制定中国电气化长期发展规划纲要以及中国钢铁和有色金属、机械制造业、船舶制造业发展规划纲要；

●1953~1954年借助苏联的技术设备对内蒙古、东北地区和西南地区（总面积达到2000万公顷）的森林进行航空拍照，用于下一步制订林业资源采伐计划。

在1953年5月15日签署的《协定》中还约定了中国对苏联供应设备（包括给正在建设中的最大工业企业的全套设备）及其他苏联支持技术的支付方式。支付方式采用有利于中国的方式，尤其是在美国及其同盟者对中国实行经济封锁以及苏联当时所面临的复杂国际政治和经济局势的背景下。根据《协定》，1954~1959年中国应向苏联以供应中国的传统商品方式支付苏联的设备款，包括钨和钼精矿、锡、锑、天然橡胶、羊毛、黄麻、大米、猪肉和烟草。根据双方协议，设备和技术援助的资金的一部分可以使用可自由兑换的外币来支付。①

正如上文所述，1953年5月15日签署的《协定》成为见证中苏两国加强战略同盟和互利经济伙伴关系最重要的文件。苏联为了履行《协定》中约定的对中国援建的义务，曾做出很多让步。对此，中国

---

① Соглашение об оказании Правительством СССР помощи Центральному народному правительству Китайской Народной Республики в развитии народного хозяйства Китая. 15 мая 1953 г. // Советско-китайские отношения. 1952–1955: Сборник документов.–С. 110.

代表团团长李富春在1953年9月召开的中央人民政府委员会会议上做出如下报告："在我们去年到达苏联时，苏联的第五个五年计划已经制订完成并已经决定实施。但是为了帮助中国建立起自己的独立的工业体系，苏联政府不得不对此计划做出一系列修改。"①

在1953年5月15日签署《协定》之后，1954~1959年，双方又签署了一系列政府间的文件，这些文件表明中苏的政治、经济关系达到20世纪的较高水平。

还有一个重要因素促进了中苏关系发展，包括经济援助问题的进一步解决——苏联党政代表团为庆祝中华人民共和国成立5周年而在1954年9~10月访问了中国。而且最初苏联外交部没有计划派出这样高规格的代表团，只是因苏共中央委员会第一书记赫鲁晓夫干预了访问的筹备工作，他决定亲自率领苏联代表团参加北京的庆典活动。

正是在中华人民共和国庆祝成立5周年和苏联党政代表团访问的前期，在新中国的政治生活中发生了一件非常重要的事件。1954年9月20日，在第一届全国人民代表大会第一次会议上通过了《中华人民共和国宪法》。在此之前，具有国家临时宪法功能的是1949年9月29日在中国人民政治协商会议第一届全体会议上通过的《中国人民政治协商会议共同纲领》。

时任中华人民共和国中央人民政府副主席的刘少奇指出，在编制新中国新的基本法律文件的过程中，"宪法起草委员会……参考了苏联不同时期的几个宪法版本和各人民民主国家的宪法。显然，以苏联为首的社会主义先进国家的经验，对我们有很大的帮助"。②

在出访中国前夕，苏联领导人赫鲁晓夫在1954年9月召开的苏共中央委员会主席团会议上坚持要对财经、政治、军事和其他事项

---

① Выступление заместителя председателя Финансово-экономического комитета Государственного административного совета КНР Ли Фучуня на 26-м заседании Центрального народного правительственного совета КНР. 15 сентября 1953 г. // Советско-китайские отношения. 1952–1955: Сборник документов.–С. 134–135.
② 刘少奇：《关于中华人民共和国宪法草案的报告》，《新中国》1954年第19期。

做出决策。这些决策包括：加大对苏联正在援建的中国141个工业企业技术设备的供应规模；向中国提供5.2亿卢布的贷款用于发展中国的军工和武器企业；把苏联在四大合营公司中所占的股份完全转给中国；援助中国加快建设从中国到苏联的两条铁路线（一条经新疆，另一条经蒙古国）；提前从旅顺海军基地撤军并把它无偿转交给中国。在苏联领导层远不是所有人都同意赫鲁晓夫的上述决定。如苏联最高苏维埃主席团主席和苏共中央委员会主席团成员伏罗希洛夫K.E.元帅曾这样慷慨激昂地反驳："我想，我们的人民现在，就在全国各地都还没有消除和法西斯战争的后果时，我们还没有能力来管中国的这件事。要供应这么复杂的设备意味着我们要做多少设计啊！这需要我们成千上万个专家为之付出劳动啊。"但是赫鲁晓夫回答他说："如果在这么重要的阶段，在中国庆祝建国五周年的时刻请求我们帮助他们战胜一个世纪以来的落后局面而我们却没有帮助他们把最重要的措施付诸未来五年中国的社会主义工业化发展的实践，那么我们将错过与中国建立和巩固友好关系的历史机遇。"①

苏联党政代表团对中国的访问自1954年9月29日持续至10月12日。赫鲁晓夫的随行人员包括下列国家领导人：苏联部长会议第一副主席、国防部部长布尔加宁N.A.，苏联部长会议副主席、贸易部部长米高扬A.Y.，苏联全国总工会主席什威尔尼克N.M.，等等。之所以组建这么高规格的代表团，是要向中国证明苏联对加强与中国的友好合作给予了高度重视。在访问中国期间，苏联领导人与中华人民共和国主席毛泽东，副主席朱德，国务院总理兼外交部部长周恩来以及全国人大常务委员会委员长刘少奇的会谈中做出了一揽子重要的政治经济合作决议，签署了许多促进中苏同盟关系的国家间文件。②

1954年10月12日两国领导人签署的政治文件包括：

---

① 沈志华：《苏联专家在中国（1948–1960）》，第176、177页。
② Сладковский М.И. История торгово-экономических отношений СССР с Китаем (1917–1974).–С. 214–216.

●《苏维埃社会主义共和国联盟政府与中华人民共和国政府联合声明》，其中指出了两国领导人和两个政党在两国全面合作问题和国际局势尖锐问题观点上的一致性。

●《中苏关于苏联军队自共同使用的中国旅顺口海军根据地撤退并将该根据地交由中华人民共和国完全支配的联合公报》，其中指出考虑到远东地区政治军事局势的改变、朝鲜半岛和中南半岛战争的停止以及中国军事防御能力的加强，"苏军将在1955年5月31日前从旅顺海军基地区域撤出并将其所有设施交给中国政府"。①

签署的一系列国家间协议是为了扩大中苏经济合作与深化苏联对中国的科学和工业技术援助，其中包括：

●《中苏关于将各股份公司中的苏联股份移交给中华人民共和国的联合公报》，根据这一协议，1950~1951年在中国新疆创建的有色和稀有金属开采股份公司（中苏金属公司）、在中国新疆创建的石油开采和加工股份公司（中苏石油公司）、在大连市创建的船舶制造和修理股份公司（中苏船舶制造公司）以及民航组织和经营股份公司（中苏民用航空股份公司）完全转归中国所有。

在联合公报中，中苏领导人指出，这些公司的经营活动促使"进入这些股份公司的企业运用先进的苏联经营和建设经验，在短时间内使经营走向了正轨，大大提高了企业的生产能力和整体技术水平"。这些公司为中国的经济恢复和发展做出了重要贡献。在新经济形势下，中国的经营企业已经积累了一定的经验而且已经能够独立管理那些合营股份公司的经营活动，因此两国领导人商定，"苏联在中苏合营企业所占有的股份将从1955年1月1日起全部转交给中华人民共和国"。与此同时，中国不需要用外币的形式支付被转交的苏联股

---

① Советско-Китайское коммюнике о выводе советских воинских частей из военно-морской базы Порт-Артур и о переходе этой базы в полное распоряжение Китайской Народной Республики. 12 октября 1954 г. // Советско-китайские отношения. 1917-1957 гг. Отв. ред. И. Ф. Курдюков и др.–C. 302–303.

份，而是采取向苏联供应普通出口货物的方式抵偿。①

应该指出的是，即使在上述四大公司完全转给中方所有之后，苏联专家在那里的工作，首先是工程技术人员的工作仍在继续。

●《中苏关于科学技术合作的协议》，根据此项协议，双方达成的一项非常重要的内容是通过在国民经济各领域交流经验、相互转达技术文件、交流科技信息、派遣专家提供技术援助和了解双方科技领域成就等措施实现双方的科学技术合作。与此同时，为了区别于国际惯例，首先是中国与资本主义国家经济交往的惯例，苏联提供的最有价值的技术和工艺文件都无偿地转给中国，中国只需要按照实际支付这些文件的复印费。根据这一协议，组建了中苏合作委员会，每年至少召开两次委员会会议。②

●《中苏关于建立兰州—乌鲁木齐—阿拉木图铁路线的联合公报》，在这条铁路线的中国地段建设过程中苏联提供了全方位的技术援助。铁路线不仅应该经新疆连接中国和苏联的中亚地区，还要促进富有矿产资源和石油的中国西部地区的发展。

●《中国、苏联和蒙古人民共和国关于完成从集宁至乌兰巴托铁路线的建设及在1955年组织通车的三方联合公报》，这一铁路线的建设对扩大中苏贸易额也是极其必要的，其是根据1952年9月15日苏联、中国和蒙古人民共和国签订的三方协议开始建设的，计划在1955年投入使用。

此外，根据访问总结文件，中苏两国领导人还签署了关于苏联向中国提供总额为5.2亿卢布的长期贷款协定，以及追加15个援建工业企业和增加为援建的141个工业项目提供设备的数量，追加部

---

① Советско-Китайское коммюнике о передаче Китайской Народной Республике советской доли участия в смешанных обществах.12 октября 1954 г. // Советско-китайские отношения. 1917–1957 гг. Отв. ред. И. Ф. Курдюков и др.–С. 303.

② Соглашение между Правительством СССР и Правительством КНР о научно-техническом сотрудничестве. 12 октября 1954 г. // Советско-китайские отношения. 1952–1955: Сборник документов.–С. 222–223.

分的设备价值超过4亿卢布。①

在访问期间，苏联党和政府代表团还转交了苏联人民赠送中国人民的全套农业设备和机器，该设备和机器是组织播种总面积在2万公顷的国营谷物农场所必需的。赠送的机器中包括100台谷物联合收割机、大约100辆拖拉机和许多其他各种机器和设备。相对于中国辽阔的国土而言，这只是一份小礼物，却十分珍贵，这是因为当时中国农业经济主要还是依靠人的手工劳动和畜力。这样的礼物可以帮助中国建立起全部采用现代化技术来完成土地耕作的示范农业企业。以此为基础，还可以组织农业领域的领导干部和专家，对他们进行现代化农业生产方式的培训。②

因此，这份送给中国人民的礼物也受到了毛泽东主席的高度评价，在对苏联人民表示谢意的同时，毛泽东还指出："这个国营谷物农场不仅在推动中国农业的社会主义改造方面会起重要的示范作用……而且也会帮助中国训练农业生产方面的人才和学习苏联开垦生荒地和熟荒地的宝贵经验。"③

以赫鲁晓夫为首的苏联代表团在中国访问期间，除对中苏两国的合作层次给予了高度的评价之外，还讨论了两国未来合作的前景与合作方向。因此，1954年11月25日，苏联部长会议讨论并通过了一个

---

① Коммюнике о советско-китайских переговорах по вопросам советско-китайских отношений и международного положения. 12 октября 1954 г. // Советско-китайские отношения. 1952–1955: Сборник документов.–C. 222–223; Чжан Байчунь, Яо Фан, Чжан Цзючунь, Цзян Лун. Передача технологий из Советского Союза в Китай. 1949–1966.–C. 40.

② Письмо советской правительственной делегации о передаче в дар китайскому народу от советского народа машин и оборудования для организации крупного зернового государственного хозяйства. 12 октября 1954 г. // Советско-китайские отношения. 1917–1957 гг.–C. 306–307.

③ Письмо Председателя Центрального народного правительства Китайской Народной Республики Мао Цзэдуна в связи с передачей в дар китайскому народу от советского народа машин и оборудования для организации крупного зернового государственного хозяйства. 12 октября 1954 г. // Советско-китайские отношения. 1917–1957 гг.–C. 307–308.

重要的指导性文件——《关于援助中国建设企业并派遣苏联专家赴中国工作及接受中方工人到苏联企业培训的决议》（以下简称《决议》）。

根据《决议》，苏联的各个部委都接到了关于加快对中方合作企业的设计以及工业设备供货工作速度的命令，目的是要在短期内完成工业设备的安置、组装及调试工作。为此苏方还专门派出了一个管理专家组来到中国，帮助协调组织11个大型建筑安装公司工作。

苏联钢铁工业部部长的任务是全方位协助鞍山钢铁公司的改建工作，协助鞍山钢铁公司扩大生产能力以及进行现代化设备的安装，同时还要协调各个生产环节以保证其正常运转，直至其生产出高质量的钢材。鞍山钢铁公司是东北地区最大的企业之一，中国大部分已建成和正在建设的企业需要使用其生产的生铁、钢以及钢材。

《决议》中还指出，苏联各部委部长的任务还包括援助中国建设发展自己的国防工业体系，协助中国设计并建设军工厂——在苏联技术的基础上生产制造超音速战斗机、坦克、战舰及其他武器装备。

此外，根据中方的请求，苏联方面还通过了关于增加到苏联工厂和企业接受培训的中国进修生和实习生数量的决定。根据1953年5月15日的《协定》，中国每年派1000名工程师、技术员和工人到苏联的工厂企业学习先进生产技术。从1955年起，派往苏联的人数增加到每年3000人。[①]

苏联部长会议1954年11月25日的《决议》不仅加快了苏联各个部委援华工作的进度，而且加快了苏联各个具体的企业和机构与中国合作伙伴建立紧密的合作关系。

1955~1956年两国政府还签署了一系列新的文件，根据这些文件，苏联加大了援华力度，其中包括建设新的工业企业项目。

1955年3月28日，双方签订了关于苏联增加16个工业企业援

---

① Чжан Байчунь, Яо Фан, Чжан Цзючунь, Цзян Лун. Передача технологий из Советского Союза в Китай. 1949–1966.–С. 40–41；沈志华：《苏联专家在中国（1948–1960）》，第178~180页。

建项目的协定，其中包括援助中国建设国防工业企业。

1956年4月7日，中苏双方又签订了一项协议，根据该协议，苏联又新增加55个工业及其他企业的援建项目。这些新增加的援建项目中不仅有重工业企业，还有对中国经济而言比较新的经济领域，比如合成材料与塑料厂、化工厂以及航空技术领域的科研院校。这些项目计划在第二个五年计划以及后续期间建设完成。

1956年9月7日，中苏两国签署了苏联再新增12个援建工业项目的协议。

1958~1959年，中苏两国政府签署了援助中国建设和改建企业的两项协定：1958年8月8日签订了援建47个工业项目的协定，1959年2月7日签订了援建78个工业项目的协定。①

因此，20世纪50年代中国工业化的一个重要特点是既有新的项目建设，也有改造项目，即提高了几千个工业企业的生产能力或者用更加现代化的设备对其进行技术上的重新装备。这些项目不仅包括开采性工业企业（地下采矿设施、煤矿、露天矿场、采矿选矿联合企业）和加工类工业企业（大型联合企业、工厂、加工厂和个别专门加工车间），还包括大型区域和地方性的能源供应类项目（热电站和水电站、配电站、电力输送线路等）、交通设施类项目（飞机场、港口和码头、铁路线和火车站、企业入口道路、桥梁、隧道等）、水利工程和净化设施等。

在此需要指出的是，上述任何一个项目的主体建设工程，特别是大型工业企业的建设和产品的投产（特别是国内没有生产过的产品）都是极为复杂的过程。

工业企业的筹备和建设过程大致可以归纳为以下几个阶段。

（1）任何一个项目都是从确定企业建设和投产各阶段所需的资金来源开始。一个国家在本国资金不足时，应该寻求各种可能获取

---

① Александрова М.В. Экономика Северо-Восточного Китая и советская помощь КНР в 50-х годах XX века. // Китай в мировой и региональной политике. Вып.XVIII.–С. 329.

图1-22 新中国第一座量具刃具厂——哈尔滨量具刃具厂生产车间。"一五"期间，施工的工矿建设单位有一万多个，重点建设了钢铁、煤炭、电力、机器制造、汽车、飞机、国防工业、有色金属和基本化学工业等一大批基础性工程，工业建设取得的成就超过了旧中国100年所能取得的

国际贷款。正是由于这个原因，20世纪50年代中国领导层才不止一次地向苏联提出为"一五"和"二五"时期建设项目提供贷款的请求。因此，20世纪50年代经济建设时期苏联向中华人民共和国提供的贷款总额对于那个时期来说是相当巨大的——差不多有20亿美元。除此之外，按照世界通用的价格标准，苏联为中国免费提供的科技和工艺文献（生产许可证、专利、设计图和操作图、操作流程和技术说明书等）价值也几乎达到20亿美元。与此同时，苏联合作伙伴在和中国各机构进行文献移交时收取的材料复印费和图纸制作成本费，总共只有100万美元左右。①

（2）第二个重要阶段是准备经济技术论证，分析和论证具体企业建设和某个产品生产为满足行业间、行业内和区域性需求而实行现代化生产的必要性。比如，鞍山钢铁公司的技术改造和生产能力的提高以及更先进的、更高生产能力的设备重组就是在1952~1960年借助苏联的技术援助逐渐完成的。这是由中国东北地区企业产量

---

① Сладковский М.И. История торгово-экономических отношений СССР с Китаем (1917–1974).–С. 218.

不断增长的需求，首先是高质量钢和钢材的日益增长的需求决定的。如果说在20世纪40年代末期这一中国最大的钢铁企业的产能为175万吨生铁、112.5万吨平炉钢和60万吨钢材的话，那么，截至1959年末，鞍山钢铁公司的产能提高了1600万吨产品。①

还有许多苏联专家直接参与高质量经济技术论证的例子。其中包括在辽阳市建设一整套机械制造厂（拖拉机厂、采矿机械制造厂、滚珠轴承厂等），在西安建设电工技术配套企业（电动阀门厂、陶瓷电介质厂、电动容器厂、绝缘材料厂等）的经济技术论证。②

（3）在经济技术论证之后马上要进行一整套附有工程设计和经费预算的主干和辅助车间的图纸设计以及去现场进行工程勘测和选择工厂位置。

在选址时不仅要考虑有利于企业本身的生产能力问题，还要考虑其他一系列因素，包括交通是否有障碍的问题。在建设阶段，首先涉及建筑材料能否运输到位的问题，在安装阶段，要考虑能否快速又节省成本地把机床和各种技术设备运送到位的问题；此后又涉及新产品生产过程中原材料、零部件运进和成品运输是否方便的问题。此外，还有一点极为重要的因素是要把企业建在与电力资源和水资源较近且有足够劳动力资源的有利位置。

中国工程师遇到了一系列前所未有的复杂问题，特别是在全国范围内同时建设大量工业项目的情况下。国家面临高级设计人才严重缺乏的巨大挑战。比如，1953年全中国只有78个设计机构，每个机构的员工不超过200人。③

---

① Чжан Байчунь, Яо Фан, Чжан Цзючунь, Цзян Лун. Передача технологий из Советского Союза в Китай. 1949–1966.–C. 176.–Приложение 1; Сладковский М.И. История торгово-экономических отношений СССР с Китаем (1917–1974).–C. 156.

② Чжан Байчунь, Яо Фан, Чжан Цзючунь, Цзян Лун. Передача технологий из Советского Союза в Китай. 1949–1966.–C. 180–181.

③ Чжао Инцун. Экономическая помощь Советского Союза Китайской Народной Республике в 1949–1959 гг.: диссертация... кандидата исторических наук: 07.00.02.–Москва, 2003.–C. 97.

正因为如此，在工业建设初期，中国才需要苏联各设计院和设计局的帮助，需要引进苏联地质人员对建设地点进行地质勘测。在第一个五年计划时期，苏联专家帮助中国把设计院数量提高到198个，而且在几个大型的设计院员工规模已达到1000人。部分或完全由中国专家设计而建成的大中型工业企业已达到413个。①

（4）在工业项目和基础设施项目建设过程中非常重要的阶段是原设计单位的原设计者对建设和安装工程的监督。这是保证建设与设计完全相符的重要环节。这不仅是严格的技术监督，而且是苏联设计单位按照中苏援建协议约定向中国提供援助的一个重要方面。

（5）在建筑工作完成后就进入设备供货、安装、调试以及试生产的关键环节。在苏联帮助下建设的中国企业的绝大多数工业设备（50%~70%）产自苏联。根据苏联专家设计图纸设计的其他设备则产自重建或经过现代化技术改造的中国机械制造企业。所以，设备的投产过程也必须在苏联专家的直接指导下进行。

自1955年起，越来越多的用于正在建设和接受现代化改造企业的机械、机床和其他工艺设备从苏联成套进口。例如，1955年苏联供应给中国的机械与设备总额达到2.065亿卢布，其中成套设备总值为1.274亿卢布（按照1961年的汇率计算）。1956年，苏联进口的机械技术设备总值为2.743亿卢布，而成套设备总值为1.953亿卢布。在此之前，成套设备成为苏联向中国出口的基本商品。②

至于这些设备的质量，时任中国国家计划委员会主任的李富春坦言："苏联向我们提供的项目是根据最新技术成就设计完成的，而为我们供应的设备也是一流的、最先进的。"根据负责20世纪50~60年代中苏两国合作的李富春的意见及当代中国与其意见相同的研究者的观点，"中国获得了苏联生产中甚至还没有使用过的

---

① 沈志华：《苏联专家在中国（1948—1960）》，第119页。
② Сладковский М.И. История торгово-экономических отношений СССР с Китаем (1917–1974).–C. 222–223.

最新设备"。①

（6）新建的或经过技术改造的工业企业成功运行的必要条件是在各个生产阶段和所有生产环节中对工艺流程的掌握。

如上文所述，正是为了这个目标，苏联才向中国提供了所有在苏联援助下建设的企业以及中国独立建设的大型企业生产的工业产品的大量文献资料。与此同时，这些产品生产的所有知识产权都由苏联转给了中国。

根据中国历史学家的统计，仅在1949~1957年苏联就转给中国3646套技术文献资料，其中包括：751个基础设施项目设计图纸，2207个各种设备生产和技术的图纸和技术文献，688个说明书和技术流程、程序描述文件。最令人惊叹的是苏联向中国提供技术文献的时间一直持续到中苏关系恶化之后，截至1966年，苏联向中国转交的成套技术文献总数达到6536个。②

利用从苏联和东欧其他人民民主国家所获得的技术文献，中国工业企业仅在"一五"时期就掌握了大量工业产品的生产技术。在民用和军用重工业生产领域已能生产4532种新产品（1950~1952年间工业产品数量为860种），其中机械制造领域的新产品2808种，化学工业领域823种，黑色金属冶金工业领域562种，有色金属领域245种。新产品中有200多种金属切割机床和不同行业的设备。其中包括机械制造行业的设备，甚至同时期的喷气式飞机米格–19型歼击机和图–16型轰炸机，以及挖掘机、货运卡车、拖拉机和其他设备。③

（7）尽管成功完成了上述任务，但是如果最关键的问题没有解

---

① Чжан Байчунь, Яо Фан, Чжан Цзючунь, Цзян Лун. Передача технологий из Советского Союза в Китай. 1949–1966.–С. 40.

② Чжан Байчунь, Яо Фан, Чжан Цзючунь, Цзян Лун. Передача технологий из Советского Союза в Китай. 1949–1966.–С. 61–62, 75–76.

③ Промышленность КНР. Под общ. ред. М.И. Сладковского.–С. 217；《人民手册》，1959，第70页；国家统计局编《伟大的十年》，第93~94页。

决，那么企业的发展也是无从保障的。而这一最关键的问题就是各专业的高级管理人才、工程技术人才和技术工人的培养。

20世纪50年代的中国领导人以及当代中国研究人员认为，那一时期中国的职业培养水平难以满足国家建设的各项任务。

例如，在张柏春教授及其合作者编写的书中有这样的描述："技术人才还不能满足现代需求……工业企业管理人员的水平还相当低……1957年为西安航空工业生产零部件的两个工厂用于生产最新研究成果产品的员工就达到10000人。但两个工厂的厂长，尽管经历了多年的战争锻炼，却只有小学文化程度，而且没有经过专业培训。"在解决这一极其复杂问题的过程中苏联仍然给新中国提供了大量援助："苏联向中国成功实现技术转移的关键因素之一就是技术人才和技术管理人才数量的增长和规模的扩大。在中国和苏联的大学，在研究所，在设计局，在企业，年轻人都得到了充分的锻炼。"[①]

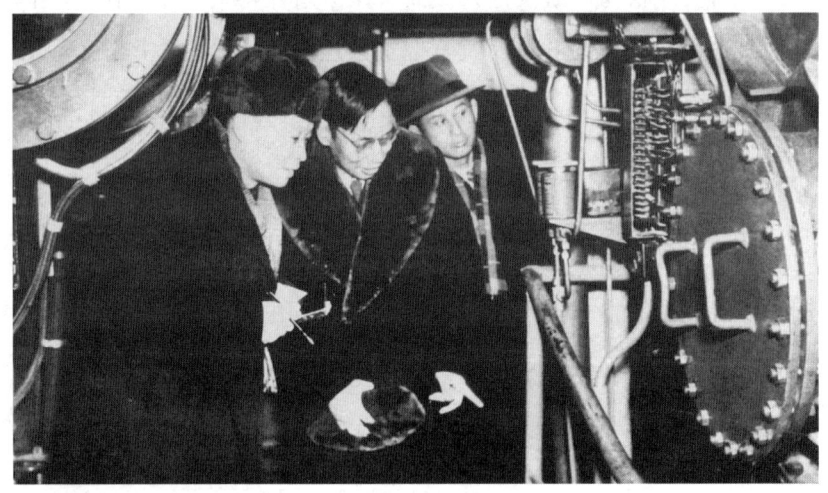

图1-23 1955年，核物理学家赵忠尧（中）与钱三强（左）等赴苏联考察（1950年，赵忠尧从美国归国）

1949~1959年，苏联政府组织了大量中国管理人员、科技和工程技

---

① Чжан Байчунь, Яо Фан, Чжан Цзючунь, Цзян Лун. Передача технологий из Советского Союза в Китай. 1949–1966.–C. 65–66.

术人员及技术工人到苏联参加培训工作。培训的总人数达到38000人。①来自中国的2万名工人与8000名工程师和技术员在苏联的各大工厂和其他工业、交通和通信项目企业接受了生产培训。20世纪50年代有7500名中国本科生和研究生在苏联高校学习过，有2500多名科研人员和大学教师在苏联进修学习过。与此同时，50%的学费和进修费由苏联政府承担。②甚至在20世纪60年代中国最艰难的时期，中苏在这一领域的合作也仍然在继续，只不过没有过去那么大的规模了。两国在人才培养方面合作关系的直观证据在2000年中国出版的《学子之路——新中国留苏学生奋斗足迹》中有所体现。这本书的附件中给出了20世纪50~60年代在苏联大学学习、进修和实习的中国留学生名单（其中有6655名本科生、2142名研究生、740名进修生和1531名实习生）。③

同时，在中国的企业建设过程中，苏联专家也对中国的工程师和管理人员进行了面对面的强化培训。每个按照苏联设计图纸建设的新企业在建设、安装、试产调试的过程中，都有苏联专家对企业骨干人员进行培训，从厂长、总工程师和其他专业骨干到车间主任、部门负责人和企业其他重要的机构人员。④

正是在不同工业和交通部门以及在设计、建设、恢复和生产活动的各个阶段对苏联经验的依赖，决定了中国必须大批量地邀请苏联专家。正如上文所述，在国民经济恢复时期（1949~1952年）苏联派往中国几百名专家、顾问和技术咨询人员，期限从几个月到一年、两年不等。

与此同时，就像中国中苏关系研究学者沈志华所指出的那样，

---

① Чжан Байчунь, Яо Фан, Чжан Цзючунь, Цзян Лун. Передача технологий из Советского Союза в Китай. 1949–1966.–С. 112.

② Борисов О.Б., Колосков Б.Т. Советско-китайские отношения, 1945–1980.–С. 178.

③ Чжан Байчунь, Яо Фан, Чжан Цзючунь, Цзян Лун. Передача технологий из Советского Союза в Китай. 1949–1966.–С. 14.

④ Чан Яньцин. Техническая помощь Советского Союза–залог наших успехов. // Внешняя торговля.–1959.–№ 10.

在更早的时期，即第一个五年计划之前，"苏联专家的主要作用是协助中国规范企业秩序、恢复生产，主要定位是向各个部门和企业推广苏联的先进经验和技术"。自1953年数百个被称为中国工业领头羊的企业开始大规模建设时起，苏联专家的主要任务就转向协助中国在计划经济体制下建立完整的工业经济体系，特别是协助中国建设和管理对中国来说史无前例的大型企业和项目。① 正因为如此，苏联派往中国的专家总数才急剧上升。据沈志华的统计数据（根据每年1月1日的统计数据），苏联每年派往中国的专家总人数如下：1952年294人，1953年428人，1954年541人，1955年790人，1956年1422人，1957年2298人，1958年1231人，1959年1153人。并且这些数量是在具体统计日期之前的概数，比实际上的数量要少一些。因为有许多专家团组被派往中国只有几个月，而在一年之内这样的专家团组平均要去中国几次（而且要在每个在建或重建的企业实地工作），所以实际派往中国的苏联专家人数要比上面的数字多得多。下面是一组记录1954~1956年每年苏联派往中国的专家和咨询人员更完整的数据：1954年983人，1955年963人，1956年1936人。此外，还有200名专家来自欧洲的人民民主国家。不仅有经济和生产领域的专家，还有592名军事专家和顾问在此期间在中国工作。

根据苏联外交部对1956年最后几个月的数据统计，在中国各个企业工作的有2213名技术专家，在其他管理机构工作的有123名经济学顾问，在中国科学院、大学和其他教学机构工作的有403名科学和教育领域的顾问和专家。但即使从这些数据中也不能完全得出苏联派往中国工作的实际人数，因为自1956年开始中国各部委就已经有权利与苏联各相关部委直接联系并解决双方已经确定建设项目的专家邀请问题。②

---

① 沈志华：《苏联专家在中国（1948–1960）》，第184页。
② 沈志华：《苏联专家在中国（1948–1960）》，第181、182页。

对于1948~1959年在中苏频繁和务实合作时期在中国工作过的苏联专家、顾问和咨询人员，苏联研究中苏经济关系史的两位专家鲍里索夫和卡拉斯科夫的著作中指出，总数为12212人。①

与此同时，在"一五"建设时期，有更多的苏联专家被派往中国，共7952人。在"一五"计划实施之前（1948~1952年），派往中国的苏联专家总数为1220人，而在"二五"计划的前两年（1958~1959年）为3040人。1948~1959年被派往中国的苏联专家总人数为9777人，主要在建立和完善中国经济体系以及在对中国工业企业、能源和交通行业的设计、建设和改造等领域从事援建工作。在中国的科学、教育、文化和卫生领域工作的有2015名苏联专家（其中有1269人从事高等教育、中等职业教育和中等教育工作）。此外，还有420名苏联专家在1953~1959年随工作团组多次来中国研讨两国科技合作问题和协助筹建中国科学院。在中国企事业单位工作的苏联专家在建设工业项目、设备安装和调试的过程中培训了大批中国的专业技术人员。据保守估算，培训的人数达到数十万人。下面是中国学者赵迎春的博士学位论文中列举的一个典型例子：根据1954年10月12日中苏签署的协议，"苏联在为中国提供优惠的条件下向中国派出了272名专家，以提供技术援助，因为这一原因，有67655名中国专家技术人员了解了苏联的科技成就和经验"。②

除了上述的苏联工作人员之外，为了提高中国人民解放军的作战能力，这一时期还有苏联空军、海军和其他现代化兵种部队以及数千名军事专家和顾问被派往中国。

需要指出的是，中国社会对中苏合作以及对苏联专家并不是一开始就持欢迎态度。对苏联专家传授的知识与经验最初不信任的原

---

① Борисов О.Б., Колосков Б.Т. Советско-китайские отношения, 1945–1980.–С. 174–175. Чжан Байчунь, Яо Фан, Чжан Цзючунь, Цзян Лун. Передача технологий из Советского Союза в Китай. 1949–1966.–С. 125–126.

② Чжао Инцун. Экономическая помощь Советского Союза Китайской Народной Республике в 1949–1959 гг. диссертация... кандидата исторических наук: 07.00.02.–С. 98.

因，以及不愿意接受并采用苏联专家建议和意见的原因在中国学者沈志华的专著《苏联专家在中国（1948-1960）》一书中有详细的分析。

第一，新中国成立初期，中国普通民众与党和国家领导阶层对苏联的理解存在较大的差异。这是因为中国共产党的领导阶层在相当长的时间里保持着与苏联的联系，许多中央政治局委员有在苏联留学的经历，因此对苏联有一定的了解。与共产党的领导阶层相比，国民党统治时期，普通民众或是根本不了解苏联在发展经济建设以及在粉碎法西斯德国及其同盟国的战争中所取得的成就，或是受到了国民党政府长期反苏宣传的影响。

第二，当时中国知识分子阶层以及受教育程度较高的其他社会阶层中的一大部分人对美国抱有好感，他们认为只有美国的经济与科技成果才值得学习。这些社会阶层的代表者往往有西方留学的教育背景，或者是在中国的大学中接受美国和欧洲式的教育，因此对苏联的科学、技术以及管理经验普遍持有怀疑态度。

第三，在中国革命胜利并建立了独立的政权之后，有相当一部分民众担心苏联及当时的苏联领导人斯大林为了解决自身所面临的地缘政治问题而要将中国纳入苏联的控制之下。因此，正如沈志华指出的那样，中国民众普遍认为"中国应该保持中立，依靠自己的力量，而不是执行'一边倒'的政策"。[①]

为了扭转这些观念，新中国成立后中国共产党立刻就展开了面向社会各阶层的宣传解释和文化教育工作。通过党的各级机关以及4700多个中苏友好协会的300多万名会员，向民众普及苏联经济建设的成果，宣传苏联文化以及苏联人民的日常生活，等等，通过这些宣传工作，基本上消除了民众最初对苏联不信任的态度。

但是在经济恢复时期，甚至在第一个五年计划执行初期，在很多企业中，苏联专家提出的建议以及对技术的改进并没有完全被采

---

① 沈志华：《苏联专家在中国（1948-1960）》，第153、154页。

纳和被实际应用，许多企业也没有完全向苏联专家介绍企业环境及其他相关情况。

例如，1951年下发的《关于鞍山钢铁公司执行专家建议的指示》中指出，由于企业的官僚主义以及思想僵化，不想改变落后的生产工艺，苏联工程师和技术专家的140多条合理化建议长时间没有被采纳。1953年发布的文件有《中共中央通过并印发天津市委关于天津钢铁公司执行苏联专家建议情况的报告的通知》、《长春第一汽车制造厂关于采纳专家建议的报告》以及其他类似的对官僚主义导致的生产任务不能按时完成以及产品质量不合格等问题进行分析的文件。

中共中央主席毛泽东甚至亲自过问过此事。在多次讲话以及指令性文件中，毛泽东都要求党的领导人以及经济领域的领导人要坚决改变态度，学习并利用苏联专家的经验。中共中央要求各级党委"认真地检查一次贯彻苏联专家建议的执行情况，并把贯彻和推广苏联专家建议作为深入增产节约运动、完成国家计划、搞好经济建设工作的一个重要方法"。①

此外，1953年9月中共中央还向各级党组织下发了《中共中央关于加强发挥苏联专家作用的几项规定》的专门指示。指示中详细地分析了现存的学习苏联专家经验不力，以及由企业中方生产领导不愿与苏联专家建立起高效的工作关系而引发的问题。指示中还要求工业领域的领导、企业的干部和各级党委要采取组织与教育措施改变局面。同时，指示中还强调，"各部门的主要负责同志必须把使用专家作为自己领导工作中的重要方面之一。必须定期向专家介绍本部门的工作情况、工作计划，有系统地供给专家与其工作有关的必要资料，并虚心听取他们的建议和意见，改进工作"。②

中国政府为了邀请苏联专家来华工作花费了大量的金钱，因此

---

① 沈志华：《苏联专家在中国（1948-1960）》，第121~122页。
② 沈志华：《苏联专家在中国（1948-1960）》，第123页。

自然要力求最大可能地利用苏联专家的知识与经验来发展中国经济。正是基于这个原因，中共领导人提出经济建设中的重要原则之一是"多快好省"，并要求各部门每年进行两次针对各个企业与苏联专家相关的工作组织情况的检查，及时分别报送有关各委与财委各办公厅。①

正因为中国共产党最高层领导坚决、严格要求以及明确的监控，与苏联专家问题相关工作的工作效率得到了大幅提高。

（四）"一五"时期中国工业取得的成就

中国领导层确定的"一五"时期国家经济发展任务整体上都成功地完成了，而且扩大工业生产方面的基本指标已经在1956年底前完成。据当代中国学者的观点，第一个五年计划时期，无论是在经济领域取得的实质性进步，还是工业发展速度，都可以被认为是中国历史上最有成就的时期。

关于这一点有很多统计数据可以证明。例如，1953~1957年，中国各行业的经济总量增长了68%。与此同时，就像中国共产党领导层指出的那样，工业以飞快的速度发展起来：工业产品总量提高到2.28倍，而优先发展的重工业产量提高到3.1倍，这远远超过了"一五"时期确定的指标。重工业的大多数行业取得了令人振奋的成就，尽管存在很多资源短缺以及高层次专业技术人才短缺的客观实际困难。②

再比如，在"一五"时期电能产量从1952年的人均7.26千瓦时到1957年的人均19.34千瓦时，提高到2.7倍。这与苏联援助建设大量的热电站（其中包括20多个大型热电站）和水电站密切相关，确保了新建的和被现代化改造的工业企业对电能的需求。

---

① 沈志华：《苏联专家在中国（1948-1960）》，第123页。
② Промышленность КНР．Под общ. ред. М.И. Сладковского.-С. 20-21；国家统计局编《伟大的十年》，第84~89页。

图 1-24　1956 年 7 月第一批国产喷气式战斗机在沈阳飞机制造厂试造成功

这一时期作为基本能源原材料的煤的开采量也从 6650 万吨提高到 13000 万吨（提高到 1.95 倍）。

炼铁量从 192.9 万吨到 593.6 万吨，提高了 2 倍多，而钢产量从 134.9 万吨到 535 万吨，提高了近 3 倍。同时，黑色金属冶金业在产量大幅提高的同时，在质量和品种上也有了巨大的飞跃——开发了大量专业型钢的品牌和不同尺寸的钢材。

"一五"期间中国金属切割机床的产量从 13700 台增加到 28000 台。更主要的是，中国在苏联的帮助下成功建立了国家机械制造和机床制造基地，在"一五"末期已经能够保证工业企业近 60% 的机械和设备供应需求。

在全国进行数百个大型工业企业和数千个中型工业企业及其他项目建设的背景下，水泥的生产也是极其重要的，"一五"时期水泥的产量从 286 万吨提高到 686 万吨。

1957 年之前布局了一些新的领域，包括国产汽车行业。如果说 1952 年中国还没有生产过本国汽车的话，那么 1956 年中国国产汽车的产量已达到 1700 辆，而在"一五"末期，已经生产了 7500 辆汽车（原计划生产 4000 辆）。

当然，在看到上述成就的同时，我们还应看到经过改造的现代化中国经济也遇到过巨大的问题和挑战。这不仅与中国的落后、已探明原材料资源的匮乏、各个层次的人才缺乏等因素密切相关，还与个别领域的快速发展而导致的发展不平衡有关。比如，影响"一五"计划完成的最大困难出现在石油开采领域。石油和焦油的开采量由原来的43.6万吨增加到145.8万吨。尽管产量有大幅提高，但是仍然没有完成201.2万吨的计划指标。

但是，许多工业生产中遇到的必要资源、原材料不足的困难，包括石油的不足都通过苏联扩大供应而得到解决。"一五"计划时期，苏联向中国供应了200多万吨的钢和钢板。仅在1955~1957年，中国就获得了苏联供应的120万吨石油。仅在1957年一年的时间里苏联就供应了38.4万吨石油、57.31万吨汽油、37.28万吨煤油、38.02万吨柴油、14.91万吨黑色金属轧材、2.6万吨钢管和大量的铝、铜、黄铜轧板及其他短缺的资源。①

上文已经提到，"一五"计划时期以及"二五"计划时期，中国政府主要关注的是经济建设，在"一五"时期，中国建设和改造了几千个大中小型企业和工厂以及专业化的生产车间。这些企业有900多个属于大中型企业。其中，在"一五"时期，完全或部分投产的企业有537个。这加大了高度机械化现代工业在国家工业中的比重，其占比从1952年的64%提高到1957年的71%。②

由于使用了先进的技术，改善了劳动的组织，加上实行的例行节约制度和严格的劳动纪律，"一五"时期工业领域的劳动生产率在五年之内提高了52%。

必须指出，"一五"时期（也与国民经济恢复时期一样），从经

---

① Капелинский Ю. Н., Кисвянцев Л. А. и др. Развитие экономики и внешнеэкономических связей Китайской Народной Республики.–М., Внешторгиздат, 1959.–С. 446–447.

② Промышленность КНР. Под общ. ред. М.И. Сладковского .–С. 21, 23；国家统计局编《伟大的十年》，第80页。

济建设的角度来看，东北地区依然是发展优势明显的区域。"一五"时期工业建设的资本来源有近40%源于东北地区。

例如，"一五"时期在苏联的帮助下建设的煤炭工业（煤矿、露天矿场、选煤企业）25个超大型项目中，大多数——17个位于东北（其中9个位于辽宁省，7个位于黑龙江省，1个位于吉林省）。

两个大型石油开采企业之一建在东北地区的辽宁省。

24个大型电能（热电站）项目中，有7个位于东北（2个在黑龙江省，3个在辽宁省）。

在中国7个大型钢铁企业中有4个建在东北，11个有色金属企业中有4个建在东北，7个化工厂中有3个建在东北。

24个新建的机械制造、仪器制造和机修企业有13个建在东北（其中8个建在黑龙江省，4个建在辽宁省，1个建在吉林省）。①

在苏联的帮助下，1953~1957年在中国东北地区共建设了56个超大型工业项目。②

在继续加快东北地区工业发展的同时，"一五"时期，依托于东北地区工业的发展，开始建设新的工业区域和工业中心。快速发展的新工业区域有：北京—天津—唐山，济南—青岛，成都—重庆，西安—兰州，江苏南部以及上海、太原、洛阳、郑州、开封、武汉、广州等市。③

第一个五年计划的成功实施和计划的超额完成证明了新中国领导人选择的加快国家现代化这一经济方针的正确性和苏联对中国在工业技术、工艺、人才培养和其他领域援助的切实效果。尽管这一

---

① Чжан Байчунь, Яо Фан, Чжан Цзючунь, Цзян Лун. Передача технологий из Советского Союза в Китай. 1949–1966.-С.172–181, таблица в Приложении 1.

② Ма Ванцзе. Развитие экономики и внешнеэкономических связей провинции Хэилунцзян (КНР) и роль российского фактора: диссертация... кандидата экономических наук: 08.00.14.-Москва, 2005.-С. 98–99.

③ Молодцова Л.И. Особенности формирования промышленной системы КНР (1949–1985).-С. 24.

时期中国有许多新建的大型工业企业已经开始投入生产，已培养出大批的专业人才，但是依然需要从苏联获得大量的经济援助。正因为如此，1956年召开的中国共产党第八次全国代表大会，在研究讨论第二个五年计划时期的经济发展方向、计划和具体目标时，提出不仅要依靠自身的力量，还要依靠苏联的援助，特别是在建设新的大型工业企业项目方面。

正如上文所述，在按照之前（1953~1956年）中苏签署的协议借助苏联的帮助继续建设工业企业的同时，1958~1959年中苏双方又签署了关于新建和扩建47个企业和78个工业项目的两个文件。

在苏联的参与下，经过几个月的关于完成第二个五年计划的详细讨论和协商之后，1958年8月8日在莫斯科签署了《关于苏联向中国提供建设和扩建47个工业企业援助的协议》。[1]

首先，根据协议，苏联负责10个企业的设计、设备供应和安装工作。其中包括5个钢铁和有色金属冶金企业或车间（生产钢筋、轮胎和其他铁路交通设备，以及特有的稀有金属合金）。此外，由于中国建设规模的扩大和建筑材料需求的增加，在苏联的帮助下建设了两个大型的水泥厂。在新建的项目中还包括1个电力设备厂（生产电网整流器）和2个化工厂。

其次，苏联还要负责提供37个在建和在改建的大型企业的成套工艺设备与所供应车床和工艺生产线的技术文献，这些企业的设计工作都是中国专家依赖多年积累的经验自行完成的。这些企业中有9个煤炭开采项目、12个热电站建设项目（其中包括电能提高了近1倍的吉林丰满电站）以及汽车和仪器制造企业、化学和石油开采工业企业。

最后，苏联向中国转交大量苏联援建企业的设计图纸和技术文献。

---

[1] Чжан Байчунь, Яо Фан, Чжан Цзючунь, Цзян Лун. Передача технологий из Советского Союза в Китай. 1949–1966 –С. 146–147.

图1-25　1953年，苏联援助改建的新中国最大的钢铁公司鞍山钢铁公司开始生产高质钢材。图为用"鞍钢"生产的钢材制造的铁轨

图1-26　鞍钢工人王崇伦大搞技术革新，一年完成几年的生产任务，被誉为"走在时间前面的人"

根据1958年8月8日的协议，苏联方面还有义务向中方免费转交所有47个企业工业产品生产的许可证。

1959年2月7日，在周恩来访问莫斯科期间，他和赫鲁晓夫又签署了一个对完成第二个五年计划相当重要的文件——《关于苏联向中国提供建设和扩建78个工业企业援助的协议》，这一协议的条件在很多方面与两国在1958年签署协议的合作模式相似。

根据这个新的协议，又划分出三类企业，需要苏联方面不同程度地参与和提供不同程度的技术协助。①

第一类包括19个企业，由苏联方面负责完成所有设计工作，负责提供成套的生产设备和机床，以及在建筑过程中所使用的电工技术设备（包括测量工具、电缆等）。与此同时，苏联专家还要监督整个建设流程，并直接参与到设备的安装、调试和投产过程。

这类企业中有很多使用复杂工艺的大型企业，包括：包头特厚钢板联合公司（内蒙古），红鹭城铝钛合金联合企业（又称白银有色金属公司）（甘肃），西宁钛镁合金厂（甘肃），墨江镍合金厂（云南），几个生产汽轮机和水轮机、蓄电池组的企业，元宝山热电站（内蒙古）和抚顺老虎台立井煤矿（辽宁）。②

第二类工业项目包括48个企业。它们的设计工作由中国设计单位完成。苏联方面负责提供设备的技术文献资料与部分设备和机床，主要是用于建筑施工的电力技术设备。

第三类企业包括11个工厂，其建设基本上由苏联各机构提供信息咨询援助，同时，苏联方面还要负责提供必要的技术文献资料与部分非中国生产的仪器和设备。

根据1959年2月7日签署的协议，在苏联的帮助下，中国建设了20个大型黑色和有色金属冶金企业（优先用于生产高质钢和钢轧板以及国内短缺的铝制品）、31个机械和汽车制造企业，其中包括生产电动机械和无线通信技术以及测量仪器的工厂、5个石油加工企业、4个化学工艺企业、2个水泥厂、14个热电站和水电站、2个煤炭开采企业。

据中国历史学家考证，在苏联的帮助下建立的民用和军用汽车制造和仪器制造企业（如雷达系统制造企业、微电子产品企业、电

---

① Чжан Байчунь, Яо Фан, Чжан Цзючунь, Цзян Лун. Передача технологий из Советского Союза в Китай. 1949–1966–С. 50–52.

② Чжан Байчунь, Яо Фан, Чжан Цзючунь, Цзян Лун. Передача технологий из Советского Союза в Китай. 1949–1966–С. 190–192.

子计算机生产企业、半导体设备加工厂等）都采用了当时最新的生产工艺。

根据1959年2月7日签署的协议，苏联向中国提供的技术设备、设计图纸和其他援助的总价值为42亿卢布。与此同时，中方也承认，参与中国78个企业的建设对苏联来说也造成了一定困难，因为向中国供应的约1/6的电能设备和约1/3的钢板加工设备每年都要由苏联生产。苏联不得不靠扩大生产计划和建设新的企业来解决这些问题。以赫鲁晓夫为首的苏联领导层坚持这样做，因为在那个时期苏联领导层认为帮助自己最重要的地缘政治同盟国是苏联的一项优先外交战略。在这种情况下，中国以出口产品的方式与苏联结算。①

那么20世纪50年代有多少个由苏联帮助设计，然后又建设或进行现代化改造的大型工业企业项目和其他对中国经济十分重要的项目呢？

对于"一五"时期，中国官方数据显示的是156项。例如，1955年7月召开的通过第一个五年计划的一届全国人大二次会议明确了国家的重大任务："依托于苏联帮助设计的156个工业项目，集中力量建设694个超大型工业企业，打造中国社会主义工业化的首要基础。"②

国务院副总理、"一五"时期担任国家建设委员会主席的薄一波在自传中这样写道：

"老实说，在编制'一五'计划之初，我们对工业建设应该先搞什么、后搞什么，怎样做到各部门之间的相互配合，还不大明白。因此，苏联援建的项目，有的是我方提出的，有的是苏方提出的，经过多次商谈才确定下来。大致是分五次商定的：第一次，1950年

---

① Чжан Байчунь, Яо Фан, Чжан Цзючунь, Цзян Лун. Передача технологий из Советского Союза в Китай. 1949–1966.–С. 49–51, 54.

② Материалы второй сессии Всекитайского собрания народных представителей.–М., Госполитиздат, 1956.–С. 17.

商定50项；第二次，1953年商定增加91项；第三次，1954年商定增加15项，达到156项；第四次，1956年商定再增加16项；第五次，口头商定再增加两项。五次商谈共确定项目174项。经过反复核查调整后，有的项目取消，有的项目推迟建设，有的项目合并，有的项目一分为几，有的不列入限额以上项目，最后确定为154项。因为计划公布156项在先，所以仍称'156项工程'。这'156项工程'，实际进行施工的为150项，其中在'一五'期间施工的有146项……苏联援建的这些项目，主要是帮助我国建立比较完整的基础工业体系和国防工业体系的骨架，起到了奠定我国工业化初步基础的重大作用。"①

以张柏春教授为首的一批中国历史学家在自己的著作中明确指出，"一五"时期完成了150个建设和改造的工业企业，并给出了104个详细的非军工性质的企业名录。②

按照工业领域的不同，这些企业可以归纳为以下类型。

能源工业：52个企业，其中包括煤炭开采企业25个，电能企业（主要是热电站和几个水电站）25个，石油加工企业2个。

冶金工业：20个企业，其中有色金属冶金企业13个，黑色金属冶金企业7个，其中包括几个大型炼钢联合企业。

化学工业：7个企业。

机械和车床制造企业、民用汽车制造企业：24个企业。

军工企业：44个企业，其中包括16个各种武器弹药生产企业，12个航空技术、发动机和飞机设备生产企业，4个轮船制造企业，10个军用电子技术、无线电和雷达技术生产企业，2个航天工业企业。

轻工业和医疗仪器生产企业：3个企业。

根据中国学者和经济学家的数据，在国民经济恢复时期以及在

---

① 薄一波：《若干重大决策与事件的回顾》（上卷），中共中央党校出版社，1991，第297页。

② Чжан Байчунь, Яо Фан, Чжан Цзючунь, Цзян Лун. Передача технологий из Советского Союза в Китай. 1949–1966.–С. 43.

"一五"和"二五"时期（即 1950~1959 年）在苏联的设计、技术和苏联专家直接参与下，新建和经过技术改造的大型企业总共有 300 多个。①

这些企业成为新中国未来工业发展的基础。这一点从主要行业企业对新中国的工业生产贡献数据中得以体现，这些企业都是在苏联的参与和帮助下建设的。

经苏联援助建设和改造的中国企业生产能力的提高体现在：

• 钢产量达到 2777.5 万吨（其中"一五"时期完成 647.5 万吨，"二五"时期完成 2130 万吨）；

• 铝产量达到 73 万吨（其中"一五"时期完成 3 万吨，"二五"时期完成 70 万吨）；

• 煤开采量达到 4960 万吨（其中"一五"时期完成 1110 万吨，"二五"时期完成 3850 万吨）；

• 原油加工达到 700 万吨（其中"一五"时期完成 100 万吨，"二五"时期完成 600 万吨）。②

根据中国经济统计数据，1960 年苏联援建和供应设备的企业大大提高了工业产品的占比。其中，生铁产量占全国的 35%，钢产量占 42%，钢材产量占 58%，铜产量占 21%，铝产量占 25%，钨产量占 34%，合成氨气产量占 45%，电能产量占 45%，拖拉机和汽车产量占 85%~90%，还有大量的其他汽车制造产品。③

下面是《人民日报》在 20 世纪 50 年代末对于苏联为中国的工业建设和改造提供援助所给出的评价："这些工业企业的建设对于建

---

① 彭敏主编《当代中国的基本建设》（上册），中国社会科学出版社，1989；Александрова М.В. Экономика Северо-Восточного Китая и советская помощь КНР в 50-х годах XX века // Китай в мировой и региональной политике. Вып.XVIII.–C. 330.

② Чжан Байчунь, Яо Фан, Чжан Цзючунь, Цзян Лун. Передача технологий из Советского Союза в Китай. 1949–1966.–C. 51–52.

③ Чжан Байчунь, Яо Фан, Чжан Цзючунь, Цзян Лун. Передача технологий из Советского Союза в Китай. 1949–1966.–C. 57–58.

设中国的工业化基础起到决定性作用。它们不仅大大提高了我们国家的工业生产能力，最终使我们国家生产出那些过去不能生产的产品，而且还帮助我们国家培养了大量技术人才。苏联对我们国家经济建设的援助，无论在数量上，还是在规模上都是史无前例的。"①

当代中国学者针对新中国与苏联的全面经济合作做出如下评价：

"20世纪50年代，工业建设成为国外技术向中国转移的渠道。苏联技术是随着苏联援建中国建设国家工业项目的实施而进入中国的。通过引进现成的设备、获取生产方法和设计产品的样品，中国很快就具备了在原材料、能源资源、机械、电子技术和军用产品等方面的生产能力，这给中国带来了直接的经济和社会财富。这些举措也为中国的科研机构提供了在项目实施过程中对苏联专家带到中国的产品设计和加工工艺借鉴和研究的可能性，也为其提供了掌握工业和技术标准的可能性。"②

20世纪50年代中国实现了教育领域的根本变革，这是依据1951年10月1日中国政务院制定的《教育体系改革纲要》而进行的。③

在此情况下，新中国领导层在改革中等职业教育和高等教育的问题上，尤其是"一五"计划时期，在考虑中国国情的同时，最广泛地借鉴了苏联经验。国家领导人要求教育工作者高度重视国家工业建设所需要的人才和大学教师的培养；要求他们加快专业型院校和中等职业学校的发展，加强普通高等院校的建设，建立夜校，提高高校对青年工人和农民的录取率。④

---

① 《苏联"真理报"社论——伟大人民的兄弟友谊》，《人民日报》1959年2月15日，第2版。

② Чжан Байчунь, Яо Фан, Чжан Цзючунь, Цзян Лун. Передача технологий из Советского Союза в Китай. 1949–1966.–С. 37.

③ Ван Гуанхуа. Основные тенденции развития народного образования Китая после революции 1949 года: Дис. канд. педагогич. наук: 13.00.01.–Казань, 1998.–С. 29–32.

④ 《做好院系调整工作，有效地培养国家建设干部》，《人民日报》1952年9月24日，第1版；张柏春、姚芳、张久春、蒋龙：《苏联技术向中国的转移（1949–1966）》，第117页。

借鉴苏联经验的原因在于必须为大量建设和改造中的、广泛采用苏联现代化技术和工艺的工业、交通和其他生产企业提供人才保障。①

鉴于国家经济发展需要大批人才，工程技术类的大学、院系都实行了扩招。如1952~1953学年，中国的大学在校生数量为195500人，而1957~1958学年，在校大学生数量已超过44万人。而且，高等教育已得到普及，普通劳动者即工农家庭出身的大学生比例从20.5%提高到36.4%。②在新开设的大学中就有1955年建立的长春汽车拖拉机学院（1958年更名为吉林工业大学，2000年并入吉林大学）。

20世纪50年代，苏联大学和中国大学之间建立了直接的联系，大学间开展了很多合作科研项目。有66所中国大学和85所苏联大学参与了124个重要学科方向的合作研究项目。③

在50年代，除了大学之外，各工业领域还下设了大量的大专和中等职业技术学校。

正如上文所述，为提高技术教育质量，引进培养工程技术人才的新专业，中国从苏联邀请了大批教师和专业技术实习人员到中国大学工作。在他们的直接参与下，1949~1960年，中国培养了17000名大学教师，还有约1700名中国教师到苏联的大学留学。在苏联的帮助下，培养的中国高等教育教师总数相当于中国高校所有教师总数的1/4。

截至1955年，中国高校的技术类专业数量就达到137个，占高等教育专业总数的55%。一些重点大学开设了无线电子技术、计算

---

① Чжан Байчунь, Яо Фан, Чжан Цзючунь, Цзян Лун. Передача технологий из Советского Союза в Китай. 1949–1966.–С. 116.

② Ван Гуанхуа. Основные тенденции развития народного образования Китая после революции 1949 года: Дис. канд. педагогич. наук: 13.00.01.–С. 39.

③ Борисов О.Б., Колосков Б.Т. Советско-китайские отношения, 1945–1980.–С. 177.

图 1-27 20世纪50年代哈尔滨工学院的中苏教师们

机、航空动力学、计算数学及中国在此之前没有开过的其他新专业①。在苏联专家的积极参与下，制定了这些专业的教学大纲，编写了理论和实践课程的教材和教辅资料。

中国高校和中等技术学校增加了教材和教辅资料，而提高工业领域领导干部专业技术水平的主要途径就是大量翻译苏联书籍。例如，中国重工业出版社和中国冶金出版社在"一五"计划时期（1953~1957年）翻译并出版了660本苏联提供给他们的关于工业和基础设施建设、生产管理、现代生产工艺和冶金理论等方面的书籍。中国其他出版社、大学、科研机构也在进行这项工作。例如，中国科学院为了翻译科学类、教学类和其他类的图书资料，邀请了2700多人参与合作。这些机构翻译出版的书籍58%属于工程技术类资料，14%是农业类资料，24%是科学类出版物。②

苏联对新中国全面援助的另一重要方面是科学研究。1953年之前，中国科学院与苏联科学院之间的联系是很少的。它们之间的频繁交往始于1953年3月中国科学院派出由40多个学者和科学界领

---

① Чжан Байчунь, Яо Фан, Чжан Цзючунь, Цзян Лун. Передача технологий из Советского Союза в Китай. 1949–1966.–С. 117–118.

② Чжан Байчунь, Яо Фан, Чжан Цзючунь, Цзян Лун. Передача технологий из Советского Союза в Китай. 1949–1966.–С. 120–121.

导组成的代表团访问苏联。代表团的重要任务是：研究苏联的管理体系和科研工作组织体系；比较苏联与西方的科学发展水平和基本发展方向；讨论中苏之间科技合作的方向。①

图1-28　苏联派往中国的中国科学院院长顾问：苏联科学院通讯院士科夫达 V.A.（左图）、苏联科学院院士拉扎连科 B.R.（右图）

中国学者在1953年3~5月访问了大量的苏联科研所、实验室、生产企业，并证实了苏联大多数科学方向都处于很高的发展水平。尤其对比国民政府统治时期中国的科研状况，苏联的科研水平更加令人敬佩。返回中国后，代表团的一些成员向同事们做了大量的宣讲工作，甚至给10000多名中国共产党的领导和干部进行了宣讲。在宣讲的过程中他们宣传了苏联科学发展的经验和成就，其中谈道："代表团成员得出下列一致的观点：苏联科学的第一个特点是目标明确，因为苏联的科学工作整体上是为共产主义建设服务的。苏联科学的另外一个特点是，它的整个科学研究工作是一个有组织的整体。除了这两个特点之外，苏联科学还具有既全面发展又集中力量抓重

---

① 张稼夫：《中国科学院的初创工作》，中共中央党史研究室、中央档案馆编《中共党史资料》2003年第1期，中共党史出版社，2004；Чжан Байчунь, Яо Фан, Чжан Цзючунь, Цзян Лун. Передача технологий из Советского Союза в Китай. 1949–1966.–C. 73.

点领域的特点。"①

1954年夏,中国科学院召开了如何利用苏联科学和工业技术成就的研讨会。科学院提出,为了能读懂俄语版的科学著作,并把它们都翻译成汉语,就要大力推广俄语学习:"当时科学院93.2%的员工都学习了俄语,其中73.5%的人能阅读俄语文献,26.8%的人能从事翻译工作。"②

正如上文所述,1954年10月,在赫鲁晓夫率苏联代表团访问北京期间,中苏签署了《中苏科技合作协议》。根据这一协议,组建了中苏科技合作委员会,每年召开两次该委员会的会议。截止到50年代末期,在这一协议框架下,中苏完成了800多个科研合作项目,其中包括两国科技优先发展方向的项目。③

在中国科学院院长顾问拉扎连科 B.R. 和其他在中国科学院工作的苏联专家的帮助下,制定出《1956~1967年中苏长期科技发展合作计划》并经1956年12月22日中国共产党中央委员会讨论通过,其中包括57个学科方向的616个重大科研课题。此外,12个学科被确定为优先发展的基础性学科,包括:

(1)原子能的和平利用;

(2)超声技术、半导体、计算机、远程操作系统、电子传感器;

(3)喷气式飞机技术;

(4)生产过程的自动化和超精密仪器;

(5)石油与其他自然资源的产地开发,探明蕴藏地;

(6)建立金属合金体系,探寻新的冶金生产方式;

---

① Запись беседы исполняющего обязанности уполномоченного Всесоюзного общества культурной связи с заграницей в КНР Г.Д. Соколова с главой делегации академии наук КНР Цянь Саньцяном. 23 октября 1953 г. // Советско-китайские отношения. 1952-1955: Сборник документов.-С. 155.

② Чжан Байчунь, Яо Фан, Чжан Цзючунь, Цзян Лун. Передача технологий из Советского Союза в Китай. 1949-1966.-С. 73.

③ Чжан Байчунь, Яо Фан, Чжан Цзючунь, Цзян Лун. Передача технологий из Советского Союза в Китай. 1949-1966.-С. 74.

（7）研制新的有机材料；

（8）研制新的动力机械装置和大型汽车制造；

（9）研究解决针对黄河和长江水域的基本科学技术问题；

（10）农业化学化、机械化和电气化；

（11）对危害民族健康的基本疾病的预防与诊治；

（12）自然科学的一些基本理论问题。①

这一计划确定了中国科学技术的长期快速发展的脉络。截至1963年已完成《1956~1967年中苏长期科技发展合作计划》确定的57个基本学科方向之中的50个学科方向的建设工作。②

中国当代研究者们在谈到这一点时，强调苏联学者维克托·阿布拉莫维奇·科夫达和鲍里斯·罗曼诺维奇·拉扎连科——中国科学院院长的两位顾问个人的巨大职业贡献。

从1954年10月至1955年6月，苏联著名学者、土壤领域专家、苏联科学院通讯院士科夫达V.A.担任中国科学院院长的顾问一职。在多次访问中国③、与中国学者见面和协商、深入研究中国科学界所面临问题的基础上，科夫达V.A.提出的一些建议被纳入科学院准备的关于《中国科学研究工作计划与组织实施方案》(1955年1月)这一文件之中。他在建议中指出要兼顾到国家五年发展规划的任务和国家十五年长期发展规划的任务，要利用苏联经验研究制定科学研究工作的远景规划，要有效协调中国科学院、大学和国民经济发展的关系。他甚至提出了建立科研所要从国家经济发展需求出发，特

---

① 《一九五六——一九六七年科学技术发展远景规划纲要》(修正草案)，中共中央文献研究室编《建国以来重要文献选编》(第九册)，中央文献出版社，1994，第436~540页；张柏春、姚芳、张久春、蒋龙：《苏联技术向中国的转移（1949-1966）》，第87页。

② 《聂荣臻回忆录》(下册)，解放军出版社，1984，第838页。

③ Ковда В.А. Путевой дневник. Декабрь 1954–январь 1955. // Китайская Народная Республика в 1950-е годы. Сборник документов: В 2 т. Под ред. В.С. Мясникова.-Т. 1. Взгляд советских и китайских ученых.-М., памятники исторической мысли, 2009.-С. 106–125.

别重视勘探、研究和评估自然资源的储量以及其他有价值的建议。①

在科夫达之后被推荐为中国科学院院长顾问的是拉扎连科——工学博士、金属电火花加工技术的发明者、因科学成就被授予斯大林奖金者。他在世界科学领域享有很高的声望，于1955年11月至1958年2月在中国工作。拉扎连科参与了中国科学院长期发展规划（中国科学院三个五年规划）的制定工作，领导了《中国科学院在12年内计划完成的特大科研项目清单》的制定工作。他还积极参与了中国的电火花加工技术、电力和超声波技术的研究工作。拉扎连科提出了关于中国科学组织问题的许多重要建议，其中包括强烈建议建立全国的科学信息系统并采用测量技术和标准化措施。

中国科学院院长郭沫若高度评价了拉扎连科的工作。他指出："苏联学者从始至终都孜孜不倦地帮助我们制定国家科学技术长期发展规划，积极参与这一计划的实施……他介绍了苏联科学院宝贵的组织经验和领导经验……他给了我们很多关于快速掌握和发展新技术、在不太发达的科学领域进行科学探索的弥足珍贵的建议……尽管他很忙，但还是帮助我们提高了材料电力加工的科学研究潜力，为我们发展这一新的学科领域迈出了坚实的第一步。"②

发展两国科研中心合作关系的下一个重要步骤是1957年12月1日两国签署的《关于中苏两国科学院科研合作的协议》。这一协议规定了两国要在重要的科学与技术领域加强联系、促进协作，其中包括确定两国科研机构之间可以直接往来，开展合作研究和科学考察，交流研究成果和科学技术信息。协议规定了由300多个中苏科研机构参加的92个自然科学、技术和社会科学领域的合作项目的具

---

① Чжан Байчунь, Яо Фан, Чжан Цзючунь, Цзян Лун. Передача технологий из Советского Союза в Китай. 1949–1966.–C. 131–132.

② 中国科学院联络处1958年苏联顾问拉扎连科工作文件，中国科学院档案馆，卷宗：58-4-73，第85页；Чжан Байчунь, Яо Фан, Чжан Цзючунь, Цзян Лун. Передача технологий из Советского Союза в Китай. 1949–1966.–C. 132–134.

体细节。①

在签署这个文件之后，1958年1月18日，中苏双方又签署了一个《关于开展合作研究及苏联向中国在重大科学技术研究领域提供援助》的重要协议。中国把它称为"122项目"——根据中国第二个五年计划中要实施的合作研究的大项目数量确定的名称。在实施1958年1月18日签署协议的过程中，两国又有更多的科研机构——差不多有600个（中方的200个和苏方的400个）加入该项目。

根据这一协议，苏联承担了一系列重要的职责，其中包括：帮助把中国的科学技术推向世界水平，建立中国科技人才的后备力量，向中国供应实验设备和其他科学设备、测量仪器，提供科学技术研究所需的材料，免费向中国转交科学文献和技术资料。②

为了完成"122项目"任务，中苏两国的各部委之间和主要的科研院所之间还签署了一系列协议。中国的很多科研院所获得了苏联的帮助，首先是从事核能、自动化、半导体、无线电技术、电子技术、高精密机械系统、光学和其他创新领域研究的科研院所得到了苏联的帮助。

需要特别指出的是，苏联对"122项目"的参与一直持续到中国的"大跃进"时期，即使在1960年苏联专家被召回、两国关系恶化之后项目也仍在继续进行。

20世纪50年代，正是在苏联的帮助下，中国才奠定了坚实的科学技术基础，由此，在60年代中国已成功实现"两弹一星"计划，掌握了航天和核技术，广泛普及了电子计算机技术。

中国当代研究人员张柏春等对苏联的援助是这样评价的：中国

---

① Чжан Байчунь, Яо Фан, Чжан Цзючунь, Цзян Лун. Передача технологий из Советского Союза в Китай. 1949–1966.–C. 99.

② Чжан Байчунь, Яо Фан, Чжан Цзючунь, Цзян Лун. Передача технологий из Советского Союза в Китай. 1949–1966.–C. 99–107.

原子弹、火箭、人造卫星的成功研制是中国领导人和科技工作者智慧和不懈努力的结晶，但是也不应忽视1960年之前给予中国援助的苏联专家的贡献。

1955年，苏联政府声明，打算协助中国和其他社会主义国家研究核能的和平使用。在此之后，中国和苏联签署了关于铀浓缩、核物理、建设核工业项目和研制核武器等方面的6项协议。

1955年4月27日，中苏签署了《关于苏联在原子能与核物理研究以及原子能在国民经济领域利用方面援助中国的协议》。

1956年，苏联与几个社会主义国家在苏联普斯科夫州的杜博尼亚村建立了联合核科学研究所，其中规定，世界上最大的质子加速器，47.25%的建设和日常需求材料由苏联负责，26%由中国负责。按照1965年7月1日的数据，已有近200名中国专家通过了联合核科学研究所的实习。最后他们都成为研制核技术的骨干力量。①

总结上述中苏之间的各方面政治和军事合作，特别是20世纪40~50年代中苏的经济合作关系，可以得出具有重要现实意义的结论：20世纪40~50年代中苏两国全面合作的经验对于21世纪仍然具有现实意义。经验告诉我们，要继续加强和发展中俄关系，以保证中俄两国的持续繁荣。

---

① Чжан Байчунь, Яо Фан, Чжан Цзючунь, Цзян Лун. Передача технологий из Советского Союза в Китай. 1949–1966.–C. 95–98.

文献摘选

1953年9月3日周恩来与斯大林关于中国五年计划相关问题的第二次会谈记录节选①

斯大林：我们看过了你们的五年计划建设方案，你们将年增长幅度定为20%，这个增幅对工业而言是上限了……还是预留有一定的余地？

周恩来指出，我们在制订计划方面存在经验不足的问题。过去3年的经验表明，中国过于保守地估计了自己的能力，因此计划的现实性取决于中国人民的努力以及苏联对中国援助的力度。

斯大林：我们制订五年计划时会留有一定的余地，因为不可能方方面面的原因都考虑周全……我们总是把民用和军用工业列入五年计划中，在你们的五年计划中并没有这方面的内容。这点是十分必要的，因为需要考虑到制订的五年计划的所有花费。

我们还需要知道，根据五年计划的所有条款需要我们提供多少帮助。必须进行相关的计算……我们需要至少两个月的时间来确定并告诉你们，我们可以为你们提供哪些援助。

通常我们制订五年计划，最少需要一年的时间。然后研究设计方案还需要两个月，即便这样，错误也经常是难以避免的……

周恩来说，他们不打算公布具体的五年计划，打算只公布五年

---

① Русско-китайские отношения в XX веке. Документы и материалы. 1946–февраль 1950 г.–Кн. 2: 1949–февраль 1950 г.–С. 324–326.

计划的基本方向。

斯大林解释说，苏联的五年计划是公开发布的，只是机械制造、化学工业及其他领域涉及军事方面的条款会保密。五年计划必须公布的原因是，要让人民群众清楚地了解建设规模……

1952年8月29日中华人民共和国政务院总理兼外交部部长周恩来在莫斯科所作的《中国经济状况及五年建设任务的报告》节选[①]

Ⅱ.未来五年经济建设目标

未来的五年是中国长期经济建设的第一阶段。这一阶段经济建设的主要任务是建立国家工业化的初步基础，发展农业，加强国防建设，逐步提高人民的物质与文化生活水平，确保实现向社会主义制度的平稳过渡。

1.五年建设计划的中心环节是重工业建设，包括钢铁、煤炭、电力、石油，机械制造，飞机、坦克、拖拉机、轮船、客车制造，军事工业、有色金属以及化工业基本产品的生产制造，目的是改变我国的经济面貌，加强国防，为农业集体制经济建立物质基础……

2.工业建设速度。根据三年经济恢复时期的建设速度，同时借鉴苏联以及其他人民民主国家工业建设经验，我们认为，五年计划中确定的年增长20%的幅度不仅是可以完成的，而且是必须完成的。建设速度的成就以及后续建设成果的扩大取决于我党与工人阶级和技术人员在遵循统一的计划下共同努力的结果，当然也取决于苏联的援助……

3.提高社会主义经济在国民经济中的比重，确保长期经济建设的有规划发展，继续加强社会主义经济在国民经济中的主导地位。

加强国营企业在工业中的比重，并使其成为国民经济中的核心

---

① Китайская Народная Республика в 1950-е годы. Сборник документов: В 2 т. Под ред. В.С. Мясников.–Т. 2: Друг и союзник нового Китая.–М., Памятники исторической мысли, 2010.–С. 162–164.

组成；通过国家资本主义将重要的工业企业中的私有经济成分完全纳入国家监管之下。在劳动互助的基础上积极组建农业合作社，建立示范集体农场；发展集体所有制的农业合作社，确保整体农业经济向集体所有制的平稳过渡。提高单位种植面积的粮食产量，同时扩大粮食种植面积。

　　扩大国营贸易和集体贸易，调控国内市场。确保重要工业产品与农业产品的批发贸易中国家的专营权。确保在零售贸易中国家与集体经济的优势地位。在劳动工具及设备，以及重要的日用品的零售贸易中，国家经济的比重要逐年提高，限制国内私有制市场。

　　4.确定工业企业选址布局时，要充分考虑国防、长期经济建设以及所处时代的具体环境的需要。在执行第一个五年计划期间，首先必须完全利用东北现有的工业企业（钢铁、机械制造及其他企业）和上海现有的工业企业（特别是机械制造业）；需要做好干部、技术以及工人培养工作，以便未来在我国西部和华北地区建立新的工业基地。铁路建设方面的主要任务是，建立起中国与苏联之间的铁路联系，建立起中央与沿海地区，以及与西南、西北、华北、中原和中国南方各省之间的联系，使铁路建设符合长期经济建设以及国家安全的要求。

　　5.坚持节约和扩大积累的原则。首先要加强国营企业的管理，节约原材料，提高劳动生产力，降低成本，扩大资金积累规模，开发收入渠道，增加国家收入。所有国家机关和经济部门需要缩减非生产开支，并积极推行建立储蓄所，合理利用民间储蓄资金。

　　6.工业建设领域要采用苏联技术标准。所有的技术设备需要符合苏联先进的技术标准。需要有计划并且迅速地用苏联技术标准取代我国工业中现在使用的落后的、不符合要求的美国、英国、德国和日本技术标准。还需要为企业培养大批技术工人、技术干部、技术专家和行政管理人员，还需要全方面开展提高工人和农民文化生活水平的工作……

毛泽东在政协一届四次会议上的讲话节选[①]

（1953年2月7日）

关于学习苏联的问题。我们要进行伟大的五年计划建设，工作很艰苦，经验又不够，因此要学习苏联的先进经验。在这个问题上，共产党内、共产党外，老干部、新干部，技术人员、知识分子，工人群众、农民群众，他们中间都有一些人是有抵触的。他们应该懂得，我们这个民族，从来就是接受外国的先进经验和优秀文化的。在封建时代，唐朝兴盛的时候，我国曾经和印度发生密切的关系。

图1-29　20世纪50年代的中国宣传画

---

① 中共中央文献研究室编《建国以来毛泽东文稿》（第4册），中央文献出版社，1990，第45~46页。

我们的唐三藏法师，万里长征去取经，比较后代学外国困难得多。有人证明，我们现在用的乐器大部分是西域来的，就是从新疆以西的地区来的。我们这个民族，从来不拒绝接受别的民族的优良传统。在帝国主义压迫我们的时候，特别是中日战争我国失败到辛亥革命那一段时间，就是说从一八九四年到一九一一年那一段时间，全国学习西方资本主义的文化，学习资产阶级的民主主义，学习他们的科学，有一个很大的高潮。那时，我们的先辈(在座的也有)很热诚地参加学习西方的活动，许多留学生到日本、到西洋去。那一次学习，对我们国家的进步是有很大的帮助的，特别是在自然科学方面，现在还给我们留下了很大一批自然科学工作者，一批宝贵的遗产。但是我讲的古代和近代这两次学习外国，比较现在我们学习苏联的规模，学习苏联先进经验的效用，那是要差得远的。那末，我们现在学习苏联，广泛地学习他们各个部门的先进经验，请他们的顾问来，派我们的留学生去，应该采取什么态度呢？应该采取真心真意的态度，把他们所有的长处都学来，不但学习马克思列宁主义的理论，而且学习他们先进的科学技术，一切我们用得着的，统统应该虚心地学习。对于那些在这个问题上因不了解而产生抵触情绪的人，应该说服他们。就是说，应该在全国掀起一个学习苏联的高潮，来建设我们的国家。

中国共产党中央政治局候补委员薄一波在庆祝《中苏友好互助同盟条约》签订三周年纪念仪式上的讲话节选[①]

苏联专家给予我们的帮助是多方面的，三年来我们经济生活中的每一个重要措施，都受到他们先进技术的指导，我们的国家从他们的帮助中所获得的利益是无法计算的。三年来我国国民经济在恢复和改造方面所获得的伟大成就，从医治我国在长期战争

[①]《在北京各界庆祝中苏友好同盟互助条约签订三周年大会上中苏友协总会薄一波理事的讲话》，《人民日报》1953年2月16日，第1版。

中所造成的创伤到财政经济情况的根本好转并准备好实行第一个五年建设计划所必需的各种条件，这一切如果没有苏联专家真诚无私的帮助，那我们就要困难得多，就不会在短时期内获得这样大的成就。

《关于苏维埃社会主义共和国联盟政府援助中华人民共和国中央人民政府发展中国国民经济的协定》节选[①]

1953年至1959年……根据本协议苏联援助中国建设和改建141个企业运行投产之后，以及根据此协议签署前中苏两国签订的为一系列中国企业提供设备供货的协议，在指定时期内中国下列基本工业产品的生产能力将达到新规模。

冶金工业方面，钢生产能力将达到520万~580万吨，铝生产能力将达到3万吨，锡生产能力将达到3万吨，铁合金生产能力将达到4.45万吨，钼精矿和钨精矿的生产能力将达到4万吨，钒精矿和钛精矿的生产能力将达到13万吨。

动力燃料工业方面，煤炭生产能力将达到3200万吨，石油的生产能力将达到100万吨（加工），电能的生产能力将达到70亿千瓦时。

机械制造工业方面，冶金机械、矿山和石油设备的生产能力将达到7.5万吨，金属切割机床的生产能力将达到4.6万吨，滚珠轴承的生产能力将达到1000万个。

能源机械制造业方面，动力设备（蒸汽涡轮机机、蒸汽锅炉、涡轮发电机和其他设备）建设和扩建电站的生产能力将达到年产60万千瓦时。

汽车拖拉机制造业，载重汽车的生产能力将达到9万辆，拖拉

---

① Соглашение об оказании Правительством СССР помощи Центральному народному правительству Китайской Народной Республики в развитии народного хозяйства Китая. 15 мая 1953 г. // Советско-китайские отношения. 1952–1955: Сборник документов.–C. 104–110.

机的生产能力将达到 1.5 万辆。

化学工业方面，氮肥的生产能力将达到 28 万吨，合成橡胶的生产能力将达到 1.5 万吨，合成染料及其半成品的生产能力将达到 1 万吨。

1954 年 10 月 12 日苏联政府代表团写给中华人民共和国主席毛泽东的信①

亲爱的毛泽东同志：

目前苏联为了大量增加谷物生产和在这一基础上发展所有的农业生产部门，正实现着开垦生荒地和熟荒地的巨大计划。大规模开垦生荒地的经验表明，进行这一工作最适宜的方式就是组织国营谷物农场。

我们鉴于中华人民共和国正开始进行开垦生荒地和熟荒地的工作，并且愿意把苏联在这一方面积累的经验介绍出来，以表示中苏两国人民的兄弟友谊和纪念中华人民共和国成立五周年，特请你们接受苏联人民赠给中国人民的、为组织拥有两万公顷播种面积的国营谷物农场所必需的机器和设备。

为装备这样一个国营谷物农场，现发出：С一八〇履带式拖拉机三十架，ДТ一五四履带式拖拉机六十四架，"别洛露西"耕耘拖拉机四架，谷物联合收割机一百架，载重汽车三十辆，汽油车四辆，加油车四辆，流动修理车两辆，轻便汽车九辆，带侧座的摩托车十辆，单轴拖车六辆，双轴拖车八辆，机力犁一百二十八个，机力谷物播种机一百二十架，耕耘机和粗耕机一百架，耙一千六百个，净谷机十六架，割草机十六架，设备修理厂的各种机床四十台，电焊设备两套，二百二十瓩发电站的设备，各种牌子的无线电台十三个，拥有一百个号码的电话总机一个，流动电影放映设备一部。

在组织国营谷物农场时期和熟悉农场生产的第一年，我们为了

---

① 《为帮助我国建立大型谷物农场并赠送一批机器 苏联政府代表团写信给毛主席》，《人民日报》1954 年 10 月 13 日，第 1 版。

在建设和管理国营谷物农场方面给以组织上和技术上的帮助，准备派遣一批苏联专家（国营农场经理一人、国营谷物农场的农艺总技师一人、机械总工程师一人、修理厂主任一人、各部门的农艺技师和机械师若干人、及总会计师一人）到中华人民共和国充任顾问，使领导这个国营谷物农场的中国工作人员和苏联专家一起在最短期间内掌握技术和大型谷物农场的管理方法。

上述专家的生活费由苏联负担。

我们希望这个国营谷物农场的建立能帮助中国的农业，把苏联开垦生荒地和熟荒地的经验在中华人民共和国应用，并有助于苏中两国人民友谊的进一步巩固。

苏联政府代表团
一九五四年十月十二日

1954年10月12日中华人民共和国主席毛泽东写给苏联代表团的信①

亲爱的赫鲁晓夫同志并苏联政府代表团：

在中华人民共和国成立五周年的时候，苏联政府代表团代表苏联人民赠给中国人民以组织拥有两万公顷播种面积的国营谷物农场所必需的机器和设备。在组织国营谷物农场时期和熟悉农场生产的第一年，苏联政府为了在建设和管理国营谷物农场方面给中国以组织上和技术上的帮助，准备派遣一批专家到中华人民共和国充任顾问，使领导国营谷物农场的中国工作人员能够同苏联专家一起在最短期间内掌握技术和大型谷物农场的管理方法。我谨代表中华人民共和国和中国人民对苏联政府和人民这一重要的、巨大的、友谊的援助表示热烈的欢迎和衷心的感谢。

无疑地，这个国营谷物农场不仅在推动中国农业的社会主义改

---

① 《毛主席写信向苏联政府代表团致谢》，《人民日报》1954年10月13日，第1版。

造方面会起重要的示范作用，而且也会帮助中国训练农业生产方面的技术人才和学习苏联开垦生荒地和熟荒地的宝贵经验。中国人民从苏联人民这次慷慨的援助中再一次看到苏联人民对中国人民的深厚友谊和对中国人民的建设事业的关怀和支援。

伟大的中苏兄弟友谊万岁！

毛泽东

一九五四年十月十二日

《人民日报》社论"无比深厚的伟大友谊"节选[①]

用苏联经济建设的先进经验和优越的技术条件在短期内建立或发展了这些公司的工作，使这些现代化的企业在恢复和发展我国经济的事业中起了积极的作用。帝国主义者常常用在殖民地半殖民地投资的方法进行经济侵略，但社会主义苏联投资于这四个公司，完全是另外一种性质，为了另外一种目的，这个目的就是以苏联的资金和技术帮助我国开发我们当时无力开发的富源或难以经营的企业，以便为我国建立起在经济上完全独立的基础。大家都知道，中苏两国共管中国长春铁路的时期，在一千多个苏联专家的直接帮助下办好了这条铁路，创造出了一套完整的铁路建设经验，并为新中国铁路建设培养了二万多名管理人员和技术人员。这个任务完成之后，苏联就把中国长春铁路无偿地交还我国自己管理。现在，苏联又把尚余的四个中苏合股公司中的苏联股份移交我国。这样的事情，也是任何资本主义国家所不能做到的。苏联政府帮助把共同经营的企业建设好了，人才也培养出来了，经验也教给我们了，它就把企业移交给我国，完全归我国所有。如果把这样的事实，来和帝国主义在旧中国时代的经济侵略作一对比，我国人民对于苏联给予我国的真诚慷慨的援助怎么能够不万分感谢呢！

[①] 《无比深厚的伟大友谊》，《人民日报》1954年10月13日，第1版。

苏联国家计划委员会关于"援助中国发展中国国民经济的文件"节选[①]

1954年9月25日

1. 根据1953年5月15日之协定，苏联援助中国建设和改建134个企业，以及20个独立车间、机组和装置的建设与改建，苏联负责提供设备和技术。

此外，苏联还追加援助中国建设和改建14个新企业，以及将援助中国进行4个企业的扩建，根据1953年5月15日的协议，援建工作现在已经开始进行。还有2个企业的援建任务在1953年5月15日协定签署之前就已经完成。

援助中国建设和改建7个钢铁企业，11个有色金属冶金和矿山，21个矿井、露天煤矿和选矿厂，1个石油加工厂，7个化工厂，26个机器制造厂，24座电站，42个国防工业企业以及15个其他工业领域的企业。向中国提供援助的规模、性质以及基本条件见1953年5月15日之协定第215条。

根据协定条件的规定，苏联方面负责承担70%~80%的设计工作以及技术设计方案中所规定的设备总价值50%~70%的设备供货，上述所列企业设备供货总价值约为50亿卢布，技术援助价值约为7亿卢布。

1954年完成的23个企业及电站的设计和设备供货列入根据1950年2月14日协议向中国提供的贷款账单。

苏联帮助中国以及其他人民民主国家设计企业建设方案，以及苏联专家直接赴受援助国工作的费用与资本主义国家公司进行同类

[①] Китайская Народная Республика в 1950-е годы. Сборник документов: В 2 т. / Под ред. В.С. Мясникова.–Т. 2: Друг и союзник нового Китая.–С. 249–255.

工作所收取的费用相比要便宜得多……

3. 截至 1954 年 9 月 1 日，自中苏协定生效以来，苏联为中国援建企业提供了价值为 1.22 亿卢布的技术援助（设计费用和专家安装调试设备的差旅费用），苏联提供的设备援助价值为 6.6 亿卢布。

其中 3 个电站、2 个企业和 12 个独立项目的建设工程已经结束并投入运行生产。此外，4 个电站、鞍山钢铁公司的独立车间和抚顺铝厂的建设工程已经被列入第一批建设工程。

截至 1954 年 9 月 1 日，计划完成 89 个项目的勘测任务、50 个项目的设计任务和 27 个企业的技术指标设计方案。

苏联共有 4500 名设计师和 150 个设计单位参与完成为中国援建项目的设计工作。

1954 年为 44 个援建项目提供总价值为 3.7 亿卢布的设备，截至 9 月 1 日，已供货设备价值为 1.6 亿卢布。

根据双方就设备供货分配方案问题所达成的一致意见，1955 年苏联将向中国的 64 个项目提供价值为 4.6 亿卢布的设备。苏联的 18 个部为总供货方，设备制造任务由苏联约 1200 家工厂承担。

图 1-30　苏联援建的"156 项工程"是"一五"计划工业建设的重点。图为苏联专家和中国技术人员研究工程设计

自协定生效之日起，为了向中国提供技术援助，共有大约1600名苏联专家被派往中国。到目前为止，还有398名苏联专家在中国工作。

根据1953年5月15日协定第三章内容规定，近两个月内将派出132名苏联专家到中国的设计单位进行援助工作，同时还将为中国培训本国的工业设计人才。

根据此协定，苏联每年还将接收1000名中国公民赴苏联接受生产技术培训。1953~1954年共有约950人在苏联接受了培训。

中共中央政治局候补委员，1949~1953年任财政部部长，50年代任国家建委主任的薄一波回忆录节选[①]

老实说，在编制"一五"计划之初，我们对工业建设应当先搞什么、后搞什么，怎样做到各部门之间的相互配合，还不大明白。因此，苏联援建的项目，有的是我方提出的，有的是苏方提出的，经过多次商谈才确定下来。大致是分五次商定的：第一次，1950年商定50项；第二次，1953年商定增加91项；第三次，1954年商定增加15项，达到156项；第四次，1955年商定再增加16项；第五次，口头商定再增加两项。五次商谈共确定项目174项。经过反复核查调整后，有的项目取消，有的项目推迟建设，有的项目合并，有的项目一分为几，有的不列入限额以上项目，最后确定为154项。因为计划公布156项在先，所以仍称"156项工程"。这"156项工程"，实际进行施工的为150项，其中在"一五"期间施工的有146项……苏联援建的这些项目，主要是帮助我国建立比较完整的工业基础体系和国防工业体系的骨架，起到了奠定我国工业化初步基础的重大作用。

---

① 薄一波：《若干重大决策与事件的回顾》（上卷），中共中央党校出版社，1991，第297页。

1953年9月15日中华人民共和国政务院财经委员会副主任李富春在中央人民政府委员会第26次会议上的讲话节选[1]

苏联对我国经济建设给予过的援助和将要给予的援助，展示了社会主义国家伟大的国际主义精神……两个国家在第一轮谈判中就协商解决了需要做长达七年建设规划的91个企业的建设问题，这是史无前例的。为了设计这些生产企业，苏联需要为本国的工程建设局补充大量的工程技术人员，而为了完成向中国供应必要的设备任务，苏联不得不把重要工业企业的生产计划制订到1960年。去年，在我们的代表团到达苏联的时候，苏联的第五个五年计划已经完成并且即将实施。但是，为了帮助中国建立独立自主的工业体系，苏联政府不得不对其进行了大量的修改。如果不是伟大的国际主义精神的力量支撑，这种事情简直是令人无法想象的。

需要说明的是，我们最初请求苏联帮助我们设计的企业数量多于91个，但是有一部分项目的设计被取消了。这些被取消的项目可以分为三类。第一类是那些我们自己有能力独立建设的项目，如纺织印花厂和小型电站。第二类是那些因为没有准确的地质资源信息暂时无法进行设计的企业。这些企业主要是煤矿。第三类是那些在第一个五年计划时期没有必要建设或者没有可能建设的企业，比如，年产规模10万吨的重型机械制造厂。总之，在所有有必要和有条件而我们却不能独立完成的情况下，苏联政府都完全满足了我们的需求。

此外，还有很多必须建设但我们没想到的企业也被苏联方面补

---

[1] Из Выступления заместителя председателя Финансово-экономического комитета Государственного административного совета КНР Ли Фучуня на 26-м заседании Центрального народного правительственного совета КНР. 15 сентября 1953 г. // Советско-китайские отношения. 1952–1955: Сборник документов.–С.129–130.

充到要被设计建设的企业名录里。比如，在苏联的倡导并经我们的同意下，将设计建设电工技术绝缘材料厂、高压磁控管厂。

苏联为我们设计的很多企业都属于大型的技术复杂的企业，如冶金联合企业。这种联合企业的初期设计和技术设计就需要三年，工程图纸制作则需要两年以上，而建设和设备安装则需要三年以上。经苏联政府确认的91个项目的设计师团组和5个项目综合团组将于今年和明年上半年抵达中国。

上述情况完全证明了毛泽东主席的观点："苏联给我们的援助是长期的、全方位的、毫无私心的援助。"

综上可以看出，没有苏联的援助我们的第一个国民经济建设五年计划是不能以现在这么大的规模和这么快的速度实施的。

1955年7月30日一届全国人大二次会议上通过的《中华人民共和国发展国民经济的第一个五年计划（1953-1957）》节选[①]

第一个五年计划的基本任务是根据这个过渡时期的总任务提出的。第一个五年计划的基本任务，概括地说来就是：集中主要力量进行以苏联帮助我国设计的一五六个建设单位为中心的、由限额以上的六九四个建设单位组成的工业建设，建立我国的社会主义工业化的初步基础；发展部分集体所有制的农业生产合作社，并发展手工业生产合作社，建立对于农业和手工业的社会主义改造的初步基础；基本上把资本主义工商业分别地纳入各种形式的国家资本主义的轨道，建立对于私营工商业的社会主义改造的基础。这是中国共产党和中华人民共和国国家机关领导全国人民为实现过渡时期总任务而奋斗的带有决定意义的纲领。

围绕着这些基本任务，第一个五年计划有以下各项具体任务：

一、建立和扩建电力工业、煤矿工业和石油工业；建立和扩建

---

① 《中华人民共和国发展国民经济的第一个五年计划（一九五三——一九五七）》，中共中央文献研究室编《建国以来重要文献选编》第6册，中央文献出版社，2011。

现代化的钢铁工业、有色金属工业和基本化学工业；建立大型金属切削机床、发电设备、冶金设备、采矿设备和汽车、拖拉机、飞机的机器制造工业。这些都是我国重工业的新建设。这些新建设的逐步完成，将使我国能够在社会主义大工业的物质基础上改造我国国民经济的原来面貌。

二、随着重工业的建设，相应地建设纺织工业和其他轻工业，建设为农业服务的新的中小型的工业企业，以便适应城乡人民对日用品和农业生产资料的日益增长的需要。

三、在建设新工业的同时，必须充分地和合理地利用原有的工业企业，发挥它们的潜在的生产力量。在第一个五年计划期间，重工业和轻工业的生产任务的完成，主要地还是依靠原有的企业。

…………

五、随着国民经济的高涨，相应地发展运输业和邮电业，主要是铁路的建设，同时发展内河和海上的运输，扩大公路、民用航空和邮电事业的建设。

…………

七、继续巩固和扩大社会主义经济对于资本主义经济的领导，正确地利用资本主义经济的有利于国计民生的积极作用，限制它们的不利于国计民生的消极作用，对它们逐步地实行社会主义的改造。根据需要和可能，逐步地扩展公私合营的企业，加强对私营工业产品的加工、定货和收购的工作，并稳步地和分别地使私营商业为国营商业和合作社营商业执行代销、经销等业务。

…………

在第一个五年计划期间，胜利地完成由上述任务所规定的各种指标，不仅将使我国的国民经济有巨大的发展，现代工业在工业农业总产值中所占的比重有显著的增长，而且将变更各种社会经济成份之间的关系，即社会主义经济成份在国民经济中会有很大的增长，而其他经济成份则相应地缩小其原来在国民经济中所占的比重。

1956年9月27日召开的中国共产党第八次全国代表大会关于发展国民经济的第二个五年计划（1958~1962）的建议节选[①]

[该建议于1956年9月27日召开的中国共产党第八次全国代表大会上讨论通过。第二个五年计划规定的"二五"末期要达到的主要工业产品和农产品的生产水平，由于中国人民的劳动热情，一系列指标（钢、煤炭及其他）在1958年，也就是说在"二五"计划的第一年就已经完成。]

鉴于第一个五年计划即将胜利实现，我国发展国民经济的第二个五年计划（一九五八——一九六二）应该及时拟定……

第二个五年计划是实现我国过渡时期总任务的一个极其重要的关键。第二个五年计划，必须在第一个五年计划胜利完成的基础上，以既积极又稳妥可靠的步骤，推进社会主义的建设和完成社会主义的改造，保证我国有可能大约经过三个五年计划的时间，基本上建成一个完整的工业体系，使我国能够由落后的农业国变为先进的社会主义工业国……因此第二个五年计划的基本任务应该是：（1）继续进行以重工业为中心的工业建设，推进国民经济的技术改造，建立我国社会主义工业化的巩固基础；（2）继续完成社会主义改造，巩固和扩大集体所有制和全民所有制；（3）在发展基本建设和继续完成社会主义改造的基础上，进一步地发展工业、农业和手工业的生产，相应地发展运输业和商业；（4）努力培养建设性人才，加强科学研究工作，以适应社会主义经济文化发展的需要；（5）在工业农业生产发展的基础上，增强国防力量，提高人民的物质生活和文化生活的水平。

…………

[①] 周恩来：《关于发展国民经济的第二个五年计划的建议的报告》，中共中央文献研究室编《建国以来重要文献选编》第9册，中央文献出版社，2011。

在第二个五年计划期间，必须大力加强机器制造工业、特别是制造工业设备的机器制造工业的建设，继续扩大冶金工业的建设，以适应国家建设的需要。同时还应该积极发展电力工业、煤炭工业和建筑材料工业的建设，加强工业中的落后部门——石油工业、化学工业和无线电工业的建设。和平利用原子能工业的建设，应该积极地进行。

图 1-31

①油画《时代领跑者》，画面为20世纪50年代为新中国建设做出巨大贡献的劳动模范们（中国国家博物馆展品，作者：吴景刚、任志忠、吴大勇）

②1958年，在北京成立了第一个拥有当时最新内燃机技术的铁路机务段

③1954年12月康藏公路、青藏公路全线通车，图为中国"一五"计划期间从苏联进口的汽车在公路上行驶

④1958年7月，苏联援建的洛阳拖拉机厂生产出第一辆国产拖拉机——"东方红"牌拖拉机

①	
②	③
④	

①　②
③

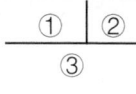

图 1-32
①苏联发行的庆祝中华人民共和国成立十周年的纪念邮票
②1958年9月，苏联专家设计的武汉钢铁公司正式开工。图为苏联赠予毛泽东主席的武汉钢铁公司一号高炉的浮雕作品
③新中国儿童，北京，1959年

第二部分

长春第一汽车制造厂
——20 世纪 50 年代中苏两国专家成功合作的典范

图 2-1 苏联援助建设的吉林省三大化学工业企业——吉林染料厂、肥料厂和电石厂举行隆重的开工庆典（1954年）

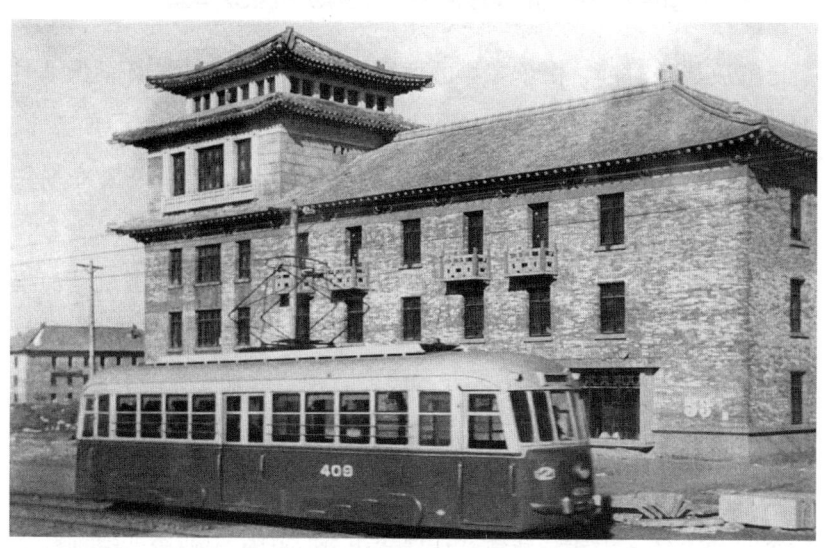

图 2-2 在中国第一个五年计划期间，长春市的公共交通得到了快速的发展，还建起了崭新的、各类设施完善的工人住宅楼

一 20世纪50年代吉林省工业发展史概述

吉林省工业是在解放前落后的工业基础上发展起来的。在20世纪50年代主要分为两个重要发展阶段。第一阶段为国民经济全面恢复时期（1949～1952年），此时期工业发展主要是没收、接管、恢复、建设日伪时期遗留企业，为国民经济发展奠定基础。第二阶段为"一五"计划大规模建设时期（1953～1957年），此时期主要是国家重点大型工业项目和苏联援建项目的建设，经济呈现跨越式发展。

（一）国民经济全面恢复时期（1949～1952年）

解放战争时期，由于多年的掠夺性经营和战争的破坏，伪满时期建立的煤炭、电力、森工、采矿、造纸等工业企业受到严重破坏。工业基础薄弱、产品技术水平低、工业结构严重畸形、工业布局失衡成为解放初期吉林省工业的显著特点。

早在新民主主义革命时期（1919～1949年），在吉林省的革命根据地和解放区已经产生了公营工业。为了支援战争和根据地建设、解决军民的需要，根据地建立了许多小型工厂和手工作坊，因此，在公营工业中手工业占主要地位。随着解放战争在全省的胜利，社会主义国营工业开始大量建立。吉林省解放后，通过没收、接管敌伪企业和重建、扩建、新建、迁建等方式，国营工业企业空前壮大起来，逐渐成为全省工业的主导力量，并为整个国民经济的恢复、发展和改造奠定了基础。截至1952年底，国营工业企业总数达2895

个，占全部企业的81.7%，形成固定资产总值9.2亿元，国营企业的工业总产值增长了309.9%。

东北解放初期，吉林省只有煤炭、电力、原油、电石、木材等5个重工业产品。其中煤炭产量为250万吨、发电量7亿千瓦时、原油0.1万吨、电石531吨、木材136.5万立方米。[①] 由于吉林省较早得到解放，部分工业企业早于全国其他地区恢复了生产，并且部分生产领域发展较为迅速，在全国居于前列。1949~1952年，全省对重工业的投资为15670万元，占全省投资的73.9%。[②] 到1952年底，全省工业总产值达到11.13亿元。在工农业总产值中，工业的比重由30.4%上升至45.8%。各种主要工业产品的产量在三年内都有较大幅度增长，大多数工业产品产量超过解放前最高水平。发电量占全国的18.3%，电石产量占全国的86%，均居全国首位。其他如黄金、原煤等也处于前几位。

图2-3 20世纪50年代初，中国人民解放军第五建筑工程师的指战员被派到吉林支援工业建设，其中包括建设长春第一汽车制造厂

---

① 吉林省统计局：《吉林统计年鉴1992》，中国统计出版社，1992，第344页。
② 《吉林省工业四十年》（第一卷），吉林文史出版社，1989，第25页。

1947年7月，随着解放战争的不断胜利，全省解放的县市迅速建立了人民政权，本着"迅速、简单、不影响生产建设"的接收方针没收、接管一批敌伪企业，开始恢复工业生产。1948年10月9日，吉林省全境解放，经济进入全面恢复时期。至1949年初，全省持续生产的工业企业达2561个，形成了吉林省最初的公营工业基础。国民经济恢复时期，吉林省工业企业的迅猛发展，为完成"一五"计划时期的各项任务打下了坚实的基础。

（1）采矿业的恢复与发展。1948年全省解放，夹皮沟金矿成为吉林省接管的第一个日伪矿山。1948年6月，正式成立了吉林省金矿管理局，下辖10多个金矿。1949年5月，吉林省人民政府工业厅投资45亿元（东北币）进行金矿恢复建设。1949年底，恢复生产的金矿已有5个，黄金年产量居全国首位。

（2）造纸工业的恢复与发展。造纸业是解放前吉林省工业基础较好的行业之一，石砚造纸厂、开山屯造纸厂、吉林造纸厂先后被人民政府接管、改造。恢复生产的造纸厂承担了国家急需的化纤纸、纸浆、新闻纸、纸袋纸的生产任务，支援了全国的经济恢复和发展。在恢复遗留企业的同时，还发展建设了一批地方中小型造纸厂。截至1952年，全省已有9个造纸企业，总产量达7.11万吨。

（3）丰满水电站的恢复与建设。1948年3月，人民政府接管了丰满水电站。经过全站职工的艰苦抢修，初步恢复了发电。1949年共完成混凝土浇筑量90353立方米。1950年5月，根据苏联专家的建议开始修筑坝体，浇筑混凝土量达57360立方米，为发电多蓄水38.5亿立方米，增加电量6.4亿千瓦时。丰满水电站的恢复重建奠定了吉林省的电力工业基础。

（4）纺织工业的恢复与发展。纺织工业是吉林省较早恢复的工业部门。东北解放初期，人民政府先后接收了一批纺织工厂，到1949年，基本全部恢复了生产。1949年，全省纺织工业总产值为2020万元。经过3年的恢复建设，总产值有明显增长，1952年比

1949年增长了257.2%。

（5）范家屯糖厂的恢复和扩建。范家屯糖厂是伪满时期的企业，在战争中受到严重破坏。1950年10月，范家屯糖厂完成迁址、重建、扩建并投入生产。1951年糖产量达到1.4万吨，成为吉林省地方工业中最大的企业。该厂不仅解决了人民的日常生活需求，也成为吉林省地方工业的财政支柱。在第一个五年计划时期，该厂平均每年为国家提供的利税占全省工业企业的51%。

在国民经济恢复时期，为了满足人民日常生活需要、填补国营工业的行业空白，吉林省新建和迁建了一大批民用工业企业。从1950年起，陆续兴建了长春第一食品厂、延吉市针织厂、通化市棉织厂、长春市化工二厂等中小规模、门类多样的民用工业企业。1952年，把从轻工业发达的上海迁进的玻璃厂、牙膏厂、搪瓷厂改建成长春铝制品厂、长春玻璃仪器厂、长春搪瓷厂和吉林市日用化工厂。中小民用工业企业的建立与发展有效促进了吉林省国民经济的恢复和发展。

（二）"一五"计划时期——吉林省工业大规模建设时期（1953~1957年）

在新中国大规模经济建设即将展开之时，需要有一个科学合理的计划作为各个领域发展方向的指导，鉴于苏联在几个五年计划中取得的巨大成就，中共中央决定编制中国的五年计划。

1951年2月，中共中央在北京举行政治局扩大会议，会议通过了毛泽东关于《中共中央政治局扩大会议要点》的报告，并向全党进行了通报。通报中明确指出："'三年准备，十年计划经济建设'的思想，要使省、市级干部都明白，准备时间，现在起，还有22个月，必须从各个方面加紧进行工作。"

1951年4月，在第一次全国组织工作会议上，陈云作了题为《1951年财经工作要点》的讲话，在讲话中提到编制国民经济计划的重要性,并在中央财经委员会会议上提出了五年计划的初步设想。即从1953年开始实行发展国民经济的第一个五年计划。

截至1952年底,吉林省初步完成了国民经济恢复任务,奠定了社会主义工业基础。1953年,全国进入国民经济第一个五年计划建设时期,在国家重点建设东北工业基地这一方针的指导下,吉林省被确定为国家工业建设的重点地区。在全国156个重点建设项目中,吉林省占12项,其中包括长春第一汽车制造厂、吉林染料厂、吉林氮肥厂、吉林电石厂、吉林铁合金厂、吉林炭素厂、丰满发电站、吉林热电厂、吉林电缆厂、辽源西安煤矿竖井、长春二二八厂、通化湾沟煤矿竖井。"一五"建设时期的五年里,全省工业基本建设投资金额达17.6亿元①,占全省基本建设投资总额的77.2%。1957年全省工业总产值达到20.8亿元,比1952年增长了1.13倍,全省工业在工农业总产值中的比重从1952年的43.8%提高到1957年的67.1%。

图2-4 苏联专家在吉林染料厂车间指导中国工人操作现代化设备

---

① 吉林省统计局:《吉林统计年鉴1992》,第168页。

吉林省根据国家的计划安排和工业布局的需要，集中主要力量进行了以第一汽车制造厂、吉林三大化工企业、吉林铁合金厂、吉林炭素厂、吉林热电厂等重点项目为主的工业建设。重点项目的建成，从根本上改变了吉林省工业薄弱和落后的状况，调整了工业结构，奠定了工业的初步基础。汽车、化学肥料、铁合金、炭素等新工业的建立，填补了大批技术、生产上的空白，为中国汽车制造和化学、冶金等工业的发展奠定了基础。"一五"期间，试制生产了600多种新的工业产品，其中很多是中国过去从未生产过的，如载重汽车、化学燃料等。有些产品为省内新产品，在国内占据重要地位，如铁合金、炭素制品等。

（1）机械工业。至1949年末，吉林省机械工业企业33家，职工人数5000人，完成工业总产值1800万元（按1952年不变价）。截止到1952年底，企业数量达到760家，职工总数达24000人，工业总产值9200万元。全年生产水泵215台、暖气锅炉412台、变压器3台、饮料机1596台、矿山设备37吨。①矿山设备、锅炉、变压器等产品的制造，标志着吉林省机械工业进入全面发展时期。"一五"期间，吉林省建设了第一汽车制造厂、长春客车制造厂、长春机车厂等一批大型国营企业，标志着吉林省机械工业进入了崭新的时期。

（2）能源工业。煤炭工业是吉林省传统工业，其历史悠久。1949年末，全省的煤炭产量已经达到250万吨。新中国要发展重工业、恢复社会生产，首先要解决的是能源动力问题。国家对煤炭工业的建设尤为重视，在吉林省的辽源率先投资5400万元建设了西安竖井煤矿。1952年，全省煤炭工业已经恢复了正常生产，煤炭总产量已达到418万吨。②"一五"建设时期，吉林省煤炭工业共完成投资

---

① 高严、刘继生、李德增主编《吉林工业发展史》，中国经济出版社，1992，第272页。
② 吉林省统计局：《吉林统计年鉴1992》，第344页。

16578万元，平均每年投资3316万元，比1952年平均增加了一倍。新建矿井11对，扩建矿井8对，恢复老井5对，新增能力360万吨。全省煤炭总产量达2666.4万吨。①

（3）电力工业。1949年，吉林省水火电装机总容量22万千瓦，其中水电13.3万千瓦，火电8.7万千瓦，居全国第3位。②1949年，全省发电量为7.3亿千瓦时。1952年，发电量为13.41亿千瓦时，③电力工业产值比1949年增长了87%。"一五"期间，先后建成了吉林热电厂、丰满发电大坝二期工程，完成了丰满发电大坝发电组的安装工程和白城发电厂的扩建。

（4）原材料工业。"一五"期间，吉林省成为中国基础材料基地，兴建了吉林化工染料厂、吉林化工化肥厂、吉林化工电石厂（简称"三大化"）。1957年，吉林省化学工业固定资产原值达到26832万元，实现产值1.48亿元。

（5）冶金工业。"一五"期间，先后兴建了吉林铁合金厂和吉林炭素厂并投入生产。1957年，吉林铁合金厂实现了工业总产值7057万元；④吉林炭素厂年生产能力达到2.23万吨，⑤吉林冶金工业达到了一个新水平。

第一个五年计划时期，吉林省工业在国民经济中的地位发生了显著变化。工业生产持续稳定发展，工业发展平均每年的增速为16.3%。轻、重工业发展比例协调。到1957年，轻、重工业的比例由1952年的56.2∶43.8变为45.8∶54.2。工业部门结构发生变化，冶金、机械、化工等新兴工业快速发展。企业组织结构从手工作坊、小型企业发展为现代化大型企业和中型企业。工业布局从解放初期

---

① 高严、刘继生、李德增主编《吉林工业发展史》，中国经济出版社，1992，第405页。
② 高严、刘继生、李德增主编《吉林工业发展史》，第269页。
③ 吉林省统计局：《吉林统计年鉴1992》，第344页。
④ 高严、刘继生、李德增主编《吉林工业发展史》，第394页。
⑤ 高严、刘继生、李德增主编《吉林工业发展史》，第396页。

的吉林、通化、延边3个重点发展地区转移为以长春、吉林为吉林省工业中心的工业发展布局。至1957年，长春、吉林两地的工业产值占全省工业总产值的65.7%。

从1953年开始，吉林省有计划地新建了一批大型工业企业，初步形成了以汽车、化工、铁合金、炭素、电力等工业部门为主的工业架构。经过十年的建设，吉林省的重工业在工业体系中占有绝对优势。

表2-1　20世纪50年代吉林工业基本建设投资及比重

单位：亿元，%

	工业投资额	轻工业投资额	重工业投资额	轻工业比重	重工业比重
"一五"期间（1953~1957年）	17.6	1.1	16.5	6.3	93.7
"二五"期间（1957~1961年）	21.9	1.8	20.1	8.2	91.8

图2-5　《中国国家主席毛泽东在第一汽车制造厂》——长春第一汽车制造厂厂史馆馆藏油画

图 2-6 长春第一汽车制造厂第一届厂领导

图 2-7 作为新中国象征之一的"解放牌"汽车驶过北京天安门广场

二 长春第一汽车制造厂的发展和成就

1886年，世界上第一辆汽车诞生，1901年，汽车被引入中国。1949年以前，中国没有自己的汽车工业，马路上都是进口汽车，被戏为"万国汽车博览会"。抗日战争后期，国民党资源委员会请美国礼和（REO）汽车厂做了汽车制造厂设计，计划在湖南湘潭建设汽车厂，后来又在重庆组成中国汽车公司，拟制造德国本茨（BENZ）汽车，但是因为国内政局不稳、战乱不断等，中国汽车工业始终未能建设。

中国汽车制造业是新中国成立后，在中共中央和毛泽东主席的直接领导和关怀下，在苏联的援助下逐步建立起来的。

1953年7月15日，中国第一汽车制造厂（以下简称"一汽"）开始破土动工，新中国汽车工业从这里起步了。1956年建成投产，"一汽"开创了中国汽车工业新的历史，被誉为新中国汽车工业的摇篮。历经60多年的不断建设发展，现已成为中国重要的汽车产业发展基地和中心，为中国汽车工业的发展和地方经济建设奠定了坚实的基础，至今在中国汽车工业领域中仍然占有领先及重要地位。

在"一汽"的发展史上，让人难忘的是苏联政府和人民对第一汽车制造厂所给予的援助。从厂址选择、勘察、原始资料的搜集、全面设计到建筑施工、设备制造与交付、设备安装、生产准备、生产调整到组织汽车生产的全过程，无一不体现苏联专家的劳动和智慧。

（一）筹备建设中国汽车制造业——中苏两国领导人决定由苏联援助中国建设汽车制造厂

中国的民族工业在经历连年战火后几经崩溃，新中国百业待兴。1949年的统计数据显示，当时的工农业总产值中，现代工业产值只占17%。[①] 生产技术落后，现代工业基础薄弱，原始的采掘业和工场手工业占到工业结构的40%以上。20世纪50年代初期，毛泽东主席在筹划国民经济发展第一个五年计划时曾感慨地说，"现在我们能造什么？能造桌子椅子，能造茶碗茶壶，能种粮食，还能磨成面粉，还能造纸，但是，一辆汽车、一架飞机、一辆坦克、一辆拖拉机都不能造"。

1949年1月31日，在西柏坡中共中央驻地，毛泽东、任弼时与苏共中央政治局委员米高扬首次就新中国建国设想以及苏联帮助中国东北工业发展等问题进行会谈。中方提出，过一段时间专门派一个代表团到莫斯科协商苏联援助等问题。[②]

1949年10月1日，中华人民共和国成立。10月2日，苏联政府宣布承认中华人民共和国，并决定与中国建立外交关系，成为第一个承认中华人民共和国的外国政府。

1949年12月16日至1950年2月14日，中共中央主席、中国中央人民政府主席毛泽东访问苏联。在苏联访问期间，毛泽东与斯大林就《中苏友好同盟互助条约》的签订和苏联援助中国建设一批工业项目进行了会谈并达成一致意见。在苏联政府的安排下，毛泽东参观了工厂、学校和集体农庄。12月21日，毛泽东参观了斯大林汽车厂，当看到一座座高大的厂房和一辆接一辆的汽车驶下装配线

[①] 郑明武编写《国策宏图》，吉林出版集团有限责任公司，2011，第3页。
[②] 刘人伟：《永恒的记忆》，世界知识出版社，2010，第7页。

时，他对随行的人员说："我们也要有这样的大工厂。"[1]在毛泽东与苏联领导人商谈工业建设项目时，苏方领导人向毛泽东建议："汽车制造厂代表现代机械工业的最高水平，可以带动整个机械工业和钢铁、化工、建筑等其他行业的发展，你们尽快建一座综合性的汽车制造厂，像斯大林汽车厂那样，斯大林汽车厂有什么样的设备，中国就有什么样的设备，斯大林汽车厂有什么样的水平，中国的汽车厂就有什么样的水平。"[2]

1950年1月，中苏双方领导人在莫斯科商定由苏联援助中国建设一座现代化的载货汽车制造厂。按照正在访问苏联的毛泽东的指示，同年2月14日，政务院总理周恩来带领由各部委领导组成的代表团访问苏联，就援助中国经济建设问题与苏联进行分项谈判，商定一批苏联援助中国建设的重点工业项目。2月14日，在毛泽东和斯大林的见证下，中苏两国政府在莫斯科克里姆林宫签订了《中苏友好同盟互助条约》，周恩来代表中国政府在条约上签字。条约规定：双方共同努力，采取一切必要措施，防止帝国主义侵略，以巩固远东和世界持久和平与安全；互相尊重主权和领土完整，并进行必要的经济合作。中苏双方议定了中国国民经济发展第一个五年计划中由苏联援建的工程项目，确定了苏联援助中国建设和改造的50个大型工业企业，其中包括建设一座现代化的载货汽车工厂，援助汽车制造厂的设备，并使其生产能力达到苏联斯大林汽车厂的水平。

1949年10月，陈云被任命为中央人民政府重工业部部长，重工业部所属的机械工业筹备组开始考虑汽车工业的筹建。1950年2月，全国机械工业会议讨论建设汽车厂，决定成立汽车工业筹备组。3月27日，中央重工业部成立"汽车工业筹备组"（以下简称

---

[1]《中国一汽志（1987-2011）》（上卷），中国第一汽车集团公司，2013，第17页。
[2]《中国一汽志（1987-2011）》（上卷），第17页。

图2-8 1950年2月14日中苏两国政府在莫斯科签订《中苏友好同盟互助条约》及其他政府间协定

"筹备组"），任命时任重工业部专家办公室主任的郭力为筹备组组长，清华大学汽车系教授孟少农、胡云方为筹备组副组长。筹备组人员从开始的30余人增加到后来的100多人。1949年9月来华的三位苏联专家也加入筹备组，其中的斯莫林是斯大林汽车厂的总设计师。

筹备组调查和研究过去有关汽车和汽车工业的情况，勘察日伪和国民党时期遗留下来的汽车修配厂和零部件制造厂，先后到北京、石家庄、太原、西安、宝鸡、武汉、株洲等地进行选择厂址的初步踏勘工作，为汽车制造厂厂址的选择提出了建议。筹备组调集了一批新中国成立前的老技术人员和少数留学归国人员，征集和培训了新毕业的大专工科学生，着手培养汽车工业所需的技术骨干。为了与苏联专家更好地配合建设新中国第一个汽车制造厂，筹备组组织了俄文培训，由留学苏联的专家任教，这为学习苏联经验做好了充分的准备。

1950年8月2日，重工业部在北京召开第一次汽车工业工作会议，讨论建设中国汽车工业的设想、建设方针与步骤，明确了优先生产载货汽车，按照先进的苏联标准建立中国现代化的汽车工业基地等事项。12月2日，根据中苏两国政府签订的协议，苏联汽车拖拉机工业部委派的工厂设计专家小组总设计师沃洛涅斯基、设计师基诺谢夫带着苏联援助中国建设汽车制造厂的协议来到北京。协议明确苏联汽车拖拉机工业部援助中国建设的目标为年产3万辆吉斯－150型载货汽车的完整汽车厂。中国政府决定聘请苏联专家承担汽车厂的设计工作。两位苏联专家计划在三个月内了解中国汽车工业情况，选定厂址，收集设计资料，拟定任务书，完成厂址初步测量与工程地质勘探工作。

图2-9 中国汽车工业筹备组暑期实习班（1951年夏）

根据苏联专家提出的建设要求和计划，筹备组组织力量、调查勘测和收集工厂设计所需要的全部技术资料，其中包括：当地的气候、地形、地质、水文、交通运输、资源、动力、城市建设、文化教育、医疗卫生、工业及农业基础、生产及基建材料来源等。

为了配合苏联斯大林汽车厂对第一汽车厂的设计工作，在筹备组下成立了专业的工厂设计机构——设计室。设计室由苏联专家比尔文采夫负责指导技术工作。设计室组织翻译了"一汽"初步设计、技术设计的资料，完成了施工期间使用的锅炉房等辅助工程，翻译完成了苏联机械工程百科全书第14册（汽车厂设计部分）。为了培养更多的技术骨干，1950年7月，筹备组在北京成立了汽车实验室。汽车实验室在成立初期就配合"一汽"建设翻译了苏联的汽车技术资料，进行了苏联吉斯及嘎斯等车型的结构分析。

1951年4月3日，重工业部批准了第一汽车制造厂设计计划任务书，转报政务院财经委员会批准。任务书中规定：第一汽车制造厂生产吉斯-150型4吨卡车，生产能力3万辆，要在1953~1957年建成并开始出车。1951年4月，来华的苏联专家小组完成了计划任务书的编写。计划任务书规定了工厂的生产纲领、工作制度、工厂组织机构、配套资料、动力供应及建厂进度，另编写完成了《外协厂供给零部件详表和附表》及《汽车厂设计及技术条件》。

1952年2月8~23日，重工业部召开会议，初步审核了第一汽车制造厂的初步设计方案并报请政务院财经委员会审批。3月25日，政务院财经委员会主任陈云召开党组扩大会议，听取并批准了第一汽车厂初步设计方案及议定书，同意重工业部拟向苏方提出聘请苏联专家及派遣实习生等事项，其中议定书送至苏方，并转送中国驻苏商务参赞处。4月4日，政务院财经委员会通知批准第一汽车制造厂的初步设计方案。政务院财经委员会通知重工业部要迅速决定汽车厂的领导人员，派遣由孟少农、李刚、陈祖涛、潘承烈组成的

图2-10 中国重工业部1951年4月3日批准的中国第一汽车制造厂设计计划任务书和汽车工业筹备组的工作报告

订货代表小组去莫斯科确认技术设计方案,并在中国驻苏联大使馆的领导下办理涉及联络、设备分交、聘请专家、派遣实习生等具体事宜。

(二)苏联负责汽车制造厂的总设计和建厂援建

中苏双方协商决定,苏联汽车拖拉机工业部为总设计单位,该部下属的苏联汽车拖拉机设计院负责中方汽车厂的设计计划任务书、初步设计和技术设计任务,其中热电站由苏联热电站设计院负责设计。

1950年12月2日,苏联汽车拖拉机工业部派遣工厂设计专家小组总设计师沃洛涅斯基、设计师基诺谢夫到达北京,带来了苏方援助建设汽车厂的协议。1951年2月7日,中方派人赴莫斯科和苏方商定设计订货协议。同年11月13日,重工业部与苏联汽车拖拉机工业部签订了第00831号合同(即中苏关于一汽设计合同)。①合同规定,苏方完成"150载重汽车厂之设计工作,汽车之年产量为30000台",负责"初步设计和技术设计的内容范围和审查程序",并限定了完成时间:1951年12月完成初步设计,1952年12月完成技术设计。

合同还规定:"为审核与解释初步设计及技术设计,总设计师将六名以内自己之专家派往中华人民共和国,其在中华人民共和国之期限为三个月。"在合同中还明确了初步设计费用为149500卢布,技术设计费用约300万卢布。

根据1951年2月14日之协定及1951年7月15日之协定,中苏关于设计"一汽"的合同书内容规定:总设计师承担总订货人的委托,完成吉斯-150型载重汽车之设计工作,汽车年产量30000台。②

---

① 《中苏关于设计一汽的合同书(摘要)》,第一汽车制造厂史志编纂室编《第一汽车制造厂厂志(1950~1986)》(第一卷)(下),吉林科学技术出版社,1992,第349~351页。
② 《中苏关于设计一汽的合同书(摘要)》,第一汽车制造厂史志编纂室编《第一汽车制造厂厂志(1950~1986)》(第一卷)(下),第349~351页。

苏联汽车拖拉机设计院总承包了"一汽"的工厂设计,该设计院先后组织数百人投入工厂初步设计,其承担的初步设计和技术设计工作量占全部设计工作的30%。1952年1月23日,苏联汽车拖拉机设计院为第一汽车制造厂进行的初步设计方案已完成,由"一汽"驻苏代表陈祖涛全部带回北京。2月23日,中国政务院财政经济委员会在陈云主持下召开会议,审批通过了初步设计方案,并同意重工业部的意见,技术设计不再送北京审批,而由重工业部派代表去莫斯科,在驻苏大使馆的领导下办理审批手续。初步设计被批准后,苏方的各项工作全面展开。1952年至1953年初,苏联汽车拖拉机设计院完成技术设计,相关资料在1952年至1954年12月陆续运至长春。

1953年,负责汽车制造厂援助建设的莫斯科斯大林汽车厂等苏联26个设计单位参加并完成了汽车厂的工艺施工设计部分。其工作量占全部设计工作的70%。先后有500~700人投入设计工作。斯大林汽车厂组成专门机构组织实施工艺施工设计(该机构命名为"АЗ-1",意为"第一汽车制造厂")。该机构从厂内抽调百余名有经验的专职人员,大多由各车间的技术科长担任"АЗ-1"的项目负责人,总负责人是工厂总工艺师茨维特科夫。1953年4月6日,第一批苏联设计的建筑施工图纸送达第一汽车制造厂。同年5月22日,以"一汽"副厂长孟少农为组长的驻苏联订货代表小组同苏联签订了第11208号合同,确定聘请苏联专家指导建厂工作。1954年开始,该厂为基地进行了繁重的技术物资准备工作,并指定该厂副总工程师波依柯协调全厂支援中国长春第一汽车制造厂的具体工作。

工厂设计完全吸收了苏联汽车工业的最新技术成果,各生产车间均采用了先进的工艺、技术和先进的设备。按照中苏设备分交协议,全厂5500台成套设备中的80%需要苏联提供。这些设备中有少量是苏联不生产的,为了保障建厂进度,由苏联转口,如东德的pels压床、捷克VR-2攻丝机等。1953年6月23日,苏联政府批准将由苏方供应长春汽车制造厂生产汽车所需的全部工、夹、辅具的图纸及承担其中复杂工具的制造，一些高精尖关键设备由苏联有关机床厂承担设计和试制。为此，斯大林汽车厂不仅成立了专门的设计班子，还改装了一个36米跨度的制造车间。设备供应周期为5年。为了保证设备的加工精度和投入生产后的可靠性，斯大林汽车厂在工具分厂组织了一个机床验证工段，以便对本厂设计制造的工艺装备进行最后调试，只有验证合格后才允许发往中国长春。承担"一汽"设计制造任务的苏联厂家有200个，几乎包括了苏联所有知名的机械制造厂。

建厂的勘测、设计、设备和材料供应、施工、生产等都是在苏联政府和苏联专家的帮助下进行的。苏联方面除了负责工厂的总设计之外，还负责"一汽"生活区的规划设计。1952年，苏联建筑工程部城市建筑设计院受中方委托，承担了一汽宿舍区的初步规划设计。1953年4月，《长春市西南区规划图说明书》到厂。按照苏方的规划，上海华东设计院承担了宿舍的设计工作。

图2-11 在设计长春汽车厂生产技术工程的同时，苏联和中国的工程师们也制定了汽车厂生活区的建设规划。图为建设中的长春汽车厂员工住宅

（三）中苏双方经过实地勘察，确定在长春建设汽车制造厂

1952年8月，中共中央决定在长春成立"重工业部汽车工业筹备组六五二厂（汽车制造厂代号）"。同年12月28日，中央任命饶斌为厂长，郭力、孟少农为副厂长，顾循为党委书记，开始进行大规模建厂施工的准备工作。

中共中央对第一个汽车制造厂的厂址选择十分重视，重工业部先后派工作组赴石家庄、太原、西安、宝鸡、湘潭、株洲等地区，进行了大量的选址工作。关于第一汽车制造厂的最终选址，争论很多，有的说设在北京，有的说设在石家庄，有的说设在太原。当年苏联专家曾表示，中国的第一个汽车制造厂应像苏联的斯大林汽车制造厂一样选址在首都或首都附近。不过，苏联专家也指出，建一个大型现代化的汽车制造厂首先需要考虑电力供应、钢材供应、铁路运输、地质和水源等基础条件。陈云曾提出在西安建厂，后来发现"这根本不对头"，[①] 年产3万辆的汽车厂全年需要电力2.4万千瓦时，西安只有9000千瓦时，而新建一个电站需要几年的时间。汽车厂一年需要二十几万吨钢铁，而北京石景山钢铁厂需要5年或6年以后才可以实现汽车厂需要的产量。木材需要2万立方米，在西北砍木头，山都得砍光了。还有运输问题，每年的运输量是100万吨，而从西安到渲关铁路的运输量不超过200万吨。1950年12月28日，政务院财委计划局在北京召开会议，听取重工业部工作组的汇报，认为在北京、沈阳、武汉、包头等四地区选择厂址较为合适。[②]

1950年3月初，访问苏联回来的毛泽东同志在周恩来同志陪同下视察辽宁。3月3日，毛泽东同志在沈阳召开东北高级干部会议，

[①] 陈云：《一九五一年财经工作要点》，中共中央文献研究室编《建国以来重要文献选编》第2册，中央文献出版社，1992，第197页。

[②] 郑明武编写《国策宏图》，第7页。

就我国工业化和经济建设发表了具有重大和深远意义的讲话,把建设东北工业基地的重大任务提到全党面前。毛泽东分析了我国工业的现状后指出,在全国范围内开始经济建设过程中,东北条件比全国好,把敌人赶走了,改革完成了,已经转入经济建设阶段。东北是全国的工业基地,希望搞好东北工业基地,给全国出机器,给全国出专家。

经过多方讨论、综合考虑,中苏专家一致认为汽车制造厂应该设在东北。1951年1月3日,周恩来总理指示:"可将嘎斯装配厂设于北京,吉斯制造厂设于东北长春附近。"[①]1月18日,政务院财经委员会主任陈云在北京召开会议,听取重工业部刘鼎和汽车筹备组孟少农关于建设汽车厂的汇报。会议决定在吉林省四平至长春一线选址,同意苏方建议的建设目标。1月26日,政务院财委财经密计建字37号文件指示,"第一汽车制造厂厂址决定在四平和长春之间选择"。会议后,重工业部派胡亮等三人到长春、四平一带预选厂址,对四平、公主岭、长春三地的人口、城市规模、供电能力、交通条件及地理环境等方面进行了调查分析。2月10日,筹备组副主任孟少农陪同苏联专家、苏联汽车拖拉机设计院主任设计师沃洛涅斯基到长春考察选址,重点考察了孟家屯铁路东西两侧。根据有关条件,将铁路以西作为第一个选择对象。2月15日,孟少农陪同苏联专家沃洛涅斯基再次前往长春。经实地踏勘,他们认为长春市孟家屯车站铁路以西一带具备建厂条件,可选定为厂址。

1951年3月,政务院财经委员会批准选址方案后,按照苏联专家的要求,长春建设局在当月就完成了厂区2万平方公里的测量绘图。中国科学院地质勘查队根据苏联专家所定的勘查范围、项目及钻探试验位置,分期展开了勘测工作。东北工业部土建设计工程公司地质队完成了厂址的工程地质探测和气象水文资料收集。东北科

---

① 第一汽车制造厂史志编纂室编《第一汽车制造厂厂志(1950~1986)》(第一卷)(上),吉林科学技术出版社,1991,第21页。

学研究所配合分析土样。清华大学土木工程系学生测量队于7月中旬完成了约1.5平方公里的测量。全部现场勘测资料翻译成俄文后送苏联汽车拖拉机设计院作为工厂设计的依据。

（四）长春第一汽车制造厂列入"一五"计划，中苏双方共同确定三年建成汽车制造厂

党中央和毛泽东同志制订了自1953年开始实施的国民经济发展第一个五年计划。1952年12月，中央发出《关于编制1953年计划及长期计划纲要的指示》，1953年1月，通过《人民日报》社论宣告：我国开始执行国家建设的第一个五年计划。"一五"工业建设的中心任务是在苏联政府帮助下兴建156项重点项目。

中国第一个汽车制造厂作为"一五"期间重大项目和第一批苏联援建项目，受到中国和苏联最高领导人的高度重视。1952年，我国许多重要工业产品的人均产量远远落后于发达国家，重工业在工业总产值中的比重只有35.5%。为了尽快改变我国工业尤其是重工业极端落后的状况，党中央和毛泽东主席高度重视中国第一个汽车制造厂的建设。

1952年10月，孟少农在莫斯科与苏联汽车拖拉机工业部对外联络司司长古谢夫进行会谈，协商一个共同的建厂进度。古谢夫表示，苏联最高领导人十分重视援建中国汽车厂之事，重大问题都亲自过问。苏联的工作是按照三年完成进度安排的，希望中方的时间安排能与苏方保持一致，集中力量建设汽车制造厂。

第一汽车制造厂建设初期，苏联专家在汽车厂的初步设计阶段，并没有提出具体的建设进度。中方重工业部的意见为四年建成：1953年1月至1956年12月进行厂房建设和设备安装；1956年7月至1957年3月进行试车及试运转，而后投入正式生产。1953年1月，孟少农从莫斯科回到北京，向第一机械工业部汽车局汇报了苏方对汽车厂建设的重大修改意见：把生产能力不足3万辆的计划补齐至

3万辆，并预留发展一倍的条件，增加投资7000万元；建厂时间由四年提前到三年，苏联汽车拖拉机设计院已审查通过了三年建厂进度表。1953年5月，第一机械工业部党组报告中共中央和毛泽东主席，详细说明苏方的建议和第一汽车制造厂筹备情况："按我部现有力量，四年完成犹有困难，三年完成更无把握，但不按苏方三年进度进行，亦有若干需要考虑之处。"① 这里的"需要考虑之处"是指进口设备积压和专家延聘等一系列问题。报告最后说："我们如能够提前半年或一年完成此项工程，可以培养力量，取得经验，以便迎接1955年、1956年开设的大量基本建设工程。"报告很快提到政治局会议上讨论，会上，毛泽东、刘少奇、周恩来、朱德、邓小平等同志都发言，一致支持三年建成汽车厂并出车。

　　1953年6月9日，毛泽东主席亲自签发了《中共中央关于力争三年建设长春汽车厂的指示》，指出："兴建第一汽车制造厂，这对我国国防建设、经济建设、积累建设经验，培养壮大建设力量并为接踵而来的其他重要建设工程创造有利条件，均有重要意义。"该指示完全赞成第一机械工业部党组关于三年建成长春汽车厂的建议，并指出，"我们技术落后和没有经验，要在三年内建成这样一个大规模的工程……有很大的困难。因此，中央认为有必要通报全国，责成各有关部门对长春汽车厂的建设予以最大的支持……目前需要的技术干部和行政管理干部，中央组织部应迅速尽量予以调配；将来该厂需要国内制造的设备，各企业部门应尽量予以优先制造，并切实保证质量"。② 为了确保建厂的速度和质量，中央还要求第一机械工业部每月汇报长春汽车厂的建厂情况，对于重大问题随时报告中央。

---

① 中国汽车工业史编审委员会：《中国汽车工业史》，人民交通出版社，1996，第32页。
② 《中共中央关于力争三年建设长春汽车厂的指示》，第一汽车制造厂史志编纂室编《第一汽车制造厂厂志（1950~1986）》（第一卷）（下），第347页。

图 2-12　汽车厂的第一批建设者肩挑手扛完成繁重的工作

1953年6月17日，援建"一汽"的苏联专家组组长波·伊·希格乔夫抵达北京，中苏双方对三年建厂的进度计划进行了认真细致的讨论和研究，做出了必要的补充和修改，商定了一个共同的建厂计划进度表。同年6月23日，苏联政府批准将由苏方供应长春汽车厂生产汽车所需之工、杂、辅具图纸及其中较复杂的制造。7月11日，孟少农从莫斯科带回全厂施工总进度表。

（五）长春第一汽车制造厂建设完工并移交投产

1953年6月13日，苏联专家组组长希格乔夫到厂。6月下旬，周恩来向毛泽东汇报了汽车厂动工兴建的准备工作，毛泽东听取汇报后非常高兴，应第一机械工业部的请求，毛泽东在一张八开的宣纸上挥笔题词："第一汽车制造厂奠基纪念"。1953年7月，辅助工厂破土动工。7月15日，第一汽车制造厂隆重举行了破土动工奠基典礼，李岚清（后任中共中央政治局常委、国务院副总理）等6名青年共产党员将刻有毛泽东主席亲笔题写的"第一汽车制造厂奠基纪念"的汉白玉基石放置在厂区中心广场，自

图 2-13 长春汽车厂建设工地。汽车厂的建设工程规模宏大，原计划将在四年内建成投产，后来中央决定在三年内建成长春汽车厂。在中苏两国建设者的共同努力下，胜利完成了三年建成汽车厂的任务

此，第一汽车制造厂正式动工兴建。苏联驻华商务代表团代表苏洛维耶夫和驻"一汽"苏联总专家希格乔夫也参加了典礼。第一汽车制造厂第一任厂长饶斌在奠基典礼上传达了中央领导对"一汽"建设的关怀，感谢对"一汽"建厂的援助，强调了建设中国第一汽车制造厂的重大意义。苏洛维耶夫和希格乔夫也发表了热情洋溢的讲话。为庆祝"一汽"奠基建厂，苏联斯大林汽车厂向长春第一汽车制造厂赠送了锦旗。

奠基典礼大会后，按照苏联当时已经提供的五个厂房的技术资料，木车间、辅助车间、有色修铸车间、锻车间、底盘车间等先后投入土建施工，并在10月以提前17.67%的速度完成了全年基础建设计划。1953年10月，包括9个厂房及毛坯拨料车间设备的全厂设备分交单和热电站设备分交协议分别在莫斯科签署。同年12月5日，厂长饶斌赴莫斯科，同斯大林汽车厂商谈开工生产进度。16日，热电站举行奠基典礼，主体厂房的土建投入施工。

"一汽"建设规模宏大，建设工程图纸共106套，其中，工厂区

图 2-14 毛泽东主席亲笔题写的第一汽车制造厂奠基纪念题词（左图）。1953年7月15日，由毛泽东主席亲自题写和签名的"第一汽车制造厂奠基纪念"白玉基石，被6位优秀青年共产党员抬放在厂区中心广场基座上，图片左手边第二位，就是曾任国务院副总理的李岚清（右图）

工程共55套。据《交工动用准备情况》统计，三年中，共完成建筑面积709.2万平方米，其中厂区占地150公顷的面积中，建筑面积38.2万平方米，宿舍3.2万平方米，安装设备7552台（套）；完成各种管道8.6万米，电缆4.7万米，铁路专用线27.9公里；建成由13个基本车间、8个辅助车间、5个动力站、9个服务车间和仓库等40个工程项目组成的厂区，以及由15栋宿舍组成的生活区；完成总投资6.087亿元（含代工程公司垫购款1.389亿元）。工程包括十大车间——铸车间、锻车间、压制车身车间、摩托车间、底盘车间、木车间、辅助车间、有色修铸车间、模型车间、整径车间，能源工程——热电站、煤气站、氧气站、空气压缩站、乙炔站、硫酸站、供水建筑、国家储备仓库、总仓库等。

"一五"期间，第一汽车制造厂基本完成了基本建设投资6.2亿元，基本建设竣工面积75万平方米，工业建筑41.1万平方米，宿舍39.9万平方米，安装了2万台机器设备，铺设了30多公里的铁路和8万多米长的管道，制造了上万套工艺设备。

1956年10月，经过三年大规模的建设，第一汽车厂建成并通过了国家验收。验收结论是：整个工程质量好，经过长期生产准备及临时动用考验，"一汽"建设工程已符合生产要求，可以正式开工生产汽车。10月15日，在长春第一汽车厂一号门前举行了第一汽车制造厂开工典礼，苏联政府派代表团出席了开工典礼，代表团团长亚西里万诺夫在大会上祝词。大会将序号为【000002】的解放牌汽车赠送给苏联人民，同时一机部给苏联经济联络局、汽车工业部、汽车工业设计院、利哈乔夫汽车厂赠送了锦旗。

1953年，苏联斯大林汽车厂在提供设备时提出，希望中方给即将生产的4吨载重汽车命名，以便在设计图纸和车头上标名。重工业部派驻苏联"一汽"项目总订货人代表孟少农将苏方要求转告国内。经过一机部、"一汽"的多次研究和举办征集活动，段君毅向毛泽东汇报了关于新车命名事宜，毛泽东亲自命名为"解放"。毛泽东为《解放日报》题字的"解放"二字的手写体由斯大林汽车厂放大后，刻写到汽车车头第一套模子上。

1956年"一汽"建成并投产。1956年7月13日，在长春"一汽"崭新的总装线上，装配出了第一辆解放牌汽车，国产第一辆解放牌4吨载重汽车胜利下线。"解放"卡车的下线，标志着中国至此结束了自己不能制造汽车的历史，标志着中国汽车工业进入了历史新时期。帮助建厂的苏联总专家希格乔夫和总工艺专家卡切科夫在厂长的陪同下，揭开了车头上的发动机罩，仔细地检查了发动机和各个部件。总专家希格乔夫向记者说，这种新型汽车的优良性能，首先是由它的发动机的性能决定的。经过检验和运转，它的质量良好，各种零件、合件和总成也都经过了严格的检查。因此现在试制出来的汽车是符合设计要求的。7月14日，"一汽"比原计划提前生产出第一批12辆解放牌4吨载重汽车。

在"一汽"投产的第一年（1956年），全员劳动生产率0.25辆，工业总产值4756.8万元，汽车产量1654辆。1958年6月13日，毛泽东视察"一汽"，当天组装"解放"车59辆，第一次突破了建厂的设计生产能力，并达到了开工生产以来产量、质量的最高水平。

"一汽"第一阶段生产的解放牌汽车的型号是CA10型。"一汽"副厂长孟少农说:"当初苏联方面要定汽车厂的名字,有人建议叫中国第一汽车制造厂、长春汽车厂等等,后来请示了黄敬,他说还是叫第一汽车制造厂吧!工厂代号苏联定的是A-1,我们认为应该有一个我们自己定的简单的代号,于是就提出来CA,A是第一的意思,C是中国的意思,也有长春的意思。"CA10型是以莫斯科斯大林汽车厂出产的吉斯-150型载重汽车为蓝本制造的。空车重3900公斤,装有90匹马力、四行程六缸发动机,最大速度为每小时65公里,载重量为4吨,最大功率为71千瓦。这种汽车比较适合于我国的道路和桥梁的负荷条件,如果在平坦的道路上行驶,它还能牵引一至两个拖车,增加载重量一倍左右。这种汽车的结构坚固耐用,并且便于维护和保养。

　　1956年12月31日,"一汽"提前超额完成了全年计划,总产值完成了141.2%,商品产值完成了184.2%。解放牌汽车生产1654辆,为年计划的202.2%。

(六)苏联斯大林汽车厂为中国"一汽"编制企业管理全书——《生产组织设计》

　　1952年,在完成技术设计后,孟少农同志与负责"一汽"初步设计和技术设计的苏联汽车拖拉机设计院多次交谈,谈到汽车厂建厂后的管理问题,苏联设计院院长提出需要有一套管理工厂的完整文件,并对这套文件的主要内容提出建议。但是,关于汽车厂建厂后的管理问题在中苏协议和后续谈判中都没有涉及。所以中方决定委托苏方编制《生产组织设计》。斯大林汽车厂用了一年多的时间完成了编写任务。《生产组织设计》分两部分、26篇、62卷,共62本,译成中文160多万字。主要内容包括组织机构、工作章程、职责范围、岗位说明与定员编制以及各个职能系统组织和工作方法,也包括规章制度、工作程序与原始报表。1954年12月,完整的《生产组织设计》陆续送达长春第一汽车制造厂。

《生产组织设计》可以称为汽车企业管理的百科全书，由斯大林汽车制造厂有关职能部门挑选业务精湛的专家，利用业余时间根据斯大林汽车厂现行的管理工作方法编写而成。斯大林汽车厂的企业管理水平在当时的苏联是非常高的。《生产组织设计》汇集了他们在组织汽车生产和管理企业方面丰富的实践经验，在当时是科学的、先进的，并具有非常强的可操作性。1955年，"一汽"开展了为期8个月的全厂学习贯彻《生产组织设计》活动，并把这项工作列为1956年7月15日开工生产前的一项重要工作。在"边学边做""边做边学"方针的指导下，先后组建了13个基本车间、17个辅助车间、27个职能处室，规定了职责范围、责任、权力和各部门之间的相互关系，制定了主要的规章制度。

苏联为长春第一汽车制造厂编写的《生产组织设计》中规定的生产组织体系和管理办法，是基于美国泰罗制和大量生产方式的原理，强调的是专业分工和部门之间的互相制约，培养熟练的工序工，组织高效率、低成本的均衡生产。在"一汽"开工以后、中国计划经济体制改变之前，《生产组织设计》中规定的生产组织和工作方法一直在"一汽"的建设和管理中发挥着重要作用。

（七）苏联为中国汽车工业培养了大批人才和技术骨干

"一汽"是中国汽车工业的摇篮，也是中国汽车工业优秀人才队伍培养的摇篮。中国汽车工业人才大规模的培养是从"一汽"向苏联派遣实习生开始的。现代化的工厂需要专业人员来管理，先进的设备需要成熟的技术工人来操控。为了帮助中国同行最大限度地发挥工厂的潜能，苏联方面建议中方早派、多派人员到"吉尔"汽车厂实习。

1953年9月15日，中苏双方在莫斯科签订了112176号合同，确定"一汽"将在1953~1955年派出250名实习生赴苏学习。后来根据"一汽"的要求计划人数增加到630人,但是在派遣最后一批实习生时,准备担任实习生导师的设备调整专家已经来到长春"一汽",原计划派遣的设备调整工实习生不再派遣,最后实际派遣实习生总人数为518人。在派遣第一批实习生前,已派遣8名设计人员先期走进了"吉尔"汽车厂的大门,参加工厂的设计工作,1953年4月转到实习生产厂实习。从厂长、车间主任、工部主任(工长)到调整工一线工人,从前方生产、辅助生产到后勤管理,从产品设计、工艺制造、计划管理到财务管理、质量管理,几乎所有的关键岗位都派了实习生,并得到了苏联同行毫不保留的指导。在实习过程中,苏联导师按实习生的不同要求传授技术业务知识和操作方法,讲课的时间一般为:工人300小时,管理干部400小时,技术人员500小时。其余时间在生产现场或在实习的科室与苏联同行一起工作和生活。苏联方面要求实习生不仅要掌握专业的技术业务知识,而且要尽可能地参加操作,提高动手、实践能力。

  实习生经过苏联导师的指导和自己的努力,学会了组织生产和管理工厂的本领,成为我国第一批汽车工业的骨干和专家。在苏联的时候是学生,回国后就变成了老师,他们把在苏联学习到的理论知识和实践能力像苏联导师一样,毫无保留地传授给未能出国学习的建设者们,为中国汽车工业培养了大批各个门类的专业人才。曾任中国国务院副总理的李岚清就是"一汽"的第一代创业者,曾经被派往苏联实习。1956年,李岚清被派往苏联汽车厂实习经济计划工作,实习期间兼任实习队党总支书记、队长。1957年回国后,协同苏联专家给中层领导干部讲课,深入基层单位咨询答疑,向厂领导提出专家建议,为"一汽"的厂内经济计划和经济核算工作奠定了基础。苏联专家回国后,他又把苏联专家的讲课内容,整理编辑成《汽车工业企业厂内计划工作》一书出版,利用业余时间翻译出版了苏联《流水生产组织下企业工作的计算和分析》《机械制造业的产品成本问题》等书,为中国汽车工业发展做出了突出贡献。

为确保按照中央指示完成三年建成汽车厂的任务，在"一汽"派出实习生赴苏实习的同时，苏联也从1953年6月至1957年底，向"一汽"派出了188名从"土建"到"汽车生产"各个环节全套的优秀专门人才，帮助"一汽"建厂、投产，在全厂的各个关键部门、各个时间段、各个工作地点，都有苏联专家认真指导的身影。

1953年6月6日，苏联土建施工专家波·伊·希格乔夫作为专家组组长来到长春，指导汽车厂的土建施工工程。希格乔夫是苏联派驻"一汽"的第一任专家组组长，被人们称为"总专家"。在"一汽"期间，他参加了"一汽"的奠基典礼，和中国的建设者们一起为"一汽"破土动工。希格乔夫经常身体力行地深入施工一线，检查专家们的工作，现场指导施工，保证了基础工程的顺利实施。土建时期正逢多雨季节，地下水位升高，严重影响施工，但希格乔夫冒雨在现场指导工作，提出挖深坑积水、布置排水，保证了基础工程的顺利施工；在设备安装过程中，他及时指导制定设备安装进度表，督促各车间按进度表进行安装，及时发现问题、解决问题，确保了设备安装工作的计划得以顺利完成。在完成土建施工任务和设备安装调试后，希格乔夫于1956年12月回国。

基列夫是20世纪50年代苏联援建我国长春第一汽车制造厂时派到"一汽"工作的一名苏联援华专家，是斯大林汽车厂的动力专家。动力系统建设是整个工厂其他项目的基础和保障，必须先行开工。斯大林汽车厂领导征求基列夫的意见："中国目前正需要像您这样经验丰富的专家，我们想推荐您去中国支援汽车工业建设。"因此，基列夫被定为首批支援"一汽"建设的四名苏联专家之一。

1954年1月，基列夫等四名首批援建"一汽"的苏联专家乘坐火车抵达长春。此时的东北正值隆冬，"一汽"所在地——长春市郊西北侧的孟家屯还只是一片起伏不平的荒野。面对这样恶劣的自然

图 2-15 中苏专家和工程师级厂领导在长春第一汽车制造厂建设工地上的合影（图片来自刘人伟《永恒的记忆》）

环境和异常简陋的工作条件，基列夫仍坚持满腔热情、斗志昂扬地投入"一汽"的建设中。

在先后来到"一汽"的180多名苏联专家里，基列夫来得最早，走得最晚。苏联专家的援华工作时间少则3个月，多则一年。基列夫的聘用合同期原定为一年，但他被延聘了3次，在华工作了1240天，援华工作时间是一些专家的10倍。从"一汽"建厂到全面投产运行，他作为动力专家组组长，见证了全厂动力系统工程建设的每一步发展。

1953年"一汽"建设工程启动后，首先碰到的是雨季施工的问题。8月正值长春的雨季，为保证工程进度，先期到达的苏联土建专家顶风冒雨在建设工地组织指挥，帮助建立了一条条排水系统，使厂房工程最重要的部分——基础工程得以保质完成。

苏联专家们以无私忘我的精神、高尚的品格影响了一代汽车人。他们不远万里来到中国，将精湛的技艺、宝贵的经验毫无保留地传授给中国的建设者们，与中国同事们一起克服生活、工作中的各种困难，闯过一道道难关，解开一道道难题。1956年10月17日，在长春第一汽车制造厂隆重举行了感谢苏联专家的隆重大会，一机部部长黄敬代表周恩来总理向苏联专家希格乔夫、库兹涅佐夫、卡切科夫、费斯塔、高斯捷夫颁发了国务院感谢状，一机部向希格乔夫等37名专家颁发了奖状，"一汽"厂长饶斌代表"一汽"为全体专家颁发了开工纪念奖章和感谢信，并向苏联专家组赠送了锦旗。据1956年7月14日的《工人日报》报道，三年来苏联专家共为"一汽"建设提出18503条建议，对"一汽"的建设和出车做出了重要贡献。

苏联援建中国建设"一汽"的过程是极其复杂的。中国汽车工业的奠基人之一陈祖涛曾在接受媒体采访时说："苏联对一汽项目的援助是无私的。他们把设计工作全部包了下来。工程由当时莫斯科的斯大林汽车制造厂负总责。为了这个项目，苏联三次召开部长会议作专题研究，又把自己最好的设备都提供给一汽，几乎全苏联所有的200家著名工厂都承担了为一汽制造设备的任务。其中有一些设备是苏联自己仅有的，例如大型的压床，苏联也仅有两台，便把其中的一台送给了中国。有些设备甚至苏联也没有，他们就用金子

图 2-16　1956年10月15日，在长春汽车厂正式移交生产开工典礼上，饶斌厂长为苏联专家佩戴奖章

向西方购买。有些设备甚至比苏联自己的都先进。"1951年12月，汽车厂初步设计完成后，苏方设计院通知陈祖涛，要把厚厚的几十本设计图交给他。"这么多的设计图交给我时，无任何手续，连个收条都没有。我们对苏联也是完全信任，所以基本上没有什么争论就通过了。"[1] 时任国务院副总理的薄一波在回忆录中写道："每当回顾156项目工程的建设，总是想到不要忘记苏联人民，不要忘记那些来华帮助过我们的苏联专家。"[2]

图2-17 1956年，第一批国产解放牌汽车在北京天安门广场上展出。解放牌汽车引起了中国人民的极大兴趣，激发了无限的民族自豪感

"一汽"的建成，结束了中国不能造汽车的历史，开创了中国的汽车工业。"一汽"的建成，凝聚了全国人民的劳动汗水和心血，全国28个省市、上千个企业和机关、100多个厂矿全力支持了"一汽"的建设。"一汽"的建成，谱写和见证了中苏友谊的华丽篇章，从总设计到实地建设、从技术指导到技术培训、从管理经验的传授到《生

---

[1] 《陈祖涛回忆：苏联对一汽的援助是无私的》，http:// guba.eastmoney.com/news, 000927, 14882161.html。

[2] 刘人伟：《永恒的记忆》，世界知识出版社，2010，第101页。

产组织设计》的撰写，苏联专家所提供的全面无私的援助使"一汽"从开工投产到企业管理等各个方面都快速进入了正常运行的轨道。"一汽"的建成，充分体现了苏联人民对中国人民的友谊和援助，是中苏两国人民伟大友谊的结晶和见证。

（八）60多年的发展历程：从第一汽车制造厂到第一汽车集团公司

长春第一汽车制造厂被誉为汽车行业中的"共和国长子"。从创建之初到现在的60多年里，第一汽车制造厂（现在的中国第一汽车集团公司）走过了漫长与复杂的建设与发展之路。从生产单一的中型卡车，发展成为中、重、轻、微、轿、客多品种、宽系列、全方位的产品系列格局，先后经历了工厂创建（1950~1956年）、成长发展（1957~1978年）、换型改造（1979~1988年）、结构调整（1988~2001年）和建设"三化"（2001年至今）等五个历史时期。[①]

在成长发展阶段，"一汽"成功制造出了国产轿车和越野车。1957年，一机部部长黄敬向长春第一汽车制造厂提出了三条要求：一是"解放"要换型；二是要设计生产越野车；三是要设计生产轿车。1958年5月，自行设计的第一辆国产小轿车试制成功，取名"东风"。8月试制成功第一辆"红旗"牌高级轿车，9月国产第一辆"解放"牌CA30型（仿制苏联的吉尔-157型，载重量最大可达5吨）三轴驱动军用越野汽车下线。1965年，第一汽车制造厂生产能力突破年产3万辆设计产量。1971年达到年产6万辆，生产能力翻了一番。

1964年9月，原国家经委批复了一机部《关于试办中国汽车工业公司（托拉斯）的实施方案》。同年10月，中国汽车工业公司成立，

[①] 全国政协文史和学习委员会编《一汽创建发展历程》，中国文史出版社，2007，第3页。

该公司接收了38家地方汽车企业和37家中央直属汽车企业，共计75家。中国汽车工业公司下设长春、北京、重庆、南京等四个汽车分公司，一个轴承制造专业公司，济南和武汉3个汽车制造总厂。1964年11月，第一汽车制造厂改名为长春汽车分公司，先后将东北三省的13个企业收归至长春汽车分公司管理。

1969年3月，在"文化大革命"的冲击下，第一汽车制造厂革委会撤销了原长春汽车分公司所属的党政机构，长春汽车分公司不复存在。1965~1970年，"一汽"排除重重困难，试制成功"红旗"保险车、60吨矿用自卸车等一批新产品。在此期间，"一汽"还为全国汽车工业和机械工业的发展培养输送了一大批干部和技术骨干。1969年，"一汽"承担了包建第二汽车制造厂（今武汉东风汽车公司）的任务，有4200多名"一汽"职工，其中包括1500多名经验丰富的技术人员参与了第二汽车制造厂的建设。"一汽"还为朝鲜、罗马尼亚、阿尔巴尼亚等国家的援外项目培训了实习生。

1976年粉碎"四人帮"之后，全国的工作重心逐渐转移到经济建设上来。1977年、1978年两年，"一汽"进行了平反冤假错案、落实党的政策、恢复性整顿、重建大庆式企业等工作，使各项经济指标又恢复到"文革"前的最好水平。在汽车品种上从一种车型增加到三种车型。

从1979年到1988年末，是"一汽"的"解放"汽车换型改造的时期，又称"第二次创业"时期。当时的党和国家领导人邓小平提出了"对内搞活、对外开放""工业企业要全面整顿"的号召。"一汽"面临"解放车型陈旧、三十年一贯制"行业发展和社会舆论的双重压力，开始了技术改造和产品换型改革。1978年5月，"一汽"派出技术、管理干部赴日本三菱、五十铃、日野、日产和丰田等五大公司考察实习。

从1980年底到1983年7月，"一汽"完成了"解放"第二代新型载货汽车CA141的设计、试制、试验和定型。从1983年7月开始生产准备，又用了三年时间，到1987年1月1日胜利转产，转产当年就实现了质量、产量双达标，通过了国家的工程验收。在这个时期，还开展了学习日本先进技术和管理方式、建设性企业整顿等活动，为换型改造打下了坚实的基础。

在换型改造中，"一汽"充分利用国家给予的优惠政策，自筹换型改造资金，完成了相当于建设一个新厂的工程量。

在换型改造的同时，1984年与1987年，在企业改革与发展方面，先后两次得到中央领导同志的支持，延长了利润递增包干期限，扩大了产品自销权、外贸经营权和规划自主权；抓住了上轻型车、上中重型卡车以及上轿车的机遇，也为扩建、新建做了大量的前期工作。

在这个时期，成立了"解放"汽车工业联营公司。汽车研究所、第九设计院的加盟，使"一汽"的技术能力得到加强；吉、长四厂紧密联营的模式，也为"一汽"加快建设轻型车和轿车的生产基地创造了有利条件。

从1988年末到2001年末，是"一汽"的结构调整时期，又被称为以发展轿车、轻型车为主要标志的"第三次创业"时期。1987

图2-18　长春第一汽车制造厂博物馆的展品——中国制造的第一辆国产轿车"东风"牌轿车。左侧为中国国家主席毛泽东的铸像以及其他国家领导人的浮雕像

年国家将发展轿车提上日程,同年8月,中央北戴河会议正式将"一汽"列为中国三大轿车生产基地之一。

"一汽"在结构调整阶段制定了"从中级、中高级轿车起步,利用技术引进的方式,轻轿结合,一次规划、分期实施,先建年产3万辆轿车先导工程,再建设年产15万辆、30万辆的生产基地,先挡住进口,进而打入国际市场"的发展轿车的基本方针。1988年5月,与德国大众奥迪轿车正式签订了技术转让、购买二手模具、KD组装轿车等三个合同,"一汽"轿车建设工程全面开始。1989年8月,第一批奥迪汽车下线。1990年11月,"一汽"与德国大众公司签订合资建设15万辆轿车项目。1991年12月,第一辆捷达A2在一汽-大众轿车厂组装下线。

在结构调整时期,"一汽"组建了一汽轿车股份公司和一汽四环股份有限公司。通过兼并、重组、改造轻型车生产企业,产品结构调整取得重大突破,轿车和轻型车产销量的比重已经接近50%,重型车已经超过了中型车的产销量。

在这个时期,"一汽"开展了持续多年的质量总体战、整顿内部经济秩序、推行精益生产方式、集中采购、强化营销管理等活动。同时通过"801""901"人才工程,培养了一大批优秀的年轻干部,为"一汽"赢得未来奠定了领导人才基础。通过不断深化企业改革,基本实现了由传统的工厂向集团公司体制的转变,以及由单一的国有资产向多元化资产结构的转变。1992年7月15日,经国家有关部门批准,正式组建了中国第一汽车集团公司。

中国第一汽车集团公司积极在国外建立整车组装厂,设立分公司和办事处,1996年12月30日,一汽集团整体通过了ISO9001认证,产品出口到70多个国家和地区,初步实现了从单一的国内市场向国内、国外两个市场的转变。

这个时期是"一汽"生产大发展的时期,2001年与1988年相比,产量增长5.1倍,销售收入增长22.8倍,职工收入也有很大提

图2-19 长春第一汽车制造厂的造型艺术展品（上图），纪念中国制造的第一台卡车"解放"。第一代"解放"卡车的"后继者们"——中国第一汽车集团公司生产的现代化新型卡车（下图）

高。在全国500家最大企业的排名中，"一汽"始终处于前10位。

2001年至今，是"一汽"实现"规模百万化、管理数字化、经营国际化"快速发展的阶段。2000年，"红旗"轿车换代产品"世纪星"下线并投入市场销售。2001年7月，"解放"卡车第300万辆下线，标志着"一汽"成为世界级卡车生产大厂。2001年12月，"一汽"召开第十一次党代会，宣布"一汽"第三次创业的历史使命已经完成。2002年，"一汽"提出了适应入世要求"建设新一汽"的构想，确立了要在五年或更长的一段时间，实现"规模百万化、管理数字

图 2-20　2012 年长春汽车厂的一条生产线上正进行汽车装配工作

化、经营国际化"的"三化"目标。从此,"一汽"进入了建设"三化"新的发展时期。

2002 年上半年,"一汽"中重型卡车销量 11.2 万辆,分别超越了世界卡车巨头"奔驰"和"沃尔沃"两大公司的同期销量,跃居世界第一位。2002 年"一汽"年产汽车突破 50 万辆,产销量超过 58 万辆。2004 年"一汽"产量突破百万辆。2002 年以来,还实现了与"丰田""马自达"等公司的合作,补充和完善了乘用车产品线,这标志着一个面向国际的新"一汽"正逐步展露在世人面前。

进入 21 世纪以来,"一汽"在加快信息化建设过程中已经做了许多有益的探索:基础网络建设取得初步成效;CAD、CAM、CAE 等技术已经在产品、工装设计中广泛应用;PDM 系统的推广和应用,已经在研发部门和生产准备部门实现 CAD、CAPP 数据集成;引进和自主开发的 ERP 系统,已经在集团公司和基础较好的子公司运作。

经过多年努力,"一汽"已经拥有 49 个中外合资企业。2015 年的数据显示,"一汽"集团连续 11 次进入世界 500 强,全年实现整车销售 284 万辆,实现营业总收入 3951 亿元,利润总额 450.3 亿元。

企业结构实现由单一工厂体制向公司化体制、股份制的根本转变。经过四次转变,"一汽"从单一生产载重车的工厂,发展成为国内最大的汽车企业。2015年,"中国一汽"品牌价值达到1362.79亿元,居中国汽车行业品牌价值榜首位。

图2-21 今天的长春第一汽车制造厂生产各式各样的现代化轿车

文献摘选

关于建立汽车厂的通知[①]

中央人民政府重工业部重计字第 156 号 1950 年 7 月 1 日

奉财委财经计（重）字第 2709 号指示（该附件已于重办字 264 号通知附去）有关机器会议总结及决议各项问题之决定中，其建立汽车制造厂事已蒙批准。兹将指定由筹备组作基础，迅速建立汽车制造厂建设处，即行开始筹备设计计划及预算编制工作。在计划未经财委批准前，可先提出须预拨设计经费数字，呈部批拨，并希于 10 月底以前，将第一批国外订货单提出。

中苏关于设计一汽的合同书（摘要）（节选）[②]

1951 年 11 月 13 日

第一条：总设计人承担总订货人之委托，完成 ЗИС–150 载重汽车之设计工作，汽车之年产量为 30000 台。

第二条：总设计人有为总订货人完成下列工作之义务：

甲、初步设计，其范围按照本合同第八条所述"编制技术文件条件"之规定。

---

① 第一汽车制造厂史志编纂室编《第一汽车制造厂厂志（1950~1986）》第一卷（下），第 348 页。
② 第一汽车制造厂史志编纂室编《第一汽车制造厂厂志（1950~1986）》第一卷（下），第 349~351 页。

乙、技术设计，包括初步设计中所有之部分，（其编制之详细需满足完成其次所有必要之施工图及设备订货之需要，并亦包括全部设计之分布平面图）。

附注：技术设计之工作范围待总订货人批准初步设计后，由双方确定之。

第三条：总设计人根据总订货人于一九五一年四月二十六日批准之计划任务书编制初步设计。

总设计人及总订货人于总设计人之代表到达北京后一个月期限审查初步设计，并由总订货人批准之。

第四条：总设计人根据总订货人批准之初步设计完成本合同第二条所述之技术设计。

第五条：为审核和解释初步设计及技术设计，总设计人将六名以内自己之专家派往中华人民共和国，其在中华人民共和国之期限为三个月……

设计费

第六条：本合同第二条所述工作之设计费如下：

（甲）初步设计，149500（十四万九千五百）卢布。

（乙）技术设计，3000000（三百万）卢布。

技术设计之设计费为概数，待总订货人批准初步设计及明确技术设计工作范围后三个月内最后决定之。

工作完成期限

第七条：总设计人提交给总订货人本合同第二条所述设计工作之期限如下：

（甲）初步设计，一九五一年十二月二十五日。

（乙）技术设计，一九五二年十二月。

由双方编制每阶段完成工作之详细进度表，并签订协议书视其为本合同不可分离之部分。

············

中共中央关于力争三年建设长春汽车厂的指示①

第一机械工业部党组,并各中央局、分局、省市委,中央人民政府各部委党组:

五月二十七日关于长春汽车厂的报告阅悉。

(1)争取缩短长春汽车厂的建设时间,不仅对我国国防建设、经济建设有极重要的意义;而且第一机械工业部也可以在长春汽车厂的建设过程中积累经验,培养和壮大自己的建设力量,并为接踵而来的其他重要建设工程创造许多有利条件。现苏联汽车设计院经过计算后正式建议我们在三年内(1953年至1955年)完成该厂的建设,并具体排列了设计和设备交付的时间以及工程进度,因此,中央认为应该完全赞成苏方关于三年建成长春汽车厂的建议。

(2)由于我们技术落后和没有经验,要在三年内建成这样一个大规模的工程,不论在施工力量的组织,施工的技术,国内设备的供应以及生产的准备等方面,都将会有很大的困难。因此,中央认为有必要通报全国,责成各有关部门对长春汽车厂的建设予以最大的支持,力争三年内建成。

(3)目前需要的技术干部和行政管理干部,中央组织部应迅速尽量予以调配;将来该厂需要国内制造的设备,各企业部门应尽量予以优先制造,并切实保证质量;在材料和物资供应上,国家物资分配应保证优先以调拨,交通部门应保证及时运输。

(4)东北局和长春市委对长春汽车厂的建设,应经常进行严格的检查和监督,加强该厂的政治工作,在全体职工中进行关于建厂任务、建厂意义的教育,发挥全体职工的积极性和创造性,更好地

---

① 第一汽车制造厂史志编纂室编《第一汽车制造厂厂志(1950~1986)》第一卷(下),第347~348页。

学习苏联先进经验,掌握技术,并切实协同第一机械工业部整理和改善该厂施工的组织和管理工作,建立责任制和技术上的检查和监督制度,切实保证工程质量与按时完成工程计划。

(5)为了加强对长春汽车厂建厂的具体领导,第一机械工业部应由黄敬同志直接管理该厂的建设,并应配备几个专职干部协同黄敬同志进行此项工作。第一机械工业部党组每月应将长春汽车厂的建厂情况向中央作一报告,重大问题应随时报告中央。

中共中央
1953年6月9日

图2-22 领导和工人们一起进行艰苦的建设工作。图为苏联专家希格乔夫在"一汽"建设工地上

图2-23 未来的长春汽车厂底盘车间施工现场

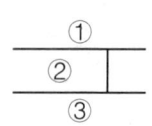

图 2-24
① 天津汽车制配厂的专家为长春第一汽车厂的工人们进行技术培训
② 未来厂房的建设工作在雨季也如火如荼地进行
③ 1953 年 7 月 15 日，在工厂奠基典礼上万名建设者在红绸上签下自己的名字

图 2-25

①	②
③	④

① 长春第一汽车制造厂的一个车间中正进行设备安装

② 20 世纪 60 年代，解放军战士雷锋在擦拭"解放"汽车

③ "解放"汽车的装配生产线

④ 中国流传很广的歌曲《老司机》，讲述了驾驶第一辆国产汽车的老师傅马国范的故事

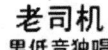

《老司机》

图 2-26 "一汽"生产的"解放"汽车在火车站整装待发,它们将被运往全国的工地和企业参与国家建设

图 2-27 长春第一汽车制造厂的工人们在装配中国第一批国产轿车——"东风"

图 2-28 第一汽车厂建设时期，在长春工作的苏联专家们为中国工程师和工人们作报告和讲座 1500 余次，提出了两万多条合理化建议，解答中国同事们关于汽车生产方面的问题。图为苏联专家在为中国工人讲解汽车发动机的装配和调试方法

图 2-29 1991 年，时任中国国家主席的江泽民在苏联访问期间参观了利哈乔夫汽车厂并在访客留言簿留言。20 世纪 50 年代他曾在此实习

莫斯科利哈乔夫汽车厂参与长春第一汽车制造厂的援建工作

60 多年前，就在 1956 年 7 月 13 日，新中国第一辆"解放牌"载货汽车从长春第一汽车制造厂的总装配线上开出来了，从此掀开了中国汽车工业发展的崭新篇章。在中华人民共和国成立初期，中国没有国产汽车，就连国家领导人乘坐的公务用车也都是苏联制造

的。独立设计、研发并生产出自己的汽车曾经是中华民族的伟大梦想。

旧中国没有民族汽车工业，道路上跑的是各种外国品牌的汽车：有日本车、美国车、英国车、法国车，唯独没有中国自己制造的汽车。当然，新中国成立前也曾有很多人试图从根本上改变这一局面。例如，张学良掌握东北政权后，1931年在沈阳市建立了汽车厂，并试制成功了一辆"民生"牌载货汽车。遗憾的是，在第一辆汽车试制成功后不久，东北三省就被日本侵略者占领了。

"阎锡山在统治山西时也建起过一个汽车修配厂，仿造出几十辆美式1.5吨小货车；蒋介石建立的中国汽车制造公司用进口器件组装过2000多辆汽车。"① 这些都只是建立中国民族汽车工业的初步尝试，汽车生产的规模也比较小。历史经验表明，只有到了社会主义的新中国时期，中华民族拥有本民族汽车工业的梦想才变成了现实。中国汽车工业的形成和发展与中国的主要战略盟友苏联所提供的援助是分不开的。

1949年12月16日，为进一步加强与扩大中苏两国之间的互利互惠合作，以中国中央人民政府主席毛泽东和政务院总理周恩来为首的中国政府代表团抵达莫斯科进行访问。到达莫斯科后不久，12月21日，中国代表团就来到了斯大林汽车厂（斯大林汽车厂简称"吉斯"，1956年6月26日更名为"利哈乔夫汽车厂"）参观。当看到组装车间流水线上鱼贯而出的汽车时，毛泽东对随行人员说："我们也要有这样的汽车厂。"②

1950年1月，中苏两国政府举行了一系列谈判，并于1950年2月14日签署了有效期为30年的《中苏友好同盟互助条约》（详见本书第一部分）。随后，在这一条约的框架下，双方又签署了一系列关

---

① 刘人伟：《永恒的记忆》，第41页。
② 刘人伟：《永恒的记忆》，第8页。

于政治、经济领域合作的协议。毛泽东建议把建立汽车工业的内容列入与苏联的谈判要点。经过谈判，苏联同意援助中国建设和改造156项重点工业项目，其中包括在"一五"计划时期，即1953~1957年，帮助中国设计并建设中国的第一个大型的现代化汽车制造厂。由于物资和技术的短缺、财政上的困难以及专业化汽车人才的短缺，当时的中国还不能独立完成大规模的汽车生产。20世纪50年代初期，新中国受到了西方国家的孤立，因此在发展汽车工业这个问题上，只能寻求当时的主要盟友苏联的援助。1949年10月1日，中华人民共和国宣布成立之后，苏联是世界上第一个承认并与新中国建立外交关系的国家。

在中国政府代表团访问苏联期间，斯大林指出，一个国家拥有汽车厂，就意味着这个国家拥有高水平的现代化工业："你们只要建成一个汽车厂，它就会推动其他工业领域的发展，包括冶金、化工、建筑等工业……的发展。"苏联方面承诺帮助中国建一座像斯大林汽车厂那样的综合型汽车厂，负责供应相应的设备，并帮助其达到与斯大林汽车厂同样的生产水平。根据双方签订的相关协议，苏联政府向中国提供3亿美元和5亿卢布的长期贷款，用来以优惠的价格采购苏联的设备与物资。①

苏联政府派专家来到中国负责协助汽车厂选址的勘察工作。中苏专家一起对中国东北和南方的广阔区域进行了考察研究。经过大量研究与论证，1952年中共中央决定将在长春市兴建汽车厂。因为在此之前中国没有这样的企业，所以汽车厂被授予一个简单却有象征意义的名字——"中国第一汽车制造厂"。众所周知，长春被称为"北国春城"，是吉林省省会，坐落在中国东北平原上。汽车厂的建设工程给这个省会城市带来了翻天覆地的变化。当时谁也没有能预料到，这个汽车厂（未来的中国第一汽车制造厂）的建设为长春市

---

① 刘人伟：《永恒的记忆》，第8页。

带来了直接的巨大的影响，使其发展成为中国的大型汽车工业生产基地。除汽车厂之外，中苏政府还决定按照苏联"莫斯科电影制片厂"的模式，在长春市建立一个电影制片厂。

1952年11月21~25日，在苏联对外贸易部副部长卡瓦里K.I.与中国驻苏联商务参赞李强往来文件内容的基础上，中苏政府协商确定了关于苏联为中国建设汽车工业提供援助的总体规划。"苏联方面要以转交给中国的全套'吉斯-150'载重汽车的技术资料为基础，完成中国汽车厂建设的设计工作，并负责为该汽车厂提供设备，负责在1952~1954年期间向中国派遣100名苏联专家，同时接收250名专家和技术工人赴苏参加培训学习。"①

中国重工业部审查后批准了"一汽"的初步设计方案，汽车厂的设计生产能力为年产3万辆卡车。②的确，中国汽车厂的设计生产能力与世界上其他国家的汽车厂相比，在数量上并没有优势。但是，中国的汽车厂在投产运行后的优势是毋庸置疑的：它的设计与建设采用了当时世界上最先进的汽车工业技术成果。无论是机械化和自动化程度，还是技术配备水平，中国的汽车厂无疑都是当时世界上最好的汽车厂之一。中国第一汽车制造厂开创了中国汽车工业发展的先河。

中方最初的计划是四年内完成汽车厂的建设工作。苏联领导人斯大林在密切关注汽车厂的建设进度后向中方提出了如下建议：集中全部力量搞好这个项目的建设，要在三年后使其交付投产。中共中央政治局认真论证之后明确指出：尽管存在很多困难，但只要动员全国的一切力量，可以提前一年实现汽车厂的建成投产。

---

① Сладковский М.И. История торгово-экономических отношений СССР с Китаем (1917–1974).–С. 212.

② Бараболина А.И. Русские корни китайского автопрома.// Научное обозрение.–2008.–№ 1.–С. 75.

图 2-30 "一汽"第一任厂长饶斌在与苏联专家希格乔夫讨论生产问题

1953年6月9日，中国中央人民政府主席毛泽东亲笔签发了《中共中央关于力争三年建设长春汽车厂的指示》。指示中他明确指出，长春汽车厂的建设"不仅对我国国防建设、经济建设有极重要的意义，而且……在长春汽车厂的建设过程中积累经验，培养和壮大自己的建设力量，并为接踵而来的其他重要建设工程创造许多有利条件……中央认为有必要通报全国，责成各有关部门对长春汽车厂的建设予以最大的支持，力争三年内建成"。[①] 1953年6月末，在听取政务院总理周恩来关于汽车厂开工建设的报告后，毛泽东亲笔写了"第一汽车制造厂奠基纪念"的题词。

1953年7月15日，在长春市郊一片杂草丛生的空地上，中国第一汽车制造厂的建设工程破土动工了。900天之后，几十座由连绵数公里的平整道路连接起来的厂房将从这里拔地而起。厂区地下工程的规模也非常大：铺设了贯穿厂区的四通八达的地下管道和地下电缆线路，它们将水、空气、蒸汽、电能等输送到汽车厂的各个车间。

---

① 刘人伟：《永恒的记忆》，第9页。

1953年7月15日，同样也是新中国汽车工业诞生的日子。如此规模宏大的建设工程是怎么完成的呢？

关于建设中国历史上第一个汽车厂的消息，激发起全国人民的热情。建筑材料和机械化运输设备从北京、上海、重庆、鞍山等地源源不断地运送到"一汽"的建设工地，从长白山运来了工地需要的木材，从松花江运来了沙子和卵石。被派往建设工地工作的有来自上海的冶金专家、吉林的年轻农民、全国高校的毕业生以及中国人民解放军的退伍军人等。"中国人民解放军的第五建筑工程师的20000名官兵为汽车厂的建设做出了巨大的贡献"，[①]他们在1953年9月就整师开赴长春直接参与"一汽"的建设。青年人被派到工地上开挖土机、起重机、混凝土搅拌机，被派到生产钢筋混凝土的工厂去工作。这些年轻的工人就是在参与建设的过程中掌握了各种专业技术。

"一汽"的建设是全国上下都关注的大事。中央和地方报纸经常刊登关于汽车厂建设进程的文章和简讯。广播电台也经常播报"一汽"的建设情况。

记者车慕奇在1956年去过刚投产不久的长春第一汽车制造厂，他在评论文章中写道："苏联共有24个设计院参与了第一汽车制造厂的设计工作。苏联汽车拖拉机设计院完成了汽车厂初步设计的主体工作。莫斯科斯大林汽车厂与苏联的20多个设计院和多个负责为我们的汽车厂供应设备的机械制造厂取得了联系，并负责监督订单产品的质量、保证按期交货。"[②]

为了指导、协调长春第一汽车制造厂的设计、订单的生产和供应设备的调试工作，莫斯科斯大林汽车厂于1953年成立了专门管理处，命名为"一汽"专管处。该处的负责人为工程师茨维特科夫P.A.。

---

① 刘人伟：《永恒的记忆》，第12页。
② 车慕奇：《汽车即将下线》，《人民中国》1956年第9期，第24页。

由于工作量巨大，有20多个苏联的设计单位同时参加了"一汽"的设计工作。除设计汽车厂的整体规划之外，还设计了一些可容纳众多生产车间的独立加工厂房，例如发动机车间、生产变速箱的车间、生产底盘的车间，还有汽车的装配与实验车间、五金车间、铸造车间、锻造车间、配件车间、冲压车间、热处理车间、样车测试车间、工具车间、磨工车间、弹簧车间、机械修理车间、木制品加工车间、锅炉仪表车间。这个项目的设计采用了国际汽车制造业的最新科技成果。

莫斯科、列宁格勒、基辅、哈尔科夫、斯维尔德洛夫斯克（今叶卡捷琳堡）、伊尔库茨克以及苏联其他城市的100多个机械制造厂负责为长春第一汽车制造厂生产设备。这些企业为长春汽车厂供应了4322个复杂车床和设备，并提供了它们的技术文件。此外，还专门为长春汽车厂设计了几千个特种工具。"其中由莫斯科汽车厂负责完成的设计任务包括：为长春第一汽车制造厂设计和生产了3736套各种用途的设备、1300个冷模机、236个锻造模具、6787种其他专门工具。"①这些设备在经过检测、调试后被运送到几千公里之外的长春市，在那里安装调试后才移交给中方。"据统计，长春汽车厂拥有的符合1950年质量标准的设备中有75%是由苏联供应的。"②

1953年苏联方面还为长春第一汽车制造厂提供了苏联汽车的行业标准。中国汽车业的国家标准就是在此标准的基础上制定的。

在斯大林汽车厂专家的指导和参与下，在长春第一汽车制造厂厂区建造了热电站、煤气站、氧气站、硫酸盐站、环保站、试验站、给排水系统、两个压气站和四个水泵房、厂区自动电话交换机站及各种实验室。在苏联专家的帮助下，长春汽车厂安装了18个高频波

---

① История Московского автозавода имени И.А. Лихачева.–М., Мысль, 1966.–С. 459.
② Александрова М.В. Экономика Северо-Восточного Китая и советская помощь КНР в 50-х годах XX века.// Китай в мировой и региональной политике. История и современность.–2013.–№ 18.–С. 346.

金属感应电炉（用高频电流感应加热设备对金属进行加工）和 8 个功率为 100 千瓦的高频发电器以及各种装配和运输传送装置。

在上述工作完成后，长春第一汽车制造厂已经拥有了当时较为先进的技术装备和高超的机械自动化水平。所以，"一汽的动力系统已经能自行发电供热，能独自为汽车工业生产所需提供煤气、压缩空气、蒸汽、氧气、乙炔等各种燃料，具有独立的供水系统"。①

根据中苏协议，苏方除为中方提供汽车厂的整体设计方案、图纸和设备之外，还负责向中国派遣有经验的苏联专家，援助中国建设汽车厂，这些专家主要来自斯大林汽车厂。中国著名学者沈志华在著作中指出，"中国很多工业部门从无到有，都倾注了苏联专家的心血和汗水。中国汽车工业的摇篮是长春的第一汽车制造厂，该厂全套引进苏联设备和零件，并由苏联专家帮助筹建。在 1953 年 7 月 15 日破土动工前，苏联就派出了希格乔夫（总顾问）和一批技术培训和土建专家进行现场指导（1956 年 6 月，斯大林汽车厂的生产部主任库兹涅佐夫 A.V. 接替了希格乔夫，他在长春一直工作到工厂竣工——编者注）。以后又陆续派来近 200 名各方面专家（几乎都来自莫斯科的汽车制造厂），从产品工艺、技术检查到设备安装、生产调度，都有苏联专家把关，还配备了技术科长、车间主任直到各车间高级调整技工的全班人马。他们手把手地教中国技术人员和工人安装、调试及组织生产"。②

如果没有经验丰富的苏联专家，长春第一汽车制造厂的建设工期可能就会延后很久。这是因为，汽车厂的建设期正好赶上长春 8 月的多雨季节。"具有丰富的大工程建筑经验的苏联专家提前来到建设工地，协助制定了一系列防护措施，使人员和建筑工事免遭了风

---

① 刘人伟：《永恒的记忆》，第 64 页。
② 沈志华：《苏联专家在中国（1948–1960）》，第 156 页。

雨天气的影响，使厂房工程最重要的部分——地基工程得以保质完成。"①

因此，1954年对于长春第一汽车制造厂的建筑工程是至关重要的一年。当年完成了建筑工程总量51%的工作量。

应该指出，莫斯科斯大林汽车厂派出的苏联专家们为长春第一汽车制造厂的建设做出了巨大的贡献。一些专家为汽车厂的设备安装、机械师和动力工程师的培养和设备维修等方面提供了巨大的帮助，他们是：卡拉廖夫N.V.、乌科拉因采夫B.P.、基列夫N.J.。此外，还有发动机车间的塔托金I.V.、西塔罗维奇V.S.，变速箱车间的苏什金P.F.，底盘车间的斯卡尔金H.U.、伊萨科夫V.N.，金属切割实验室的卡拉什尼科夫S.N.、罗申M.P.、施绍夫M.P.、卡季林V.P.，工艺装备设计师比列波诺夫M.N.、卡兹廖夫D.I.等专家，他们都在各自的岗位上为长春第一汽车制造厂的建设贡献了自己的力量和智慧。还有指导调整冲压生产的苏联专家卡拉乔夫K.A.、利亚博夫V.M.和斯米达宁F.I.，帮助解决高温车间技术难题的苏联专家米拉斯拉夫斯基I.L.、比列波诺夫A.D.、杰姆科夫B.D.、巴勒申I.P.、瓦耶伊科夫A.P.和舒鲁波夫G.A.，等等。苏联专家菲斯特G.A.在长春第一汽车制造厂的建设过程中一直都在长春工作，帮助组建了总设计处，协助培养了大批中国的汽车设计人才。

苏联专家在长春工作期间，不仅完成了自己的本职工作，还在参与工厂建设的同时为"一汽"培训了大批工人。在经验丰富的苏联专家指导下，年轻的中国工人们掌握了新的职业技能。"从长春第一汽车制造厂1953年筹建的第一天起，苏联专家就开始为干部职工讲技术课，到3年后工厂建成，186名苏联专家为2万名职工讲授技术课1500余次，直接传教和培养管理干部和技术人员470名，其中处长56人，工程师139人，科长、车间主任60人，技术员173人，

---

① 刘人伟：《永恒的记忆》，第12页。

图 2-31 长春汽车厂总动力专家基列夫（左二）与中国同事们分享自己的经验

技工 90 人。"①

在中华人民共和国第一个五年计划期间，正值大规模建设时期，有上万名中国学生和几千位中国技术人员赴苏联进修学习。长春第一汽车制造厂外派 550 名实习生到斯大林汽车厂进行了为期一年的生产实习。他们中有曾任中国国家主席的江泽民同志。江泽民同志曾不止一次地指出，如果没有苏联专家的帮助，中国的汽车工业不可能达到今天的成就。莫斯科斯大林汽车厂为长春第一汽车制造厂的组装、生产辅助和保障生产流程的各个车间培养了大批技工、调整工和工艺师。莫斯科汽车厂对来自中国汽车厂的实习生们非常关心，为他们创造了一切必备的工作和休息条件，在厂区的一栋楼里为中国实习生准备了条件优越的宿舍。技术培训部还专门为中国实习生开设了俄语课，帮助他们学习俄语，还组织他们观看中国电影。技术培训部的工作人员罗曼年科夫 P.I. 全程和中国实习生

---

① 沈志华：《苏联专家在中国（1948—1960）》，第 89 页。

们在一起工作和学习，不仅把生产学习安排得井井有条，还帮助中国实习生了解苏联的文学艺术瑰宝。苏联其他汽车厂（例如，简称"嘎斯"的高尔基汽车厂）也为中国汽车工业人才的培养投入了巨大力量。

正因为如此，苏联专家与中国同事之间的友谊延续了很多年。（"大跃进"和"文化大革命"期间，中苏专家之间的所有通信联系都被迫终止）莫斯科斯大林汽车厂的厂报上可以找到关于苏中专家之间友谊的文章，例如，1954年的报纸上刊登了以下文字："我们斯大林汽车厂人和所有苏联人民一样，都深切关注中华人民共和国工业建设的伟大事业。在长春，中国第一个汽车制造厂的厂房正在如火如荼地建设之中，这个大型汽车企业的建设者们充分展示了劳动最光荣的英雄典范。目前，许多苏联专家正在中国第一汽车制造厂的建筑工地上工作，中国未来的汽车工人与汽车专家也分散在我们厂的各个车间进行了两年多的生产实习。无论是在我们的工厂，还是在中国汽车工业长子的建设工地上，我们都能看到中苏两个兄弟民族间的友谊不断地加深。这种友谊是坚不可摧的伟大力量。"[①] 而在1959年的报纸上刊登的文章中这样写道："莫斯科人与中国第一汽车制造厂的汽车人之间结下了特别深厚的兄弟般的友谊……在中国第一汽车厂投产后，莫斯科汽车人与长春汽车人展开了竞赛。两个工厂之间相互交流技术创新经验，并就各自承担工作的完成情况定期交换信息。"[②]

刘人伟所著的《永恒的记忆》一书是中苏专家之间友谊的最鲜明、最有力的例子。该书于2010年在北京出版，俄文译本于2011年在莫斯科出版，是为了纪念曾在长春第一汽车制造厂工作四年的莫斯科利哈乔夫汽车厂的苏联专家尼古拉·雅科夫列维奇·基列夫，为

---

① Информация о строительство первого в Китае автозавода.//Газета Автозавода им. Сталина «Сталинец».-1 октября 1954 г.-№ 232.-С. 1.

② Москва–Чанчунь. // Газета «Московский автозаводец».-1 октября 1959 г.-№ 231.-С. 1.

了纪念基列夫对中苏友谊所做出的巨大贡献以及纪念基列夫与曾任中国国家主席的江泽民同志之间的友谊而创作的。

基列夫曾任长春第一汽车制造厂的总动力专家，是江泽民同志在"一汽"工作期间的老师，江泽民与基列夫之间结下了深厚的友谊。基列夫离开长春回国之前，推荐江泽民担任汽车厂的总动力工程师。特别需指出的是，江泽民在20世纪50年代曾在苏联斯大林汽车厂进修学习，《永恒的记忆》一书也是在他的建议下创作并出版的。江泽民亲自为该书作序。在序言中，江泽民强调指出了基列夫为"一汽"建设所做出的巨大贡献，以及基列夫对中国和中国人民的深厚感情。

1956年，中国第一汽车制造厂竣工，7月13日，第一批国产"解放CA10"型载重汽车下线，其载重量为3.5吨，是仿照莫斯科斯大林汽车厂的吉斯-150型载重汽车生产的。第一批下线的一共有12辆解放牌载重汽车。第一辆国产汽车被毛泽东主席亲自命名，他选择"解放"这个牌子不是偶然的，这是因为"解放"这个词对当时的中国就像"胜利"这个词对苏联一样，家喻户晓。

1956年10月15日，在第一汽车制造厂正式投产的庆祝大会上，中国领导人对苏联人民的援助表达了诚挚的谢意。在典礼上宣读了对莫斯科汽车厂、苏联的各大建设及安装单位的感谢信。为了表达特别的感谢之情，长春第一汽车制造厂将第一批下线的解放牌汽车中的2号车赠予了莫斯科汽车厂。

长春第一汽车制造厂从建设到投产共投资5.94亿元。除了拥有先进设备的主要生产车间之外，长春第一汽车制造厂还建成了一批辅助性企业，生产各种设备和工具，用于设备维修、电力保障、空气压缩、煤气和氧气的供应等。长春第一汽车制造厂还拥有一个先进的实验设计基地。同时，在生产车间的厂房和其他建筑设施周边还建设了100多栋3~4层的员工生活住房，并为员工开设了专门的公共食堂、幼儿园、中小学校、医院、商店和俱乐部。厂区和长春市市区之间也开通了有轨电车和公交车线路。在"一汽"工作被认为是非常光荣的事情。

有资料表明，长春第一汽车制造厂在1953年就组装了前100辆汽车，但这基本上是对苏联经过大修后的汽车的重新组装。

在竣工投产的第一年，即1956年，长春第一汽车制造厂共生产了1700辆汽车，完成计划的133%，1957年汽车厂生产了20000辆汽车，为全国的汽车工业发展奠定了良好的基础，因为当时的中国还需要从国外进口汽车，每年的进口量为10000辆。"截至1957年末，中国共有92000辆汽车，其中，65596辆是从苏联进口的，占汽车总量的71.3%，3864辆来自其他东欧国家，占4.2%，国产和从法国进口的汽车总量为22540辆，占24.5%。"[①]

但是截至1958年末，在没有增加支出也没有采购新设备的情况下，长春第一汽车制造厂生产出了6万辆汽车。当时的中国媒体和苏联媒体这样报道："这个成绩主要得益于第一汽车制造厂所实行的全员性技术革命，得益于工人、技术人员和厂领导的同心同德、紧密合作以及在生产中积极采纳合理化建议的结果，在一个月内就采纳了2000多条合理化建议。"[②] 这些合理化建议，不少是当时还在长春第一汽车制造厂工作的苏联专家提出来的。据中国学者沈志华的研究，1953年6~9月（即汽车厂正式启动建设之前）苏联专家向汽车厂的领导提交了69项合理化建议（其中的54项被采纳，其他的建议由于条件不成熟无法实施）；1953~1960年，苏联专家共提出合理化建议20000条（其中的19950条被采纳，其他建议被推迟到后期进一步研究）。[③]

---

① Бараболина А.И. Русские корни китайского автопрома.// Научное обозрение.–2008.–№ 1.–С. 78–79.

② Первый автомобильный завод Китая. // За рулем.–1960.–№ 5.–С. 28 (сокращенный перевод из газеты «Цзефанцзюнь бао»).

③ 沈志华：《苏联专家在中国（1948–1960）》，第283页表格。

截至1959年底，长春第一汽车厂的设计计划已提高到原来的5倍，即年生产汽车达到15万辆。按原计划，只有到1967年汽车厂才能实现年产15万辆汽车的目标。汽车产量的这个跨越式增长不仅是因为加大了资金的投入（4000万元人民币）以确保工厂的收支平衡和原材料支出，"更主要的是因为劳动生产率的提高和在企业工人和工程师中开展的大规模技术创新……长春第一汽车制造厂发动每个工人都积极参与到企业的技术创新运动。此项运动的规模之宏大可以通过数据证明：运动开展仅两周就收到合理化建议11万条，其中有3420条建议是针对如何解决大规模生产技术难题的。所有的车间和工段都制订了技术研发计划，主要是针对在规定期限内如何节约成本和提高劳动生产率的具体措施"。① 为实现1959年的计划，准备安装800个新车床，并将工厂的生产场地面积扩大10万平方米。其中的大部分设备是由汽车厂的各个车间依靠自有力量制造的。

　　长春第一汽车制造厂的远期计划是组建一个大的汽车集团，除生产车间外，还计划建设能制造车床、电动机、铸铁、钢材、水泥、建筑材料等的生产分厂。"上述的每个分厂都将设立单独的设计处和实验与研发部门。这些举措将加快汽车工业的进程，从而进一步激发工人参与解决生产技术难题的热情。"②

　　解放CA10型载重汽车的出现改变了中国城乡公路交通的落后局面。20世纪50年代中期以前，全国承担客运和货运的只有6万多辆进口的老旧汽车。解放CA10型汽车投产之后，被改装成各种用途的汽车，例如公共汽车、运水车、专用车、工程车、冷藏车等。总之，解放牌汽车在中国成为普及性的交通工具，就像当年一吨半的载货汽车在苏联的普及程度一样。

---

① Павлов Н. Сделано в странах народной демократии. Автомобилестроение в народном Китае. // За рулем.–1959.–№ 5 .–С. 28.

② Павлов Н. Сделано в странах народной демократии. Автомобилестроение в народном Китае. // За рулем.–1959.–№ 5 .–С. 28.

解放 CA10 型汽车普及的另一个原因是 1953 年版的最小面值的人民币纸币（壹分纸币）的正面图案就是这个牌子的汽车模型。此外，解放牌汽车后来还大量出口到许多国家，例如，阿尔巴尼亚。这个汽车的模型甚至还是阿尔巴尼亚当时流通的纸币图案。

图 2-32 "解放"汽车图案被印在中国（左图）和阿尔巴尼亚（右图）的货币上

从 1956 年第一辆解放 CA10 型汽车下线到 1986 年停止生产，在 30 年内长春第一汽车制造厂共生产出 128 万辆解放 CA10 型汽车，因此，这个型号的汽车也成为世界上持续生产时间最长的车型。

除了吉斯-150 型汽车外，苏联方面还向长春第一汽车制造厂转交了吉斯-157 型越野车的生产工艺，利用此越野车的技术生产了后来的"解放 CA30"。1958 年 9 月 20 日，长春第一汽车制造厂开始生产解放 CA30 型越野车。这款汽车专门装备给中国人民解放军，主要用于 74 式火箭发射装置的底盘。

后来，根据苏联提供的技术资料，长春第一汽车制造厂还率先制造出了其他型号的国产汽车，例如三轴卡车、越野车、自动装卸车、客车、无轨电车以及专用车辆载具等。长春第一汽车制造厂在 20 世纪 50 年代后半期所取得的成就在中国和苏联的媒体上都得到了大量的宣传："中华人民共和国年轻的汽车工业已经进入历史发展的一个新阶段。已经由不久前刚刚掌握的单一普通用途的标准化卡车的阶段转入生产各种新型汽车的时代，完全能满足日益增长的国民经济建设需求。长春第一汽车制造厂的工人和技术人员成功研制出新品种的汽车。在 1958 年 10 月 1 日国庆节之前已研制出六个新型号的国产汽车，包括具有超强越野能力的卡车、五座的小客车、侧倾式自动装卸车、燃气打火的试验车、解放CA40型自动装卸车和CA10型四吨煤气发生炉汽车。这些车型都已经顺利通过了试验并很快进入了批量生产。长春第一汽车制造厂已经开始生产新型解放卡车，除底盘之外，新型车的其他部分都做了改进。CA80是一款多用途农用卡车，这款车既可以当拖拉机用，也可以当卡车用，因此它对于农田耕作和农用运输都很便利。新型高性能越野车（CA30型）也深受好评。同年9月，还计划批量生产CA50型10吨载重汽车。"[1]尽管长春第一汽车制造厂的原设计方案是只生产单一品牌的货运汽车，但是在1957年，为了满足国家不断增长的汽车需求，长春第一汽车制造厂开始研发轿车。这项工作也是在苏联专家的帮助下进行的。

1958年5月5日，长春第一汽车制造厂组装了一辆轿车的试验车，被命名为"东风"，型号为CA71。"'东风CA71'型轿车是采用苏联的'伏尔加嘎斯–21'、德国的'奔驰–190'（发动机）和法国的'西姆卡·维迪帝'（底盘和车身）和由中国自主设计试制的V1.5型汽油发动机的工艺混合型轿车，最大功率设计为70马力，当时世界上大多数类似轿车的功率为50~60马力。"[2]当然，这款车型还不能被称为当时的先进轿车车型，但是"东风CA71"型轿车的速度已达到130公里每小时，而且是相当舒适的一款车型。这款车主要是为中高层的政府官员设计的。

"东风"牌轿车的"东风"二字源于1957年毛泽东针对国际形势发表的"东风压倒西风"这一著名论断。当然，"东风"这两个字在中国历史上还有一定的神话色彩：东汉末年，军阀割据混战时期，东风曾帮助诸葛亮打败敌军。从那时起人们就相信，东风会带来成功。

---

[1] Павлов Н. Автомобили народного Китая. // За рулем.–1958.–№ 7.–С. 17.

[2] Бараболина А.И. Русские корни китайского автопрома.// Научное обозрение.–2008.–№ 1.–С. 77.

苏联工程师巴甫洛夫 N. 在《手握方向盘》杂志上曾这样描述长春第一汽车制造厂的新产品："应该强调，这是一次巨大的胜利，是长春第一汽车制造厂这一集体刚刚取得的巨大胜利……长春第一汽车制造厂生产出了中国第一辆六座的国产轿车。第一辆被命名为'东风'的试验轿车，在今年（1958 年，编者注）5 月中旬驶出了工厂的大门，举世瞩目。这是第一汽车制造厂的全体员工为即将召开的中国共产党第八次全国代表大会第二次会议献上的一份特别贺礼。该款车为三厢轿车，拥有流线型车身，内饰漂亮、外形独具一格。车内配有暖风和无线电收音机，发动机机罩上刻有龙的图案。

中国制造的新型轿车的发动机的构造简单，并且功率达到了 70 马力，最高时速设计为 128 公里。百公里耗油量为 9~10 升，车辆净重为 1230 公斤。

"长春第一汽车制造厂总工程师孟少农表示，试车试验表明，'东风 CA71'型轿车发动机及其部件性能良好，后续的试验也都顺利通过。"①

长春汽车人并没有满足于所取得的成绩。众所周知，为了制造出新型的政府公务用车，中国国务院总理周恩来和中国人民解放军总司令朱德曾将自己乘坐的"雷诺"和"斯柯达"轿车交给第一汽车制造厂的工程师们作为研制轿车的样本。"但工程师们认为要选取世界上最好的轿车作为中国轿车设计的蓝本。当时世界汽车业的领跑者是美国，因此作为学习样本，汽车厂买了一辆 1955 年出厂的'克莱斯勒'轿车。"②工人和工程师们对样车进行了精细的拆卸，连一个小小的螺丝钉都没有放过。在仔细研究完样车的基础上，开始

---

① Павлов Н. Автомобили народного Китая. // За рулем.–1958.–№ 7.–С. 17.
② Первый автомобильный [Электронный ресурс] // CRI Online. Международное радио Китая.–Электрон. дан.–09.04.2010.–URL: http://russian.cri.cn/881/2010/04/09/1s332887.htm.

研制中国自己的轿车，不久就设计出政府公务用车——"红旗"轿车。"'红旗'轿车在设计工艺和外形上参照了苏联的'海鸥'牌轿车和'吉尔111'型轿车。"① "红旗"轿车华贵大气，拥有现代化的车身设计，车的内饰使用了最贵重的材料，汽车的喇叭按钮甚至被镶嵌了纯金，仪表盘上有天安门城楼的装饰图案和石英钟，采用了六个汽缸的V6型发动机。1958年8月1日，长春第一汽车制造厂组装了第一辆"红旗"CA770型轿车，车身长度为6米。这是一款为中共中央政治局成员设计生产的加长版公务用车。1959年10月1日，就在"国庆节"这一天，"红旗"轿车亮相了。"红旗"轿车的出现让广大中国人民欢欣鼓舞，也让全世界的汽车界为之震惊。苏联莫斯科汽车厂1959年10月的厂报上曾刊登这样一条简讯："据新华社报道，新中国的汽车长子长春第一汽车制造厂以新的劳动成就——掌握了'红旗'轿车的批量生产技术——为新中国成立十周年献礼。'红旗'轿车的发动机功率达210马力，车速可达160公里每小时（参见厂报）。"②

1960年，"红旗"轿车作为中国工业发展壮大的象征，参加了莱比锡国际博览会，并被列入1960年度《世界名车》名录。1965年"红旗"轿车参加了巴黎国际车展。加长版的"红旗"轿车不供出口，到1981年该型号车停产之前，第一汽车制造厂共生产了847辆"红旗"牌CA770型轿车。但是直至今天，一汽集团（前身为第一汽车制造厂）依然在生产加长版的"红旗"牌的国家领导人公务用车。

今天，由长春第一汽车制造厂发展壮大起来的"中国第一汽车集团公司"（FAW为集团公司的著名标识，是集团公司所有产品的商标）已成为中国最大的汽车工业生产企业。

---

① Хунцы–КА770 (КНР).//За рулем.–1993.–№ 9.–С. 55.
② Подарок чанчуньских автомобилестроителей. // Газета «Московский автозаводец».–1 октября 1959 г. № 231.–С. 3.

图 2-33 莫斯科利哈乔夫汽车厂（1956年前厂名为斯大林汽车厂）厂报。报纸用大篇幅报道了赴苏联学习的中国实习生的成就以及苏联方面对长春第一汽车厂的建设提供的帮助

图 2-34 20世纪50年代长春第一汽车厂的建设中投入了上千名国内顶尖的机械技术工人，其中的几百名都曾在苏联利哈乔夫汽车厂实习

历史的记忆

一汽赴苏实习生回忆录[①]

1

陈祖涛：1928年生，1939年去苏联，1951年从莫斯科鲍曼最高技术学院毕业回国后，很快又返回莫斯科，代表"一汽"同苏联联系，并在斯大林汽车厂实习。1955年回国，先后任"一汽"生产设备处副处长、发动机车间技术副主任、工艺处副处长、工厂设计处处长兼总工程师，"二汽"总工程师，中汽公司总工程师、总经理，国家科委专职委员，国际东方科学院院士，第八届、第九届全国政协委员。

要回忆这一段历史，先得从我个人讲起。我是1939年11月到苏联，1951年2月提前半年从莫斯科鲍曼技术学院毕业回国的。回来后，周总理问我想干什么工作，我说，我学的是机械，一直在苏联的汽车厂里实习，想搞汽车。总理一听非常高兴，说苏联要援建我们搞汽车厂，你赶紧回去，代表"一汽"同苏联打交道、实习。在总理的安排下我又回到了苏联，成为第一汽车厂的第一名职工和中国派往苏联的第一名汽车工业实习生。

1951年末，"一汽"的初步设计搞好了。实际上，从1950年毛主席访苏和斯大林商定搞汽车厂后，苏方便开始了初步设计的工作。

[①] 选自中国第一汽车集团公司编《风华正茂的岁月——在莫斯科李哈乔夫汽车厂实习的日子》，人民出版社，2002。

于是我带着十几大本初步设计飞回北京，在汽车工业筹备组，由江泽民主持进行翻译。1952年4月，陈云同志领导中央财经委审批通过了初步设计，5月，我又把它带回莫斯科。苏方根据初步设计，开始进行技术设计。不久，孟少农作为"一汽"驻苏总代表来到莫斯科，李刚也来了，我们三个人组成一个小组，住在大使馆商务处，全权代表"一汽"办理苏方援建的一切事务。

苏方援建"一汽"的工作抓得非常紧，技术设计1953年上半年就完成了。国内准备动工，孟少农先期回国，参加开工典礼，这样，就委托当时在莫斯科的沈鸿审批苏方的技术设计。那时，中苏关系特别好，苏方对援建"一汽"非常重视，曾先后专门召开三次部长会议研究。苏方的工作人员非常尽心尽力，我们对他们也非常信任，加之我们也没搞过汽车厂，什么也不懂，审批实际上就是办个手续。沈鸿很幽默，他对我说，我们只管点头就行了。

技术设计审批之后，具体做什么工作由斯大林汽车厂援建中国"一汽"办公室承担，主要的负责人是他们的工艺处长茨维特科夫，下面包括有关的技术科长，所有参与的人都是有经验的专家，年纪都比较大。我就在这个援建办公室中实习。在工作进行当中，他们开始考虑要我们派实习生的问题。斯大林汽车厂援建"一汽"总负责人、厂长弗拉索夫以及具体负责的副总工程师博依科都跟我说，要搞这么大一个汽车厂（当时年产三万辆已经很了不得）一定要派实习生来，否则掌握不了，因为我们不可能派那么多专家去。当时，我很年轻，这么大的事，怎么做得了主？就问茨维特科夫都需要什么人，请他们开个清单，我向国内汇报。这样，他们就发动所有的技术科长开清单：中国要掌握这些技术，需要哪些专业的人。他们的技术科长有的是常在"一汽"办公室，有的是随叫随到，纷纷开始列清单。这样还不够，他们又叫我去跑，说我熟悉他们厂的情况，看看哪些岗位必须派人。我跑了工具系统的好几个部门，包括很多自己有单间的特殊设备，像磨剃齿刀的机床。他们嘱咐我，这些地方千万别漏，一定要派实习生来。在酝酿过程中，他们逐步提出，你们的厂长要来，你们所有职能部门的处长要来，又发展到你们的技术科长、生产科长都要来，后来说这还不够，你们关键岗位的调整工要来，特种设备的工人要来。我说，来的人太多，我们也难啊。后来平衡来平衡去，形成了这五百多人实习专业的清单，返回国内。所以说，这五百多人的清单不是一次形成的，而是逐步形成的。后来从厂长郭力到各处长、车间主任全来了，而且又来了为数不少的工段长、调整工。五百多人的实习生，是从厂长到调整工的一整套班子。

旧中国没有汽车工业，当时，我们的同志们对汽车生产一无所知或知之甚少，通过赴苏实习，很快成为汽车生产一个方面的行家，为"一汽"建成出车，结束中国不能生产汽车的历史，发挥了巨大的作用。这些赴苏实习的同志中，后来很多人成为汽车生产的专家，不少同志担负了重要的领导工作。当今的党和国家领导人江泽民、李岚清，也都参加了当年的实习。许多同志讲，如果说"一汽"是中国汽车工业的摇篮，那么，赴苏实习便是摇篮的摇篮，这是不为过的①。

2

刘经传：1930年出生。1948年进入清华大学机械系学习。1951年调到汽车工业筹备组实习，1952年任技术员。1953年2月赴苏实习。1954年4月后一直在"一汽"工作，曾任副处长、处长、汽研所所长、"一汽"总设计师、副总工程师，"解放"汽车工业联营公司总工程师、常务董事。1995年5月退休后，在"一汽"咨询委员会任委员等职。

1951年7月我从清华大学机械系来到汽车工业筹备组，和其他院校数十名同届同学一起参加实习，翌年全部留汽车工业筹备组分

---

① 中国第一汽车集团公司编《风华正茂的岁月——在莫斯科李哈乔夫汽车厂实习的日子》，第7~13页。

配工作。其中连我共 8 人于 10 月编成小组，任务是自学俄文。当时的教材只有清华大学编的俄语速成课本。不会发音，就在筹备组内找了一位据说会八国语言的老人来教我们发音。后来才知道他的发音十分蹩脚。学到年末，通知我们置装，办理外交公务护照，准备赴苏工作。当时我不知道是什么工作。1953 年 1 月乘火车到满洲里，住了一晚，第二天过境，换乘苏联火车。经过七天旅程到了莫斯科，我们在大使馆商务参赞处住下待命。

图 2-35　第一台中国解放卡车发动机罩上的"解放"标志

　　原定我们的工作是到斯大林汽车厂的"一汽办"，和他们一起为"一汽"做工厂设计，然后回长春参加施工。但当时工厂设计已收尾，我们的参与已无意义，于是决定将我们改为"一汽"赴斯大林汽车厂的实习生。后来人们戏称我们是第"零"批实习生，因为第一批实习生是一年后由郭力副厂长带队赴苏实习的。由于"一汽"首先开工的将是工具车间，商定将我们 8 人全部分配在斯大林汽车厂工具车间实习，我的专业定为锻模制造。孟少农副厂长来到之后，认为"一汽"开工生产调整时需要有人掌握产品设计文件及其管理，决定分出一人到设计处实习。他召集 8 人开会时了解到我的数学较好，就当场决定把我改到设计处实习。我没有汽车设计的知识，向李松龄借得一本俄文书《汽车》。该书开头讲发动机特性曲线，我看不懂，就去请教孟少农。他哈哈大笑，开玩笑说："汽车设计师连发动机特性曲线都不懂，实在可笑。"

考虑到我是到设计处实习的第一人以及回国时适逢生产调试，所以我的实习计划不只是学习汽车传动系统的设计技术，而是包括设计处的技术文件管理、组织设计（机构设置、职责、工作路线等）、标准化管理、金属和非金属材料、各实验室和设计科（整车、发动机、车身等）的技术和操作在内的一个庞大的计划。此外，还要上俄语课以及专职教师单为我讲授的汽车理论、汽车设计课程。现在回想，对于一个刚出校门，没有学过汽车专业课，没有俄语基础的人安排这样的实习计划，实在是过于庞大了。但这是"一汽"建设和开工前生产调试的需要，这个计划必须完成。

实习期间，适逢他们为"一汽"制作"解放"汽车的图纸和技术文件，以及编写设计处的组织设计文件。整个设计大厅热火朝天，横挂着大幅红色标语"苏中友谊万岁""为了一汽"等等。他们经常加班加点，工作十分认真。图纸上的俄文字句旁都要留出填写中文译文的空间。他们常把我叫到图桌旁咨询，问图纸和文件是否能看懂，应该如何修改才能使中国人看懂。他们感谢我的"帮助"，其实这样的事对我熟悉这些设计文件和回国后的工作大有帮助，是我应该感谢他们。

实习结束前，我曾要求延长一些实习期，但未获准。我们回国时，在长春下火车时，发现全部产品图纸和技术文件和我们同车到达，这才悟到我未获准实习延期的原因：为了配合生产准备，我厂设计处急需帮助翻译、消化、管理这些图纸和文件。①

---

① 中国第一汽车集团公司编《风华正茂的岁月——在莫斯科李哈乔夫汽车厂实习的日子》，第31~36页。

3

潘小力：1924年生，学徒工出身，曾做过司机和汽车修理工，新中国成立前任军委总后运输部汽车修理厂连长、车间主任，1953年11月赴苏实习。回国后，曾在"一汽"担任工具处工具一车间刀具工部总工长、工具处工艺科调整组总工长、检查科科长、技术科科长等职。

斯大林汽车厂，是苏联当时一流的汽车制造厂，技术、工艺都很先进。我们是带职实习，实习的目的性、专业性都十分明确。我的职务是复杂刀具总工长，我实习的专业技术是全面掌握复杂道具的生产工艺技术，关键设备调整与操作、制造管理及对外协调。实习计划是斯大林汽车厂工具厂总工程师卡其林制订的，斯大林汽车厂工具厂复杂刀具总工艺师谢苗诺夫是我的实习导师。

虽然在苏联实习的一年多时间里，我也接触了一些其他苏联同志，向他们学习了不少知识和技艺，但是，对我影响最大、给我知识技艺最多、让我终生难忘的是我的实习导师谢苗诺夫。

谢苗诺夫导师有着典型东欧人的外貌，只是稍瘦些，也不很魁梧，不知是纪律的约束还是性格所致，他寡言少语，有些严肃，但是工作态度十分认真，工作作风十分严谨。第一个月，他将我按照对设备不懂，不会操作的徒工对待。其实，我14岁就在哈尔滨外国资本家开办的大型工厂巴西克洛夫厂当学徒，会说俄语。在执行第二个月计划前，我向导师介绍了我的情况。导师让我独立在一台万能铣床上加工一件花键拉刀，我的速度比定额快了一倍，质量合格，这样他对我所讲的情况很信任。

根据我的请求，导师重新安排了我的实习计划的进度：简单工艺操作一天，重点产品、关键设备由七八级工的老师傅指导操作一周或十天。这一变动，使原定计划在九个月内全部完成了。余下的三个月适当增添了计划外实习项目，更多地到设计单位、检测部门、使用车间，了解设计根据、检测与操作方法、仪器调整计算、使用

图 2-36 莫斯科斯大林汽车厂，中国实习生潘小力在自己的苏联老师指导下执行生产任务

车间修磨要求及使用单位新设备新工艺所需的新刀具等。如当时没列入援建我国项目的新工艺"直齿伞齿轮圆盘拉刀拉削工艺"，我也看到了使用情况和刀盘制造工艺及必需的检测夹具。

实习计划变动后，我的实习条件宽松了许多，负责操作指导的老师傅主动把自己摸索出来的既迅速又简单的调整计算经验传授给我。运用老师傅传授的技艺和方法我很快独立制造出符合各项标值的渐开线花键拉刀，磨出了符合曲线标准的剃齿刀。由于加快了实习进度，我学到了许多难得的生产技艺，给我以后的工作带来了极大的益处。

60年代，我国的汽车工业要打翻身仗，"一汽"的年产量要从设计的3万辆增产到6万辆，但我们的厂房面积没有增加，生产设备也没增几台，这样就必须提高工时效率。底盘分厂采用"圆盘拉刀拉削"新工艺代替了传统的铣刨齿切削工艺，工时效率提高一倍，解决了增产中的难题。圆盘拉刀制造是我运用赴苏实习中学到的技艺，为"一汽"的汽车生产做出的重要贡献。①

---

① 中国第一汽车集团公司编《风华正茂的岁月——在莫斯科李哈乔夫汽车厂实习的日子》，第109~111页。

4

韩玉麟：1929年出生，1950年上海交通大学毕业，1954年4月赴苏联实习技术检查。曾任"一汽"技术检查处、总调度室科长、处长，"一汽"副厂长、总工程师，解放联营公司董事长等职。

往事已逝人犹在。回忆50年前的事情本身就是一种幸福。我从1954年4月开始在苏联斯大林汽车厂底盘车间检查科学习。在那里实习是一个配套的班子，有实习车间主管生产主任的宋玉麟、机械科长的胡传聿，调度科长的顾学进以及实习各个工部主任、工艺员和调整工的同志。我实习的是检查科长，导师尼基塔·尼基涛维奇·尼古拉兴是一位具有丰富经验，年近六十的老同志。在实习中导师不止一次对我说，技术检查工作者在生产中不是以消极被动的废品挑选者的面貌出现，而是以积极主动的质量提高者的面貌出现。这就要求我们熟悉生产过程和影响质量的因素，走到机床旁边，观察分析，进行预防性质量检查，不是简单地卡住不放，而是要共同研究解决问题。同时他也强调在生产中只顾数量的现象也常有，作为技术检查工作者必须坚持原则与之斗争。有一次，他领我去见技术检查处处长，一进门里面有一大堆人坐在那里，导师要我也坐在一边。这时处长夏巴晓夫正大声说话。导师告诉我由于出了质量问题，他正在训斥部下，严肃

图2-37 这些复杂的机床和设备零部件是斯大林汽车厂的工具车间生产的，在苏联实习期间中国实习生们掌握了这些生产技术（图片来自《21世纪的利哈乔夫汽车厂》）

批评他们对忽视质量现象斗争不力，该争吵的就要争吵。夏巴晓夫后来作为苏联援助专家来"一汽"技术检查处工作，与王少林处长配合很好。我曾多次听他讲话，他的指导对我们生产初期的技术检查工作走上正常轨道确实发挥了很大作用。①

5

黄兆銮：1924年出生，1946年入北洋大学学习，1949年随军南下，1955年4月赴苏实习。回国后曾任"一汽"工具处处长、厂长等职。

1955年4月到1956年4月，我到莫斯科斯大林汽车厂实习一年。我实习的专业是工具管理。当时斯大林汽车厂没有工具处，由一名副总工艺师、工具生产主任领导六个工具车间。我被派到工具二车间实习工具管理，我的导师是车间主任克鲁平诺夫和车间副主任雅库申。克鲁平诺夫教我怎样当车间主任，雅库申教我工具管理业务。我的实习计划安排是自下而上从基层学起，因此我的老师很多，有工具分发工、技术监督工长、基本生产车间工具科长。技术监督工长手把手地教我分析工具损坏原因，工具分发工教我如何保证工具供应，送工具到工位，工具科长教我如何制订工具供应计划，定额科长教我如何制定工具消耗定额，磨锋工人教我操作各种磨锋机床。短短一年实习使我受益很大。

由于实习面广，没有时间完成大量的资料抄写工作，定额科长就把办公室的钥匙交给我，让我可以在夜间抄写资料。用了三个月的时间，我把"吉斯–150"卡车和"吉斯–151"越野车的多年工具定额的历史资料抄了几大本，回国后对"解放"车投产起了一定参考作用。这些资料都是工厂保密的，而他们让我随便抄，我真正体

---

① 中国第一汽车集团公司编《风华正茂的岁月——在莫斯科李哈乔夫汽车厂实习的日子》，第179~181页。

会到苏联斯大林汽车厂无私的援助。①

6

陈子良：1918年生，1936年参加革命，1937年到延安"抗大"学习，1955年赴苏实习。回国后，任"一汽"锻工车间主任，1959年起，先后任北京汽车厂厂长、陕西汽车厂厂长、汽车局副局长等职。

1953年我来到"一汽"，当时工厂正在搞土建，工地上昼夜热火朝天。我被分到工具处，是工具处第一任处长。当时车间还在草棚里。不久，组织上便要我们去学俄文。学了一年之后，派我们去苏联学习。领导找我谈话，要我去苏联实习锻工车间主任一职。我们那一批有百余人，除一些领导干部、技术人员外，还有十多名工段长、调整工。我们实习的地方是莫斯科斯大林汽车厂，这是苏联当时最大最好的汽车厂。开始实习后，首先进行汽车理论学习，从锻模设计、工艺设计到生产组织、职能管理，由浅入深，逐步深入。到车间后，是先下后上，我是从背锻件的零件号开始，然后跟着苏联同志一块操作。用模锻锤和平锻机打出的锻件又快又好，当时我们国内还完全没有这种设备。在那里，几乎所有的锻件我都干过。不仅实际操作，我还实习了从工段长、工部主任、各科室直到车间主任的管理业务。实习的每个阶段，苏联导师都安排得周密细致，每一步都耐心指导。正是短短一年的实习，使我对汽车生产有了概括的了解，并掌握了锻件生产的全过程。回国后，作为锻工车间的第一任主任，担负起锻件生产的管理工作，为"一汽"的建成出车，结束我国不能生产汽车的历史做出了贡献。

"一汽"在生产出解放牌卡车之后，1959年又生产了"红旗"检阅车和"红旗"高级轿车，向国庆十周年献礼，厂领导决定由我带队前去北京送车。国庆十周年游行时，当看到党和国家领导人乘坐

---

① 中国第一汽车集团公司编《风华正茂的岁月——在莫斯科李哈乔夫汽车厂实习的日子》，第335~336页。

我们生产的检阅车检阅时，我们许多人都留下了欢喜和自豪的眼泪。60年代初，我担任北京汽车厂的厂长，与职工们一起生产出212吉普车，为解放军生产了指挥车。"文革"后，我被调往陕西，建设陕西汽车制造厂，从土建开始一直到投产，生产出军用越野拖炮车。"陕汽"目前仍然是我们国家指定的唯一军用拖炮车生产厂家。

回顾过去四十多年的历程，我深深地怀念为祖国汽车工业所做的一切，怀念我献身汽车工业的起点——赴苏实习的岁月，它为我四十多年献身汽车工业打下坚实的基础。正是当时的刻苦学习，使我们这些对汽车生产一无所知的人，很快掌握了一个方面的汽车生产技术。①

7

李中康：1931年出生，1952年唐山铁道学院机械系本科毕业，1955年7月赴苏学习焊接技术。回国后，曾任"一汽"冲压车间工艺员、轿车厂厂长、"一汽"副厂长、"一汽"集团公司副总经理等职。

我当时在"一汽"冲压车间，被派赴苏实习焊接，同时和我搞焊接专业的还有李振荣和孟昭贵两位同志，他们都是有多年工作经验的师傅。我们三人像是个无形的小组，当时的任务很明确，要我们把驾驶室的整套焊接技术学回来。我们每个人都有自己的导师，订有全年的实习计划，每天都按计划进行。我的导师是工艺处焊接实验室的一位主管工程师，他强调说："能多学就应多学。驾驶室的焊接是接触焊接，是最基本的，容易掌握，既然有潜力，其他的电弧焊、钎焊、电渣焊等都应该学。现在就有一个学电渣焊的好机会，厂内正在为你们厂焊接2500吨压床滑块，是全苏巴顿焊接研究院主持开发的新技术，你一定要去学。"我理解了老师的意图，决心认真全面地学。

当时苏联人民对中国人民的感情是真挚的，我的导师也不例外，

---

① 中国第一汽车集团公司编《风华正茂的岁月——在莫斯科李哈乔夫汽车厂实习的日子》，第393~395页。

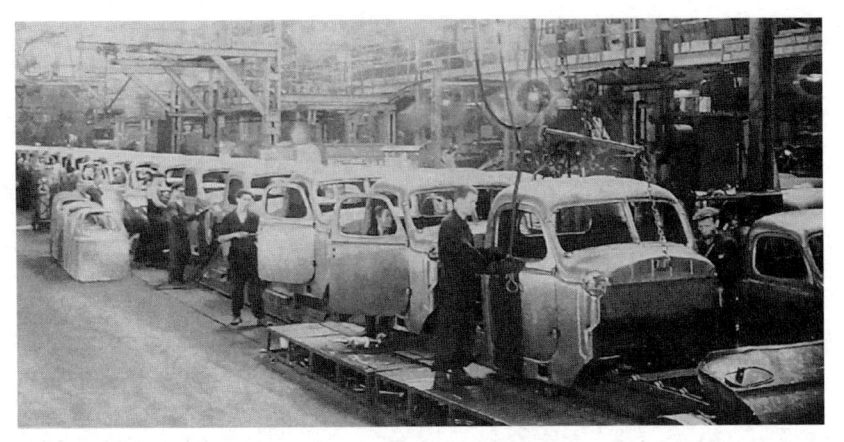

图 2-38 斯大林汽车厂的"吉斯-150"汽车座舱生产线，中国实习生们也曾在这条生产线上培训（图片来自《21世纪的利哈乔夫汽车厂》）

他希望把他所知道的一切，一股脑儿地都教给我。现在想起来，"填鸭式"的教学虽然很枯燥，但收获是非常大的。紧张而有序的学习时光即将结束，随之而来的有"文""武"两个关口要过。"文"的是导师安排的结业测试；"武"的是我们三人要在现场当着领导和其他人的面，亲自把驾驶室焊出来。经过一段努力，"文"的这一关顺利地过去了。另一个"驾驶室焊接关"也费了不少时间做准备，当时的场面也不小，中方车间主任赵润普亲临督导，几位苏方导师、看热闹的苏联工人、部分实习生，围了不少人。紧张有序的半小时的"表演"终于胜利地结束了，当大家高兴地鼓掌并喊着"未来的中国驾驶室出来了"慢慢散去时，我们三人已是汗流浃背、气喘吁吁了。

通过导师的安排，我来到了压床焊接现场。在 50 年代，高效率的气体保护焊尚未问世，电渣焊在特厚板材的焊接中起到了关键作用。当时的苏联焊接技术在世界上是领先的。按正常情况，这种全新技术、全新设备的研制是保密的，因为这台大压床是苏联制造的第一台特大型设备，现场管理是很严的，禁止随便出入，但对中国人是敞开的。现场专家的讲解，使我受益匪浅，至今难忘。①

---

① 中国第一汽车集团公司编《风华正茂的岁月——在莫斯科李哈乔夫汽车厂实习的日子》，第 418~421 页。

8

王锡春： 1934年出生，1955年10月赴苏实习。曾任"一汽"工艺处油漆实验室主任、工艺处副处长、"一汽"涂装中心总工程师、"一汽"合资办指挥。

涂装是汽车制造不可缺少的重要专业之一，在1954年至1956年间，"一汽"派出了刘莅芬、张吉祥（附件车间的油漆工长）、刘长治（冲压车间油漆工部主任）、我、薛陆第（冲压车间油漆工长）五人配套实习涂装专业。刘莅芬和我，1954年8月刚从杭州化工学校毕业，分配到"一汽"俄文班学习俄语，准备赴苏实习。我们两人都在斯大林汽车厂工艺处油漆实验室实习油漆工艺师之职，苏联导师不仅为我们编写了详细的实习计划，在生活、工作、学习等方面也给予极大的关爱。刚去时因语言不熟和无专业知识，导师安排我做油漆进厂检验工作，从当试验员开始。接着给我讲专业基础理论，指导我通读两厚本大学专业教材《漆膜形成物工艺学》《非金属涂层工艺学》，让我熟悉材料技术条件及检验方法和载重汽车各零部件的涂装工艺卡及有关工艺管理文件。半年后语言上基本过关，专业也进步很快。他们认为新中国将来会制造轿车，在实习后期，超计划安排我到吉斯牌豪华高级轿车和大客车涂装工部去实习，还为我联系参观"莫斯科人"轿车厂涂装车间。为培养我们开发新工艺、新技术的能力，导师带领我参加当时先进的杯式静电涂装法、中温锌盐磷化工艺的试验工作和技术研讨会。油漆实验室主任从英国考察一回来，就给我们介绍英国轿车涂装技术状况，并在我回国临行之前赠送给我一厚本晒图复制的"访英报告"和一套气动静电喷枪的照片。同时我还学到了涂装工艺管理、新工艺、新技术的开发，了解了国际汽车涂装动态等思维和科学工作方法，这使我爱上汽车涂装专业，立志为我国汽车涂装赶上国际先进水平奋斗终生。

一年的实习，为我的专业发展打下坚实、良好的基础。回国后，学到的东西很快得以应用。1958年在国内首次试制成气动静电喷枪和静电涂装法。在试制国产第一辆"东风"牌轿车和"红旗"牌高级轿车时，由我主持涂装工作，通过领导、技术人员和工人师傅"三结合"，出色地完成了任务。回国后，我在"一汽"一干就是四十多年，并从事同一专业（汽车涂装），参加了"一汽"的三次创业和汽车涂装及其用材的三次全面引进及消化吸收工作。"一汽"这个大"熔炉"将我炼成了有用之才，使我在推动我国汽车涂装技术进步中做出了一点贡献。①

9

冯云翔：1931年生，1953年上海财经学院工业管理系机械专业毕业，1955年7月赴苏实习经济计划工作，1956年回国。在"一汽"历任经济计划处科长、处长，企业管理办公室主任，技术经济政策研究室主任，"一汽"副总经济师等职务。

我是1955年7月去苏联斯大林汽车厂实习经济计划工作的，给我讲过课和指导过实习的导师不下十人，他们对我的热情帮助都给我留下了美好的记忆，其中印象最为深刻，并使我毕生难忘的有三位导师。他们是慈母般的玛·阿·莎姆松诺娃、有学者风度的导师谢·阿·普洛崔洛夫和我的导师与挚友巴·谢·高里丹斯基。玛·阿·莎姆松诺娃是斯大林汽车厂经济计划处最受人尊敬的一位女科长。她在还是个小姑娘时就来到汽车厂，到了63岁高龄，因为工作需要，组织上还没让她退休。她没有子女，家中还有一个患糖尿病的丈夫，需要每天给他打针、做饭。作为一个每天坚持上班的老人，家庭负担确实不轻，但是很少听到她叫苦。她把全部精力都用在工作上，特别是一忙起来，走路都带小跑儿，工作效率连年轻人也难以赶上，处里同志说：她把一生都献给了汽车厂。

---

① 中国第一汽车集团公司编《风华正茂的岁月——在莫斯科李哈乔夫汽车厂实习的日子》，第444~446页。

她不仅工作认真负责，对我们年轻的中国实习生也是慈母般的关怀。她每天首先安排我阅读有关文件资料，然后挤时间给我讲课，同时安排我到生产处、会计处、财务处、生产准备处等关联处室以及基层车间实习，扩展我的视野。每次从一个单位实习回来，她都要反复地问我是谁给我进行的辅导，听懂了没有。刚开始的时候，由于语言上的障碍，心中没有底，即使我已经搞明白了，出于中国人的"谦虚"习惯，有几次都是用"差不多""基本上"等不肯定的语言加以回答。由于这不符合俄罗斯人回答问题干脆直爽的习惯，被她误解为我还没有完全听懂，逼得我不得不用结结巴巴的俄语把我理解的意思叙述一遍，说明我已经听懂了。这种慈母般的耐心，使我至今难以忘怀。我出身贫寒，在旧社会饱受失学失业之苦，新中国成立后，上大学，去苏联，走上了自己做梦也没有想到的幸福之路。因此，对党、对国家、对人民总是有一种知遇报恩的感情，淡泊名利，力求奉献。导师那种顾全大局、毕生敬业的精神，对我上述思想的形成也有很大影响。①

10

郭力：1916 年出生，1935 年于哈尔滨工业大学毕业，1950 年任中国汽车工业筹备组主任，1952 年任"一汽"（652 厂）厂长，后任"一汽"副厂长兼总工程师、"一汽"厂长兼党委书记。1965 年任一机部副部长。1976 年 2 月逝世。

中国第一汽车工业基地——第一汽车制造厂建成了，在总配线的末端络绎不绝地驶出了国产的汽车，从此我国有了自己的汽车工业，结束了中国不能制造汽车的历史，开辟了中国汽车工业的新纪元。

第一汽车制造厂——这个以头等技术装备建起来的工厂，之所

---

① 中国第一汽车集团公司编《风华正茂的岁月——在莫斯科李哈乔夫汽车厂实习的日子》，第 424~425 页。

以能够在短短的三年时间内完成如此巨大的建设任务并投入生产，再一次证明了解放了的勤劳的中国人民，在党的正确领导下，在工业建设的战线上是战无不胜、功无不取的。这是我们党调动各方面的积极因素，组织全国人民及各兄弟厂大力支援和建设者夜以继日地忘我劳动的巨大成果。尤其使人难忘的是苏联政府和人民对第一汽车制造厂所付出的全面无私的援助，这是我国汽车工业从无到有的重要保证，第一汽车制造厂是中苏两国人民伟大友谊的结晶。

　　大家都知道，要在我国工业技术水平比较落后的基础上和我们完全没有经验的条件下，建成像第一汽车制造厂这样现代化的、具有高度技术水平的工业企业，如果没有苏联方面无私的援助，那简直是不可想象的。第一汽车制造厂的筹备、建厂、生产全部工作无一不是在苏联援助之下进行的。从厂址选择勘察、原始资料的收集、全面的工厂设计到建筑施工、设备制造与交付、设备安装、生产准备、生产调整到组织汽车生产的全部过程，都渗透着苏联人民兄弟般友谊的巨大劳动。

　　苏联为了援助我国建设第一汽车厂，曾动员许多机关单位及成千上万的人参加这项浩大的工程。如参加进行我厂设计的26个专业设计机关，分担着全面的设计工作，几乎所有著名的苏联机械制造厂都为我们制造设备，特别是作为直接援助和代我们负责联系各方面工作的莫斯科利哈乔夫汽车厂，为建设第一汽车制造厂做出了巨大的贡献。他们专门成立了"第一汽车制造厂管理处"，组织了各方面的专家参加了工作，除了直接进行全套工艺设计以外，还作为第一汽车制造厂的代表，掌握设计与订货等全部事宜。当许多特殊设备不能到相应机械制造厂制造时，即组织莫斯科利哈乔夫汽车厂的各辅助车间进行制造。第一汽车制造厂主要的设备都是苏联制造供应的，其中有许多设备在苏联还是第一次试制。数量众多而又精密的、巨型的设备都是由苏联工人亲手制造出来、经过检验和实验后运给我们的。

　　更重要的援助是派遣了大批的优秀专家到中国来进行现场的直接帮助。在我们的工厂里各个建厂阶段中到处都有着他们的足迹。

我们在工作中遇到的不能解决的困难，都在他们丰富的工作经验和精湛的技术知识帮助下迎刃而解。他们经常为解决某一技术问题而废寝忘食地工作，一直到问题解决为止。这种高度的国际主义精神和社会主义劳动热情鼓舞与教育着我们的集体，他们以坚忍的意志和认真负责的工作作风，给我们树立了良好的榜样。同时每一位专家都培养几个徒弟，当固定专家固定徒弟的办法推行后，在培育我们的技术力量上收到了极其显著的效果，许多对自己的专业一无所知的青年徒工现在已能独立地工作了，专家们都保证说，当他们期满回国时，一定要使中国同志能够接替他们的工作。

此外，莫斯科利哈乔夫汽车厂还接收了我们的大批实习生前去实习，他们为所有实习生准备下了极其便利的实习条件，挑选了有各种专长的专家做老师，手把手进行教导。他们都牺牲休息时间来教导我们的实习生，他们都把教会中国实习生作为自己的荣誉。尽管语言不通，但经过他们的耐心教导，实习生都按照实习计划完成了课业，并且他们在实习生的生活上给予了极其热情的照顾，他们不仅是实习生的好老师，而且是知心朋友，使这些实习生成为我们第一汽车制造厂初期的生产骨干，成为学习苏联先进技术先进经验的桥梁。①

江泽民《纪念基列夫同志》②

尼古拉·雅科夫列维奇·基列夫是二十世纪五十年代初来华工作的一位苏联专家。他于一九五四年一月来华担任长春第一汽车制造厂建设总动力专家，同广大一汽建设者共同奋斗近四年，为一汽建设倾注了大量心血。我当时曾同他一起工作。如今，基列夫同志已经去世十四个年头了，但我始终记得他为工作忙碌的身影和他的工作精神。我觉得很有必要写一写基列夫同志，表达我们对他的缅

---

① 中国第一汽车集团公司编《风华正茂的岁月——在莫斯科李哈乔夫汽车厂实习的日子》，第490~492页。

② 刘人伟：《永恒的记忆》，第1~3页。

怀，感谢他为新中国建设和中苏两国人民友好作出的贡献。这本书侧重写了基列夫同志在一汽工作的情况，写了他同我的交往和友谊，写了他的中国情结。

基列夫同志是从苦难中成长起来的，经历了残酷战火的磨炼，形成了坚韧的性格和执着的事业心。他本是一名普通工人，但他奋发努力、刻苦钻研，一边工作、一边读书，自学成才，从一名只有小学文化程度的青年成为一名既有实践经验又有理论知识的技术专家。在一汽的岁月里，基列夫同志对工作极端负责，对中国同志极端热忱。他同一汽动力建设者们日夜拼搏，以一丝不苟的敬业精神和严谨求实的科学态度，共同攻克一个又一个技术难关，高质量地建成了一汽动力系统，并全面安全投入运行。在一汽建设的关键时刻，他一次又一次推迟归国日期，留下来同我们一起攻坚克难。基列夫同志是同他一起工作过的每位工人、技术人员、干部的良师益友，大家情谊深厚、感情真挚。在当时各方面条件都比较艰难的条件下，一汽能够三年建成投产，基列夫同志功不可没。

一九五七年，在即将离开长春回国前夕，他要我们把全厂动力师和检查员集中在一起，作了临别赠言。他对一汽动力系统哪里有薄弱环节，可能发生哪些故障，该如何处理，动力师和检查员应该如何做好本职工作，等等，事无巨细，都作了嘱咐。最后，他语重心长地说："你们是动力系统的眼睛和耳朵，你们要热爱本职工作，下决心在动力系统干一辈子。你们前途无量，一汽未来正常生产需要你们，少不了你们啊！"

基列夫同志返回苏联后，始终保持着强烈的中国情结，他的心时刻与中国连接在一起。中国遭遇严重困难，他为中国朋友担忧和牵挂。中苏两国关系恶化，他心情凝重，内心深藏着对中国的深情。中国取得伟大成就，他更为中国人民欣喜。三十多年后，当他重返他曾经工作过和热爱的中国土地时，当他在莫斯科见到中国朋友时，仍想着为中国再出一点力，再做一点贡献。他深深热爱中国和中国人民，矢志不渝，令人感佩。

半个多世纪过去了，曾同基列夫同志在一汽一起工作的中国同事如今均年事很高，大家回忆他时都记忆犹新。基列夫同志去世后，他的夫人尼娜·吉洪诺夫娜给我写了一封信，信中说基列夫同志"是一个平凡的热爱劳动的人，他的一生应该说是很有价值的"。不论在自己祖国的大地上，还是在中国的土地上，基列夫同志始终如一，在平凡岗位上默默耕耘，做出了不平凡的成绩。毛泽东同志在他的著名文章《纪念白求恩》中写道："一个外国人，毫无利己的动机，把中国人民的解放事业当作他自己的事业，这是什么精神？这是国际主义的精神，这是共产主义的精神，每一个中国共产党员都要学习这种精神。"我觉得，基列夫同志身上也有这种精神。无论什么时候，我们都不应该忘记那些帮助过我们的人。

2010 年 8 月 30 日

文献摘选

1956年《人民中国》杂志刊登的来自长春第一汽车制造厂的报道[①]

我是乘有轨电车去的长春第一汽车制造厂。汽车厂位于长春市郊区,有轨电车线路经过的厂区可以当之无愧地被称为汽车城。笔直的街道两边是新建的工人住宅楼、百货商店、书店、图书馆、餐厅、俱乐部、邮局和银行。现代化都市里应该有的设施,这里都应有尽有。工人们的住房非常舒适:房间宽敞明亮,有集中供暖,每个家庭都有自己独立的浴室和厨房,还有热水可以洗澡和洗衣服。

汽车厂俱乐部门上贴的宣传画吸引了我的注意力。画上画的是两排"解放"牌卡车在人们的欢呼声中驶过天安门城楼的场景。这幅宣传画充分表达了汽车工人们内心的想法:他们想要在1956年10月1日之前,也就是在中华人民共和国成立七周年纪念日之前,把第一批国产汽车送往北京参加隆重的节日庆典。

进入宏伟的汽车厂大门,就能看到一条平坦宽阔的大路,路的中心有一个街心花园。花园里正紧张地进行着整理和绿化工作。路两边是三层高的生活服务用房,这些楼房的外墙被刷成浅黄色,看起来非常整齐。如果不是街道尽头可以看到热电站的黑色烟囱,你会以为这些楼里是学校或者是博物馆。每座楼里都设有更衣室、淋浴间和休息室。生活服务用房旁边就是厂房。

---

① 车慕奇:《国产汽车即将下线》,《人民中国》1956年第9期,第23~26页。

汽车厂一共有 13 个主要车间：发动机车间、铸造车间、车身制造车间、工具车间、热处理车间、装配车间，等等。副厂长孟少农告诉我说，长春第一汽车制造厂拥有制造汽车需要的所有车间。

我来之前，汽车厂厂房的验收工作就已经开始了，车床的安装工作也已经基本结束，现在已经进入调试阶段。汽车厂的工人、技术人员和管理人员都已经配备齐全。厂里的总装配线上已经输送下来了几百台用苏联提供的零部件组装成的汽车。我到汽车厂的那天，一个令人欢欣鼓舞的消息传遍了全厂：铸造车间的炼铁炉开始试验生产高品质的生铁，这为工厂依靠自有力量生产制造汽车的铸铁零件提供了保证。

以前我去过很多铸造车间，那些车间给我留下的印象非常不好，不仅厂房阴沉昏暗，而且到处都是脏东西和铁砂。

可是在长春第一汽车制造厂的铸造车间我看到的却是另一个完全不同的场景。车间里明亮得令我吃惊，干净得简直让人无法想象。

图 2–39　长春汽车厂车间一角（1956 年）

压模机旁边站着一位女工，她头上戴着工作帽，是像护士帽那样雪白的工作帽。女工只需按动一下手柄，铁砂就会从运输管道落入砂箱，再动一下另一个操作手柄，砂箱就会快速地向另一个方向移动，然后瞬间又停下来：模型就这样做好了。女工轻轻地碰一下气压起重器的手柄，沉重又笨拙的砂箱就被放到自动回转的传送带上了……车间里非常干净。

我在汽车厂还看到了可以完成各种复杂操作的车床：立式多轴半自动车床、铣齿机、坐标镗床，等等。陪同我参观的技术员告诉我说，这些车床都是苏联制造的。

在发动机车间我看到了由10台车床组成的自动化生产线。工人只需要扭转电动开关，流水线上的车床就开始工作，自动进行钻孔和切割气缸装置。每5分钟生产线就可以做好两个零件。对零件质量的监控也是自动完成的，如果制造出的零件符合质量标准，那么就会自动进入下一个生产程序，反之，如果质量不符合要求，车床就会自动停止工作。中国的工人们在苏联专家的帮助下已经完全掌握了复杂的联动机组的操控技术。

我还拜访了长春第一汽车制造厂的总工程师郭力。他工作经验

图2-40 中苏专家的紧密合作是第一汽车厂所有车间及工区得以顺利工作的保证（图片来自刘人伟《永恒的记忆》）

丰富，解放战争时期就在解放区的工厂工作过，后来又被派往苏联学习汽车制造知识。最近，他又因汽车厂的各项事宜多次去过莫斯科。郭力还给我讲了苏联人民是怎么帮助我们建设汽车厂的。

一共有24个苏联设计院参与了长春第一汽车制造厂的设计工作。长春第一汽车制造厂初步设计的主要工作由苏联汽车拖拉机设计院负责完成。莫斯科斯大林汽车厂与苏联20多个设计院建立了联系，还联系了苏联国内多家机械制造厂为我们的第一汽车制造厂订购并生产设备，同时还负责订单质量的检验及确保如期交货。不仅如此，斯大林汽车厂还专门为中国长春第一汽车制造厂生产了调整改进过的车床，生产了汽车零件样品，虽然严格意义上讲，这些工作并不属于斯大林汽车厂应承担的义务。为中国"一汽"生产订单的所有苏联工厂都安排了专门的质量检查员，负责检验产品质量。苏联工人在国际主义精神、在对中国人民的爱的鼓舞下，把为中国生产机器设备当作自己极大的光荣。

郭力总工程师还给我讲了他在苏联实习期间的一件事："有一次我去斯大林汽车厂。工厂的美工师来找我，他手里拿了一张放大的汉字照片，问我上面的字写得对不对。我感到非常好奇，他问这个干什么呢？他回答说：'这些字是车床上的说明文字，这样做，是为了方便中国工人使用。'他手里拿的字真的不像汉字，但我又不好直接说，于是就含糊地、低声对他说：'这字有点像一年级小学生写的啊。'他大声地笑了，然后坚定地说，车床上的字必须得是真正的汉字。后来，我们想出了一个办法，找了几个中国实习生用毛笔写出了车床说明里需要用的汉字。"

我特意看了，许多车床上都有精心描绘的汉字，这也充分体现了苏联人对中国朋友们的关心。

在长春第一汽车制造厂到处都能遇到胸前佩戴着黑红徽章的工人和技术员。他们都去过苏联，都在苏联的汽车厂实习过，现在他们都已经成为各个车间的骨干力量。同时，他们现在也开始承担大批工人和技术员的培训工作了。

徐宏凯（音译）是发动机车间的一名机器调整工，也是从苏联实习回国的。进汽车厂前，他在天津电力设备厂当过磨工。刚到苏联的时候，因为俄语水平有限，他几乎完全听不懂老师讲课。于是老师就介绍他和几个姑娘认识，并对姑娘们说，这个年轻的中国朋友非常腼腆，让姑娘们要主动和他交谈。这让徐宏凯更不好意思了，但是没有别的办法，于是，徐宏凯只好鼓起勇气开始学习俄语口语。很快，他的俄语水平就有了明显的进步。

徐宏凯的老师讲课非常详细认真。有一次讲到了自动打磨车床，徐宏凯对其中一个零件的构造没弄明白。于是他就看图纸，查字典看说明，还阅读相关的专业书籍，但还是不明白。于是老师就对徐宏凯说，明天要把车床拆开，让徐宏凯亲眼看看这个零件。徐宏凯认为没有必要这么做，因为这样做，车床就要停止运转几个小时，那会少制造出多少零件啊！他坚决要求老师不要拆车床。可是老师却对他说："你是一个工人，你看了立刻就会明白。"事实真是这样，第二天，把车床拆开后，徐宏凯立刻就弄懂了这个零件的构造。可是之后，苏联工人们为了赶因为拆车床而耽误的工时付出了相当大的努力……这件事让徐宏凯铭记一生。

"你和你的老师还保持通信联系吗？"我问道，"我们没有必要写信，我的老师现在就在中国呢，他和我们在一起。只是我们现在不叫他老师，我们叫他专家。"

苏联专家在苏联为我们中国培训了许多熟练的技术工人。他们现在又来到汽车厂帮助我们安装和调试车床，并帮我们解决安装和调试中遇到的困难。像徐宏凯和他的苏联老师的例子还有很多很多。

徐宏凯告诉我，发动机车间是汽车厂的心脏，5月份，也就是比预计期限提前很多，发动机车间就会生产出自己的第一批产品。

车体车间与其他的三个车间的生产已经超过了发动机车间。他们在4月初就已经开始以流水作业的方式进行生产了。在生产中，车体车间的工人们都达到了，有些工人甚至还超过了规定的设计标准。机器调整工，22岁的刘耀宗（音译），是从上海，也就是中国曾经的机械制造业中心被调到长春第一汽车制造厂的，他是一个爱交际、善谈的人，还没等我向他提问，他自己就开始详细地讲起了他所掌握的技术。

刘耀宗说，虽然他到汽车厂之前就已经是一名熟练的机械制造业工人了，但是刚到车间的时候，他简直是手足无措。该怎么调试从来都没见过的专业车床呢？只有一个办法，那就是虚心地向在苏联实习过的人学习。以前掌握的机械知识帮了他的大忙，他开始逐渐熟悉新车床。这时候正好车间号召青年工人开展车床运行百次无故障竞赛。一开始刘耀宗没信心，后来经过考虑，他改变了想法，决定响应号召参加竞赛，因为他知道这是一个非常好的提高自己技术水平的机会。其他人负责的车床上已经不断地升起了标志着无故障运行的小红旗，于是他也开始对自己的能力确信不疑了。可是有一天，车床上方的小红旗都消失了，因为出现了故障。年轻工人的心颤抖了，他和同志们一起开始研究故障发生的原因，想要找到避免故障的方法。他细心工作，努力避免错误，终于在车间里第一个做到了车床运行百次无故障。

一个新手，如果在与他从未接触过的车床打交道的一开始就取得了成就，这自然是非常可贵的。许多人会以他为榜样，会学习他的经验。现在汽车厂各个车间的大约10名机器调整工人，也像刘耀宗一样取得了车床运行百次无故障的成绩。在我们交谈的时候，不断地有人来找刘耀宗，来请教工作中遇到的问题。刘耀宗不久前成了技师，已经开始教学徒了。这些聪明又有天赋的青年工人，通过"传帮带"的方式，培养着大批想要掌握现代化汽车制造技术的工人。

火车又一次从汽车厂旁边驶过，我不由自主地离开座位，离开车厢里的其他乘客，站在车门口，默默地看一眼我喜爱的汽车城的塔楼，我又一次感到了离别的痛苦。不，这不会是我最后一次来汽车厂，我一定还要再来。当大街两边绿树成荫，当街心花园里百花绽放，当春天来到已经顺利完成任务、提前开始制造汽车的工人们心中的时候，我一定会再来。我会给外国朋友们讲述汽车工人们工作中遇到的困难和喜悦。还要特别讲一讲我们的苏联朋友们：多少已不再年轻、头发花白的苏联工程师俯身在图纸上，设计长春第一汽车制造厂建设的草图；有多少苏联的机器制造工人用充满关爱的双手为汽车厂制造了世界一流的车床和工具；又有多少的苏联技师和专家为培训熟练的工人倾注了自己全部的心血！

Так выглядит начало главного конвейера общей сборки.

图 2-41　20世纪50年代长春汽车制造厂总装配线（图片来自《人民中国》）

1954年莫斯科斯大林汽车厂厂报上刊登的关于中国第一汽车制造厂建设情况的文章[①]

去年（1953年——编者注）是中华人民共和国执行"一五"计划的第一年，共有114个重点工业企业的建设项目开始施工。当年竣工的36个企业，有的已经全部投产运行，有的部分投入运行。包

---

① Половцев С. Строительство первого автомобильного завода. // Газета Автозавода им. Сталина «Сталинец». – 1 октября 1954 г. – № 232. – С. 2.

括中国第一汽车制造厂在内的其他项目的建设工作也正在紧锣密鼓地进行。汽车厂的建设者们面临的任务非常艰巨，仅工地上的土方工程量就超过50万立方米。

来自全国各地的劳动者参与了中国自己的第一个汽车厂的建设工作。国内有70多个工厂承担着建设"一汽"所需物资订单的生产工作。中国的劳动者把建设"一汽"当成最重要的事业。每天，建筑工地都会收到全国各地的大量来信，在信中人们祝愿"一汽"的建设者取得更大的成绩，同时还在信中强调"一汽"建设对国家的重要意义。全国著名劳动模范，"爱国丰产金星奖章"获得者郭玉恩在给"一汽"建设者们的信中写道："建设我国自己的汽车工业与广大农民的利益也息息相关，因为这可以进一步加强工人与农民、城市与农村的联系。"

建设者们有决心提前完成"一汽"的建设。首先进行的是厂区公路、专用铁路的铺设，地下电缆、压缩空气管道的建设。锻造车间、铸造车间、发动机车间、辅助车间以及其他车间的建设工程也紧锣密鼓地进行着。

同时三层高的工人住宅楼以及各类商业和企业日常文化活动用房也已经开工建设。预计今年将有100多栋居民楼竣工。

全国人民的帮助和支持极大地鼓舞了"一汽"的建设者们，他们不断取得显著的新成绩，超额完成了上半年的建设计划。大型木工车间提前一个月建成完工，现在已经开始进行设备安装工作。

随着建设规模的扩大，工地上的建设者们也逐渐在工作中成长起来。坚持超额完成标准工作量30%的木工李银海（音译）、在1953~1954年冬天特别艰苦的条件下依然坚持建造大型锅炉设施的热电厂锅炉车间主任温恒德（音译）以及其他许许多多的先进建设者的光荣事迹广泛流传、家喻户晓。

4月（1954年——编者注），在莫斯科斯大林汽车厂实习的工人、工程师及技术员们来到了建设工地。他们立刻投入"一汽"的建设工作，迫不及待地向同事们传授在苏联学到的先进经验。工人们为人民政权自己培育出来的工程师和技术员而骄傲，同时感谢苏联人民无私的、巨大的援助。"谢谢苏联给予我们的援助！"——在《人民日报》刊登的文章中，工程师陈山树（音译）这样写道。

未来的工程师们在工地上也能学到很多知识。今年（1954年——编者注）夏天天津大学民用建筑系的一大批学生到工地实习。他们认真听总工程师们和模范工人们讲课，认真做记录，生怕漏过任何一个字：学生们不仅记录了各种铁制构件的安装方法，还记录了厂区内需要移栽多少树木。

工地的建设速度一天比一天快：今年对于"一汽"的建设者们来说是决战的一年。国家已经在为新建的汽车厂培训高级专业技术人才。一些高校还专门开设了培养汽车工程师的院系。许多城市也已经为保障汽车厂的持续生产进行必要产品的研发工作。

苏联工人沙文 A．为中国同志刘克春（音译）写的诗[①]
——致模型车间实习生刘克春

刘克春的父亲是一名雇农，
确切地说，他是个穷人。
贫穷与无知的阴霾，
笼罩着简陋又狭小的家。

小树林后面的池塘旁有座宫殿，
宫殿里住着无所事事的官老爷。
每当克春想起童年，
他都无法忘记这苦痛。

---

① Шавин А. Лю Кэчунь, Практиканту модельного цеха посвящаю. //Газета Автозавода им. Сталина «Сталинец».-1 октября 1954 г.-№ 232.-С. 2.

好在他的青春时代
是那么光明，那么火热。
克春，一个雇农的儿子，
变成了捍卫自由的忠诚战士。

太行山高条件苦，
峡谷里工厂的烟囱冒着烟。
这工厂是人民战士的堡垒，
这工厂是自由心灵的熔炉。

这工厂还是大生活的学校，
太行山，石多不可攀。
这里是劳动之路的起点，
在这里刘克春成了共产党人。

青草染上了烟尘，
绿色的排水沟两边长着灌木。
特别快车向莫斯科疾驰，
车上拉着北京来的大学生。

听不到车轮敲击钢轨接缝的声音，
只有心脏在胸腔里跳动。
莫斯科的共青团员，
来迎接中国的朋友们。
…………
克春在苏联汽车厂。
半年就牢牢地学会了，

如何将火红的铁水，
快速地进行浇铸。

克春和我们，像兄弟一样。
他渴望工作，渴求知识，
他学会了新经验，
他的双手更灵活，更有准。

为了和平，劳动让我们亲近，
"我们拥有着相同的情感"，
——克春的心这样说，
我的心也听到了这个声音。

《谢谢你们的援助！》——中国进修生和专家对其在苏联的生产实习的评价

谢谢你们的援助[①]

秦炳昌（音译）：汽车厂工具车间实习技术员

1953年，我和同志们一起到苏联斯大林汽车厂进行实习。在苏联期间，我们的收获很大：我们了解到了以前从未接触过的最先进技术，掌握了生产的全部基本程序，学会了苏联最好的革新者们发明的新劳动方法。

我们中国工人、技术员和工程师总是能感受到来自苏联方面的关爱和支持。

在国庆节，也就是中华人民共和国成立的周年纪念日，我们由衷地向苏联朋友们说声"谢谢"，谢谢你们无私的援助。

---

① Цинь Бинчан. Спасибо за помощь. // Газета Автозавода им. Сталина «Сталинец».-1 октября 1954 г.-№ 232.-С. 1.

我们要做好学生①

王大勋（音译）：长春第一汽车制造厂机修车间主任

去年11月由6名同志组成的中国技术人员小组来到了斯大林汽车厂机修车间，目的是要详尽地学习生产组织程序，掌握必要的知识与技能。4月，已经有6名技术人员先行到莫斯科进行实习。现在，机修车间一共有12名中国实习生。

我，作为中国汽车厂机修车间未来的车间主任，需要全面、深入地了解生产以及公共事业的各个方面。我们详细地了解了车床的构造，了解了机器修理的技术流程，也了解了各种技术文件。

车间所有苏联工作人员都非常关心我们，我们总是能够感受到忠诚的好朋友的关心。我们无法忘记车间主任什米廖夫同志、车间党支部书记易林宁同志、技术部主任彼得罗夫同志、车间副主任波良科夫同志和马克耶夫同志、高级经济师斯维琳娜同志、会计尼古拉耶夫同志、工具处主任乌萨科夫斯基同志、高级技工达达诺夫同志以及许许多多其他苏联同志对我们的关心！

在机修车间进行生产实习的过程中，我们看到了车间如何为我们的汽车厂、为我们的车间制造最好的设备。师傅们和工人们都说："这个设备是为我们的兄弟——中国汽车制造者们生产的。所以必须要达到最好的质量。"

我们的苏联朋友是这样说的，也是这样做的。他们的确为我们未来的汽车厂制造了最好的设备。

车间主任什米廖夫同志给我们看了未来中国汽车厂机修车间的设计方案。我们看到了，设计方案中甚至包括了在莫斯科汽车厂也刚刚建议投入使用的新技术。

在机修车间，我们对中国汽车厂可能会需要的一切事物都非常

---

① Ван Дасюнь. Будем достойными учениками. // Газета Автозавода им. Сталина «Сталинец».-1 октября 1954 г.-№ 232.-С. 3.

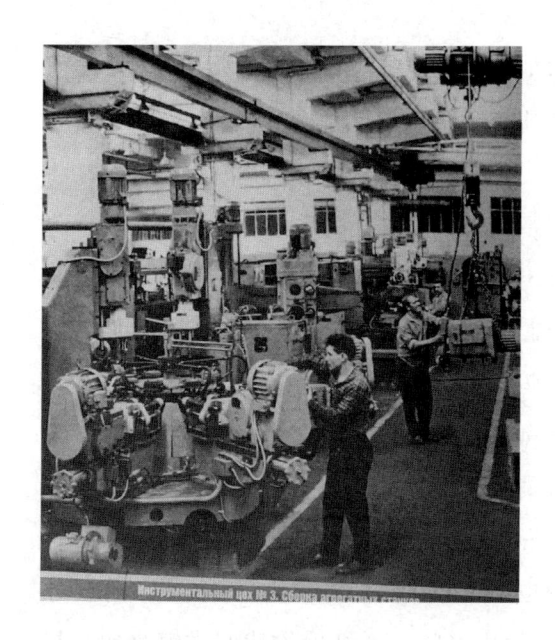

图 2-42 20 世纪 50 年代，在第三工具车间正进行吉斯汽车的生产机床装配工作，许多中国实习生曾在这个车间实习（图片来自《21世纪的利哈乔夫汽车厂》）

感兴趣。我们在这里学习了组织集体社会活动的方法，参加了公开的党组织生活会，学习了工会该如何组织和领导社会主义劳动竞赛，学习了共产党人该如何把党务工作与管理经济活动结合起来。

为了成为好学生，我们将向苏联朋友学习技艺，学习并掌握他们丰富的、完善的技术。

我的同志们[①]

徐荣华（音译）：机修车间技工

我到莫斯科的时间比其他同志晚。我在这里的实习时间一共只有四个月。但是，在这短短四个月的时间里，我也深深地感受到了苏联同志们对我的关爱和关心。

从实习开始，技工图里切宁诺娃同志就开始教我说俄语，帮助我学习专业课程。我按照俄罗斯同志的建议多用俄语朗读，这使我牢固地记住了俄语单词。

---

① Сюй Жунхуа. Мои товарищи. // Газета Автозавода им. Сталина «Сталинец».-1 октября 1954 г.-№ 232.-С. 3.

在技术培训部我每天都做听写练习，图里切宁诺娃同志总是认真又严格地为我批改，并和我一起弄明白出错的地方，教我如何避免再次出错。

苏联同志们的帮助非常让我们感动。我永远也不会忘记，一个星期天，老工程师尼古拉·瓦西里耶维奇·彼得罗夫同志一大早就来到了我们宿舍，邀请我们和他一起去新瓦斯特利亚科沃车站，像许多其他汽车厂人一样，他在那里有一个果园。

尼古拉·瓦西里耶维奇介绍我们和他的妻子认识，他的妻子热情地接待了我们。女主人请我们吃水果，和我们一起合影留念。他们对我们就像父母对孩子一样。

机修车间的工程师们也很关心我们。尽管他们自己的工作任务非常繁重，可是他们总会找出时间，详细地给我们讲解难题，帮我们改正错误，给我们提出良好的建议。苏联同志们还非常关心我们的业余生活，他们担心我们寂寞，想办法让我们健康、文明地度过自己的业余时间。因此，每当车间里组织郊游或者参观活动时，他们总是邀请我们一起参加。我们和车间的员工们去了两次全苏农业展览会，还多次去过高尔基文化休闲公园、文化宫和电影院。

每当我们给家里写信的时候，总是会写许多关于我们的苏联朋友的故事，会写他们是多么关爱和关怀中国人民派到苏联学习的实习生。

改写谚语[①]

刘京越（音译）：机修车间技术部主任

俄罗斯有一个著名的谚语："做客虽好，在家更好"。但是，这个谚语对我们——在斯大林汽车厂实习的中国实习生来说是不适用

---

① Лю Тиньюэ. Поправка к пословице. // Газета Автозавода им. Сталина «Сталинец».-1 октября 1954 г.-№ 232.-С. 3.

的。在苏联做客，就像在家里一样好。因为在这里我们有一个和睦友好的大家庭。

苏联的同志们把自己丰富的知识毫无保留地传授给了我们。要知道，并不是所有的知识都能在书本上学得到。我们在斯大林汽车厂学到的很多知识，在任何一本书中都找不到。例如，如何用普通的铣刀切削压力角为30度的复杂齿轮。这些知识在书里找不到，可是，我们现在已经学会了这门技术。我们说起这门技术的时候，连斯大林汽车厂的一名技术高超的技工也公开承认说："这个方法我到现在都不知道呢。"这也就是说，苏联人没有向我们隐瞒任何生产秘密。他们让我们了解到了苏联最新的技术成果。

中国有个谚语说得好："良好的开端是成功的一半"。我们有了一个良好的开端。这个良好的开端是在莫斯科斯大林汽车厂开始的。

在斯大林汽车厂实习，我们实际上已经开始从事在新的汽车厂（长春第一汽车厂——编者注）要做的工作了。例如，我已经编制了一些技术流程图，并对莫斯科汽车工人采用的技术进行了大量的计算。莫斯科的同志们事先就对我们说过，我们从实习一开始就会遇到大量的困难。我们现在已经准备要克服这些困难，学习苏联汽车厂在最初的几个五年计划期间积累的工作经验。

从大大小小的事情中，我们看到了中苏两个国家之间结下的兄弟般的友谊。我们多次在莫斯科汽车人们的家里做客，了解他们的日常生活和家庭生活，我们还一起庆祝节日。

学习兄弟民族的语言[1]

简布林（音译）：水利工程师

俄语——这是建立了世界上第一个社会主义社会并为全世界的劳动者做出榜样的民族的语言。劳动人民的杰出领袖列宁用俄语撰

---

[1] Тень Булин. Изучаем язык братского народа. // Газета Автозавода им. Сталина «Сталинец».-1 октября 1954 г.-№ 232.-С. 3.

写自己的著作，伟大的斯大林同志也用俄语写作。还有，供我们未来的第一代中国汽车人学习的、最好的技术书籍也是用俄语写成的。

虽然我在中国就开始学习俄语了，但是学习效果并不是很明显。去过苏联的同志们都鼓励我说，到莫斯科之后，在苏联朋友的帮助下，我一定能学会俄语。

在刚到苏联的日子里，甚至在苏联进行生产实习的最初几周，我对周围的一切都不明白。但是，苏联的朋友们耐心地给我讲俄语单词的意义，他们告诉我，如何正确造句子，怎样正确地给单词标重音。工厂（斯大林汽车厂——编者注）技术培训部开办的俄语培训班的课程让我在俄语学习上有了很大的进步。

按照苏联老师们的建议，我开始坚持看报纸，还订了《真理报》。我还看俄文版的专业书籍，也就是水利方面的书籍。这对我来说很难，但是在同志们的帮助下，我渐渐地能看懂教科书里最难的那些章节了。

回到中国以后，我一定会继续努力学习俄语。因为只有这样，我才能及时了解到最新的技术和文化成果，只有这样我才能成为一名不落后于时代的专家。

"为优秀的学生们而自豪……我们会加强合作"——苏联专家对20世纪50年代开展的与中国汽车建设者之间的合作的评价

波伊科 .A[①]（斯大林汽车厂副总工程师，"吉斯"汽车厂，莫斯科）

我们厂接受了一项光荣的任务：为新中国正在建设的汽车厂提供生产组织与开发方面的技术援助。能执行这项任务，我厂的工人、工程师和技术员们都感到非常高兴。直接参与对伟大的兄弟民族——中国人民的援助工作让我们每个人都感到非常满足。

大约有200名中国专业技术人员在我厂进行生产实习，正逐步

---

① Опубликовано в газете Автозавода им. Сталина «Сталинец». 1 октября 1954 года, № 232.

成功地掌握汽车制造技术。中国同志凭借他们固有的勤劳品质，获取并补充着自己的专业知识。在我们厂实习的中国同志中有一位叫徐清波（音译），他在中国曾被授予"劳动英雄"称号。他是中国汽车厂冲压车间未来的车间主任。刘世东（音译）同志在我们厂学习工具的生产过程。郭力同志也来我们这里进行生产实习。在抗日战争中，在与蒋介石军队的作战中，郭力同志为争取民族的幸福经受住了战火的考验。

现在，他又开始在我们厂里学习有关汽车制造的实践知识，并以此来丰富自己的经验。

还有一些中国专业技术人员已经结束在我厂的生产实习，回到了中国。他们从中国写信问候我们，还在信中告诉我们，正是因为我厂在学习上对他们的帮助，他们在工作中取得了许多的成绩。

我们一定会尽全力，让我们的友谊更加牢不可破。

雷巴科夫. M[①]（利哈乔夫汽车厂第一工具车间技术副主任，"吉尔"汽车厂，莫斯科）

在长春第一汽车制造厂建设和投产运行期间，有许多中国同志学习过我们的生产技术和经验，提高自己的专业技术水平。现在长春第一汽车制造厂已经独立运行生产了。

当我们知道自己的学生们在工作中快速地、不断地取得新成绩的时候，我们感触颇多。如果在今后的工作中能给他们安排更多的任务，那他们的技术水平很快就会赶上我们——他们的老师们。

有时候老师也会因为没有正确估计到学生的能力而陷入尴尬的局面。在新型三轴汽车吉尔–157投产后，我给中国汽车厂中心测试实验室主任沈玉涛（音译）写了封信，信中简单地描述了汽车上的这个装置，并认为这是我们取得的成就。沈玉涛同志在回信中告诉

---

① Опубликовано в газете Завода им. Лихачева «Московский автозаводец». 1 октября 1959 года, № 231.

我，中国的汽车厂已经完成类似汽车的投产准备工作了，知道这个消息后，我感到非常不好意思。沈玉涛同志在信中还告诉我，在工具车间，完全依靠中国自己的力量已经制造出了多用途测量显微镜。而苏联现在还只能从专门的工厂订购这类仪器。

在此，向我的学生们致以伟大的节日问候（中华人民共和国成立十周年——编者注），我认为，该是我们向中国人学习的时候了，我请求，如果可能，请中国同志帮助我们解决车间生产中遇到的几个技术上的疑难问题。我用这种方式庆祝伟大的中华民族的国庆日。

尤勒科夫.I[①]（总工程师，曾担任长春汽车制造厂苏联专家党支部副书记）

十年前，在北京古老的天安门广场上，中国人民的伟大领袖毛泽东宣布中华人民共和国成立。

刚刚诞生的人民共和国面临着各种各样的必须在最短的期限内解决的难题，其中之一就是建设汽车工业。

苏联政府忠于自己的国际主义义务，对中国人民进行了援助。苏联数十个设计单位、科研院所、工厂的设计部门、各城市的建设部门着手进行中国第一个汽车制造厂的设计工作，汽车厂的厂址已经确定为中国东北的长春市。

1953年，第一批援建汽车厂的苏联技术专家来到了长春市——中国未来的汽车城。专家组的大部分人是我们斯大林汽车厂的，他们是：工具技师切尔卡索夫 S.V.、冲压车间工作人员诺索夫 I.N.、技术信息部主任卡兹洛夫 S.F.、安装技师布依诺夫 N.I.、技术培训部工作人员沙文 G.F. 和不列达夫 B.I.、总冶金师工作室的工程师尤勒科夫 I.S.、机械工程师顾普林 V.I.，专家组的组长是希格乔夫 B.I.。这是第一批莫斯科共产党员汽车制造者，他们来到了长春，这个最初

---

① Опубликовано в газете Завода им. Лихачева «Московский автозаводец». 1 октября 1959 года, № 231.

是遥远的,后来却变得非常亲近的城市。

回到苏联之后,经常有人问我们:"不会中文,在中国工作不困难吗?"工作非常轻松,可也非常困难。轻松是因为,中国朋友们会清晰、快速、认真并带着对事业的极大热爱来执行苏联专家所有的建议和意见。艰难的地方在于,中国朋友们好像永远也不会满足于我们对他们提的问题所做出的狭义上的回答。他们希望获取更多的知识,希望多工作、多劳动。虽然我们不懂汉语,可是年轻的中国翻译们用自己创造性的劳动弥补了我们不懂语言的缺陷。

得知苏联专家要对工厂未来的工人进行培训的消息后,工程师和技术人员也想要来听课。于是我们也为他们举办了教学内容有所扩展的培训班。他们真的都非常渴求知识。工厂的每个工作人员,都根据自己的专业,顽强地钻研着汽车的结构以及汽车部件的构造,同时学习俄语单词。我们也开始学习说汉语,这让我们的中国朋友们非常高兴。

我们时时刻刻能够看见、能够感受到中国同志们对苏联人的深情厚谊,感受到他们对我们同志式的关心和巨大的人文关怀。他们明白,在远离苏联的长春,我们有时会不由自主地变得伤感忧郁,中国朋友们总是想方设法让我们忘记忧伤。长春电影制片厂的一个大厅里经常会为我们放映苏联电影。还专门为我们组织了与中国民族艺术工作者和体育工作者的见面会,请我们去戏院和杂技院,星期天的时候还会组织我们去郊外游玩。

我们还和长春的汽车人们一起庆祝所有的国际节日和民族节日。时间过得真快,汽车厂主体厂房的建设工作马上就要结束了。技术设备组装与安装工程师、技师、技工、冶金工程师、设计师和生产车间的工人们开始陆续来到中国,接替建筑人员进行下一步的工作。新一批的苏联专家中仍然有莫斯科汽车厂的代表,他们是:比列波诺夫 A.D.、瓦耶伊科夫 A.P.、费斯塔 G.A.、卡斯杰夫 V.I.,等等。新一批苏联专家抵达中国之后不久,在苏联汽车厂生产运行车间、实验室和设计部门进行了长时间实地实习的中国技术人员们也开始从苏联返回中国。

在苏联专家的帮助下，中国朋友们能够在相对短的时间——4年内建成自己的汽车制造厂并开始生产汽车。这是一个伟大的胜利。这个胜利之中也有来自我们厂的一份贡献。长春汽车制造厂的建成是中苏两国人民友谊牢不可破的一个有力的证明。

中国人民并没有满足于已经取得的成绩，利用在第一汽车制造厂建设中积累的经验，已经在北京、天津、南京和上海都建起了能生产各种型号汽车的新汽车厂，虽然工厂目前的规模还不是很大。现在，中华人民共和国已经拥有了自己的汽车工业，也有能力为工业和农业的发展制造越来越多的汽车了。所有援建的苏联工人、技术员和工程师也已经从中国回到了苏联，回到了自己工作的工厂。他们正面临着实施七年建设计划的宏伟任务。

一年前，中国驻苏联大使刘晓同志把中国政府颁发的"中苏友谊"奖章授予了参加长春汽车制造厂建设的苏联专家。共有2000多名苏联公民受到了奖励，每个人都把奖章佩戴在胸前。这枚奖章证明了中国人民对自己忠诚的朋友——苏联人民的认可和感谢。

在庆祝中华人民共和国成立十周年的日子里，我们全体苏联人，向勤劳的中国人民表达热烈的节日问候，祝中国人民在建设社会主义、在建设和平幸福的生活中取得更大的成绩。

布拉特. И[①]（利哈乔夫汽车厂工程师）

我们——苏联首都的汽车人对长春的朋友们取得的成就倍感自豪，他们从中国第一汽车制造厂开工之日起，在三年内掌握了生产技术，还在其他城市也建成了汽车厂并且能生产制造数十种类型的卡车和小汽车。我们非常高兴地回忆起50多名中国同志在我们厂实

---

① Блат И. Больших успехов, друзья! // Газета Завода им. Лихачева «Московский автозаводец».–1 октября 1959 г.–№ 231.–С. 2.

习的那些日子，回忆起汽车厂（长春汽车制造厂——编者注）厂长饶斌同志、总工程师郭力同志及其他同志学习莫斯科汽车人经验的情景。

许多莫斯科汽车人至今仍然和自己的中国兄弟们保持着联系，交流经验，彼此写信，告诉对方自己的生活和工作情况。很多中国朋友在来信中写道："我们永远不会忘记苏联人的伟大国际主义精神。愿我们的友谊更加牢固！"中国实习生王少林、韩华牛、张山东、崔玉成（名字均为音译——编者注）等在信中也这样写道。他们在信中讲了长春第一汽车制造厂的事，还讲了如何提高汽车的质量等问题以及建立高等汽车学校和院系车间的事。

我们想重点说一说中国实习生们特有的、非常勤奋、非常守纪律以及渴望最快最全面地掌握生产过程的品质。技师聂长青、刘志忠同志，工程师潘金祥和胡美德，工人付少民，部门主任王少林（名字均为音译——编者注）以及其他全体人员都具备这样的品质。

1956年10月15日是长春第一汽车制造厂正式建成移交、开始大批量生产的日子。在这天，当收到第一汽车制造厂集体发来的感谢电报的时候，我们感到无比高兴。长春汽车人把第二辆下线的"解放"牌汽车送给了我们。

我们，莫斯科汽车人，为我们长春的兄弟们感到自豪，在庆祝中华人民共和国成立十周年的两周之后，他们还将庆祝长春第一汽车制造厂建厂三周年。我们祝他们在发展汽车工业上取得更大的成绩。

第三部分

"一五"时期吉林省其他苏联援建项目的历史考察

一 吉林化工集团的创建与发展

中国石油吉林石化公司①是特大型综合性国有石油化工生产企业，前身为吉林化学工业公司（以下简称"吉化"），是中国"一五"期间兴建的以染料、化肥、电石为标志的第一个大型化学工业基地。作为中国化学工业的摇篮，新中国的第一桶染料、第一袋化肥、第一炉电石就诞生在这里。经过60多年的发展，现已成为集炼油、烯烃［烯烃是指含有C=C键（碳－碳双键）（烯键）的碳氢化合物，分子通式为C_nH_{2n}——编者注］合成树脂、合成橡胶、合成氨、合成气［合成气是以一氧化碳（CO）和氢气（H_2）为主要组分，用作化工原料的一种原料气——编者注］于一体的特大型综合性石油化工生产企业，其中，生物制燃料——乙醇的产量位居世界第一，丙烯腈的产量位居亚洲第一。吉化作为中国化学工业的"长子"，为中国化学工业和国民经济发展做出了突出贡献。

吉林化工区的建立，对于发展国民经济、满足人民日常生活需要以及发展化学工业本身，都具有深远的影响。吉林氮肥厂、吉林染料厂和吉林电石厂三个规模巨大的现代化的化学工业企业的建立，不仅保障了农村大量化学肥料的供给，人民日常生活所需的色泽鲜艳且不褪色的染料的供给，而且为合成纤维、塑料、合成橡胶等有机化学工业提供了原材料。

---

① China National Petroleum Corporation, CNPC, http://www.cnpc.com.cn；http://economic-definition.com/Companies_of_China/Kitayskaya_Nacional_naya_Neftegazovaya_korporaciya_CNPC_eto.

二 吉林化学工业区的建设与发展

新中国成立之初,中国化学工业基础极其薄弱。新中国成立前只有少数小型加工厂分布在上海、天津、大连等沿海城市,以酸碱盐生产为主。化工原料的生产规模很小,加工业所需要的原料大多依赖进口。国民经济发展所需要的重要化工产品,如化纤、合成橡胶、塑料及其他产品的生产几乎处于空白状态,生产水平极低。[1]为数不多的几个大型化工企业是日本帝国主义者侵占中国东北地区之后建立的,这些装备了当时最先进设备的工厂主要是为发动侵华战争的日本军队服务的,也是为日本攻打苏联做准备的。[2]

国民经济恢复时期(1949~1952年)和第一个五年计划时期(1953~1957年),为我国化学工业发展奠定了坚实的基础。1955年7月第一届全国人民代表大会第二次会议上通过的《中华人民共和国发展国民经济的第一个五年计划》中明确了化学工业发展的任务:"化学工业是促进农业和其他工业发展的重要因素。在第一个五年计划期间,必须积极发展化学肥料工业和……酸、碱、橡胶、染料等工业。"[3]

"一五"计划期间,国家用于发展化学工业的支出经费总额超过

---

[1] Промышленность КНР. Под общ. Ред. М.И. Сладковского.–С. 171.

[2] Александрова М.В. Японский капитал и его значение в развитии промышленности Северо–Восточного Китая (конец XIX в.–1945 г.). // Китай в мировой и региональной политике. История и современность. Выпуск XIX.–М., ИДВ РАН, 2014.–С. 349–354.

[3] Материалы второй сессии Всекитайского собрания народных представителей. 5–30 июля 1955 г.–М., Госполитиздат 1956.–С. 307.

60亿元人民币，计划建成和改建30多个大型化工企业，其中，为满足农业生产需要，计划建成5个氮肥厂（设计年生产能力为21万吨）、2个磷肥厂（设计年生产能力为30万吨）；计划建成和改建5个橡胶厂；计划建成2个合成染料厂、2个化学制药厂、2个碱厂和1个电石厂。此外，还计划建成现代化的塑料厂、合成纤维和人造纤维厂、汽车外胎厂。其中，有10个工厂是在苏联的援助下建成的。截至1958年，共有15个大型化工企业投入生产。[1]

在吉林省建成的三个化工企业，不仅考验了中国的技术力量和中苏技术合作水平，也证明了在苏联和苏联专家的帮助下，中国完全有能力建设现代化的化工企业。正是由于第一个五年计划的实施，我国的冶金工业和机械工业才得到快速发展，许多用于建设化工企业的原材料生产和设备才得到充分的供给保障。

吉化于1954~1955年开工建设，[2]建厂的设计方案、生产装置和技术由苏联提供。1957年建成投产，形成了煤化工生产系统。1958年1月1日，经化工部批准，组建吉林化学工业公司。1994年，通过企业重组和股份制改造，创立了吉林化学工业股份有限公司，吉林化学工业公司作为母公司更名为吉化集团公司。1998年，吉化集团公司划归中国石油天然气集团公司（CNPC）管理。1999年，经过新一轮的重组改制，重组为中国石油吉林石化公司（含吉化股份公司）和吉化集团公司。

1948年3月18日，吉林市解放。东北工业部化工局[3]根据党中央的指示，对东北地区的化学工业情况进行了调查，并在《化学工

---

[1] Журнал «Дружба».–№ 44, 1959.
Десять лет Китайской Народной Республики.–М., 1959.–С. 86.
Промышленность КНР. Под общ. ред. М.И. Сладковского.–С. 171–172.

[2] Чжан Байчунь, Яо Фан, Чжан Цзючунь, Цзян Лун. Передача технологий из Советского Союза в Китай. 1949–1966.–С. 178 (Приложение 1).

[3] 1949年新中国成立之初，在几个大的行政区域包括东北地区设有区域部委。1952年末，区域部委被撤销，大型工业企业由中央人民政府下属的相关部委进行管理。

业三年计划大纲》中指出:"吉林市江北区域具有良好的自然条件和经济条件,可利用日伪时期遗留下来的电气化学工业旧址①修建以电石为原料的化工厂,并在此基础上建设新的化学工业基地。"

新中国成立后,苏联专家受聘来到中国东北参加经济恢复工作,经过调查指出:"吉林是发展化学工业的最佳区域。"1950年1月,在北京召开的全国化学工业会议上确定东北为化学工业建设重点基地。1950年2月14日,中苏两国政府在莫斯科签订《中苏友好同盟互助条约》,同时还签订了关于苏联援助中国建设和改建50个大型工业企业的双边协定,其中包括5个大型化工企业。②

1951年初,以贸易部副部长姚依林为首的中国贸易代表团赴莫斯科对苏联进行正式访问。代表团成员林华(东北工业部化工局副局长)以化工总供货代表的身份与苏联政府进行谈判,签订了吉林氮肥厂(主要生产合成氨和硝酸铵)、吉林染料及中间体厂、吉林电石–碳氮化钙厂等7个化工厂的建厂方案。

1951年8月,经中央财政经济委员会批准,在吉林市江北区建立了吉林化工区,新建以煤为主要原料的,由染料厂、氮肥厂和电石厂及配套的热电厂组成的吉林化学工业基地,成为国家"一五"计划期间156项重点工程之中的四个项目。③

1951年3月,苏联政府派以化学工业部副部长拉普切夫为首的技术代表团来到吉林市,协助中方技术人员进行实地踏察,并确定了在吉林市建设化学工业基地的地址。同年5月,苏联政府又选派10名化学专家来到吉林市,协助沈阳化工研究院工程技术人员全面

---

① 此处指的是1945年之前日本垄断资本控制的"满洲"电气化学工业株氏会社下属的企业。参见 Александрова М.В. Японский капитал и его значение в развитии промышленности Северо–Восточного Китая.–С. 353。

② Чжан Байчунь, Яо Фан, Чжан Цзючунь, Цзян Лун. Передача технологий из Советского Союза в Китай. 1949–1966.–С.38.

③ Чжан Байчунь, Яо Фан, Чжан Цзючунь, Цзян Лун. Передача технологий из Советского Союза в Китай. 1949–1966.–С. 175, 178 (Приложение 1).

勘测了化学工业基地所在区域的水文、地质、地貌、气象等，获取了设计所需的全部资料。1953年，完成了全部勘测任务。在完成现场勘测的基础上，苏联专家协助中方技术人员初步确定了待建各厂的具体位置。1954年，化工基地基本建设进入高潮时期，苏联化工部在吉林成立了专家技术局，纳扎尔金担任局长，另有16名专家参与其中。局址设在氮肥厂。该专家技术局负责吉林市化工基地建设的设计监督、技术监督，解决技术上遇到的难题，选派专家来华以及协助培训部分技术骨干力量等任务。

吉林化学区的建设始于第一个五年计划时期的1953年9月，先是组建了吉林化学工业区建厂筹备处，负责吉林化工区三个新建厂的筹备工作。1954年4月，吉林三大化工厂破土动工，101厂定名为吉林染料厂，102厂定名为吉林氮肥厂，103厂定名为吉林电石厂，这几个工厂被列入国家"一五"时期的重点工程，建设所需的主要生产装置、技术资源由苏联方面提供。

吉林染料厂共有23个基本车间、89个工程项目的建设任务，部控总投资计划为9800万元，实际使用7167万元。"一五"期间完成实际拨款额的67.5%。其中，吉林氮肥厂一期建设投资25654.8万元；吉林电石厂投资3272万元。截至1957年秋，上述工厂相继建成投产（染料厂原计划1958年建成投产[①]），初步形成了我国的煤化工生产系统。1958年1月1日，经化工部批准，正式组建了吉林化学工业公司。所属单位有染料厂、氮肥厂、电石厂、机械厂、化工建设公司、钢材厂、设计研究院、化工学院等。

吉林染料厂、氮肥厂、电石厂的各环节的生产性工程设计分别由苏联化工部苯胺设计院、苏联化工部国立氮气工业研究设计院、苏联国立合成橡胶工业科学研究院等单位负责总承包，共有16个设计院参加设计。

---

① Чжан Байчунь, Яо Фан, Чжан Цзючунь, Цзян Лун. Передача технологий из Советского Союза в Китай. 1949–1966.–С. 178 (Приложение 1).

1951年2月24日，东北重工业部正式提出了吉林染料厂的建设计划任务书，除部分辅助车间及生活福利工程外，全部设计任务委托苏联方面承担。1951年5月末，苏联专家来到吉林，解决勘测中的许多技术问题，还直接参与了染料厂、氮肥厂和电石厂的勘测工作。当时，参加勘测工作的有苏联专家10余人，有东北化工局设计处的100余人，还有东北工业部测量队及地质队的100余人。1952年吉林江北区设立了气象观测站、水文观测站，并将观测资料陆续送往苏联有关设计部门。

1951年6月20日，东北工业部与苏联签订了委托设计吉林氮肥厂生产性工程设计合同。1951年11月22日，东北工业部化工局代表中国政府同意苏联专家提出的吉林电石厂建设计划任务书。

1953年1月，苏联完成了吉林染料厂、吉林氮肥厂的初步设计方案。1953年5月25日和7月25日，中央重工业部代表中国政府分别和苏联签订了吉林电石厂、吉林染料厂的初步设计审核议定书。同时，重工业部在北京批准了吉林氮肥厂的初步设计方案。

1954年3月，苏联方面制定了吉林电石厂石灰、电石、氰氨化钙的技术设计文件并进行会审。同月，重工业部决定在吉林电石厂利用电石原料生产冰醋酸，由北京化工设计院负责设计。

1954年7月27日，重工业部在苏联莫斯科批准了氮肥厂的技术设计方案，同时苏联开始交付施工图纸。1957年3月施工图纸交付完毕。

1954年12月，苏联交付了吉林染料厂的技术设计方案，并在苏联进行会审。1955年8月，苏联开始交付施工图纸，并于1956年底全部交付完毕。

"三大化"于1957年10月25日举行开工典礼。当时的国务院副总理薄一波、化工部部长彭涛和吉林省委第一书记吴德分别为这三个厂剪彩。苏联化工部部长吉哈米洛夫率代表团参加开工典礼并祝贺。《人民日报》以"我们要建设强大的化学工业"为题发表社论，祝贺吉林化工区的开工。

三 吉林染料厂

吉林化学工业公司（组建于1958年1月）染料厂，是在恢复和发展国民经济建设"一五"计划期间，经党中央、国务院决定，在吉林省吉林市松花江北岸原吉林化工厂旧址上建立的新中国第一个染料厂。

染料，特别是有机染料（含有碳、氧、氢、氮、硫、磷等化学元素的染料）被广泛地应用在工业生产中，主要是纺织品印染以及皮革、造纸、木材、塑料、橡胶和食品工业领域。人工合成染料的生产属于有机合成精细化工领域，合成染料是通过对中间体（即半成品，主要是以煤焦油或石油产品为原料生产出的中间产物）的多次化学合成的方式获取的。具有多种化学属性的有机染料还被广泛地应用于油漆、颜料、彩色铅笔、墨水、印刷油墨颜料等产品的生产。合成染料工业具有产品种类繁多（合成染料的型号多）、单品染料生产数量低、多数染料生产环节复杂（染料生产经常会超过10道工序）等特点。①

现代工业生产中需要使用数千种合成染料。因此，为满足新中国现代化多领域工业体系建设的需要，中国要建设能生产合成染料的染料厂。根据中苏双方签订的援建协议，在"一五"期间计划建成一个新型的、年产能力5万吨以上的合成染料和中间体的大型化

---

① В.С. Орехов, Т.П. Дьячкова, М.Ю. Субочева, М.А. Колмакова. Технология органических полупродуктов: учеб. пособие–Тамбов, Изд-во Тамб. гос. техн. ун-та, 2007; Ворожцов Н.Н. Основы синтеза промежуточных продуктов и красителей.–М, Госхимиздат, 1934.–С. 12–20.

工企业①。计划年产8.6万吨合成染料的吉林染料厂②就是苏联援建的第一批化工厂之一。新建的吉林染料厂除了生产合成有机染料之外，还将生产矿物染料和中间体，包括苯胺和苯在内的中间体（半成品），它们除了能直接应用于染料的生产过程之外，还是照相材料、炸药等工业生产原材料的必需品。

  1950年2月14日，东北人民政府、中国技术进出口公司同苏联化工部、全苏进出口公司在莫斯科签订了《关于援助中华人民共和国建设化学工业的协定》及其相关细则。1951年3月，苏联化学工业部副部长拉普切夫等人在我国重工业部化工局局长李满、计划处处长王琳的陪同下赴吉林市松花江北岸原吉林化工厂旧址，对厂址的地理位置、地形、地质、水文、气象、供热等自然条件进行了实地考察。他们综合了大量的厂址调查资料，经过广泛的技术论证，初步确定在吉林化工厂旧址建设第一个染料厂。1950年2月，东北人民政府工业部化工局沈阳化工研究院派研究室主任王子瑜带领一批工程技术人员，到实地进行了厂址的选择和勘察工作。

  厂址选择经过中苏双方初步确定后，东北人民政府工业部化工局提出建厂建设任务书，报请国家计划委员会审批。国家计划委员会于1951年8月24日正式批准建厂。

  1951年6月6日，进入现场勘测阶段，建厂委员会全体成员和勘测队的同志实地察看了建厂位置，了解了各处的地形地貌、地质表面结构以及运输、铁路、排水等设施情况。根据上述条件，组成了建厂勘测队，进入了紧张的现场勘测工作。同时设立了气象观测站，随时观测吉林市气候变化情况。这些建厂前的各项准备工作，

---

① Соглашение об оказании Правительством СССР помощи Центральному народному правительству Китайской Народной Республики в развитии народного хозяйства Китая. 15 мая 1953 г. // Советско-китайские отношения. 1952–1955: Сборник документов.–C. 106.

② Чжан Байчунь, Яо Фан, Чжан Цзючунь, Цзян Лун. Передача технологий из Советского Союза в Китай. 1949–1966.–C. 178 (Приложение 1).

为苏联苯胺染料设计院和基础化学工业设计院提供了准确的建厂设计所需的各项资料。有关地质、水文、气象等材料用飞机运往苏联进行分析，为设计提供数据支撑材料。

根据专家组提供的设计方案，染料厂有机系统由苏联化工部国立苯胺染料工业设计院负责设计，无机系统由苏联基础化学工业设计院负责设计。全部施工图纸共计12052张，截至1956年，全部设计完成并陆续交付使用。

吉林染料厂计划总投资为10500万元（部控制数字为9800万元），从1955年4月开始破土动工。建设期间，苏联政府先后选派20名专家长期驻厂参与援建工作。从基建施工、设备安装、技术队伍培训到试车生产，各个环节都有苏联专家亲自参与、负责并及时予以指导帮助。1956年1月，生产车间正式开始施工。1957年竣工验收了34项工程，建筑面积达134240平方米（其中住宅57389平方米），安装设备2674吨，耐酸衬里430吨，管道58486延长米，电气设备788台（件）。工程质量总评为良好。截至1959年，在占地总面积83公顷的染料厂厂区范围内共建成4个系统（无机系统、染料系统、茎系统、苯系统），22个生产车间，7个辅助车间和动力、仓库、厂区照明、电讯设备、给排水管道（34.7延长公里）、工艺管道（17.97延长公里）、厂区公路（13.17延长公里）等公用工程设施共89项单位工程，总建筑面积为229247平方米。由苏联提供的总重量为6852吨的各类设备共计4691台，全部由苏联专家协助、指导安装到位，并负责试车生产。

参加援建染料厂的有20名苏联专家，其中总工程师2名、主任工程师11名、工艺工程师7名。在厂工作时间最长的是工程师萨巴乔夫·依万格夫利弗奇，他在厂工作时间为1084天。专家组组长安德烈·谢米恩诺维奇·柯列斯尼柯夫在厂工作915天，在场工作时间最短的也有123天。苏联专家具有丰富的工作经验和渊博的学识，在整个基建、安装、试生产等诸多环节中发挥了重要的作用。他们克服了重重困难，创造性地完成了援建任务。据不完全统计，他们在厂期间，书面或口头提出合理化建议2000余条，对加速建设进度、提高质量、节约资金等方面都起到了重要作用。他们的工作作风、工作态度，也是雷厉风行、认真负责的，不管酷暑严寒，都夜以继日地和建厂工人一起工作。专家组组长柯列斯尼柯夫长年指挥在生产第一线，受风寒得了关节炎，走路都很困难。大夫要求他休息，他说："大家都热火朝天地工作，我怎能待在家里休息呢！"在设备安装过程中，专家"分兵把口"，时刻不离现场，严格把好质量关。他们不厌其烦地把知识和技术传授给中国工人。1957年，从德国运来1台离心机，外形新颖、结构复杂，不但中国人不熟悉，就连设备专家萨巴乔夫也从未见过。可他凭借自己多年的工作经验，测绘出它的内部结构，详细地画出了设备的构造图纸，指导安装工人顶着零下30℃的严寒，在一个没有采暖设备的冰冷仓库里，亲手教给工人拆卸和安装的方法，使工人打消了顾虑，终于掌握了离心机的技术性能，平稳地安装到现场。试车生产阶段，为了让工人尽快掌握操作技能，专家们耐心地一次又一次地给工人讲解，有时手把手教工人操作，阴丹士林①车间试车生产时，他们每天跟班工作12小时，直到把工人教到能独立操作为止。专家们不仅平时耐心教工人操作，在危险关头他们也都坚守岗位，和工人们一道排除险情。在一次事故中，高压蒸汽从阀门冒出，响声大震，工人们非常恐慌。专家波波夫不顾个人安危赶忙冲到事故现场，找出了原因，和工人们一道迅速消除了险情。事后，他以实际工作经验反复教给工人处理突发性事故的方法，工人们非常感激。专家们在厂期间，专门为工厂举办了五六期培训班，有5000多人参加过培训。学员们学到了系统的化工理论和技能，为工厂培养出整套化工技术队伍，这些人后来都成为我国化学工业队伍的骨干力量。

---

① 一种有机合成染料，能染棉、丝、毛等纤维和纺织品。颜色的种类很多，常见的是蓝色。

四 吉林电石厂

吉化电石厂是中国第一个五年计划期间由中共中央、政务院批准，由苏联政府援建的156项重点工程之一，设计年产量为6万吨。[①]1951年开始建厂筹备，1957年建成投产。

电石（碳化钙，分子式：CaC_2）是无机化合物。工业上一般采用电炉熔炼法将焦炭与氧化钙在电炉中熔炼生成碳化钙。电石广泛应用于工业的各个领域，例如，建筑焊接。此外，电石还是生产乙酸、乙炔、丙酮、乙烯、苯乙烯、乙烯基纤维素、人造树脂以及合成橡胶的重要化工原料与制造植物生长调节剂和化肥的重要化工原料。[②]

1950年2月14日，东北人民政府、中国技术进出口公司同苏联化工部、全苏进出口公司签订的《关于援助中华人民共和国建设化学工业的协定》中确定，苏联援助中国建设吉林电石碳氮化钙厂。1950年6~11月，东北化工局多次对"满洲"电气化学工业株式会社的第二电石厂进行实地勘察，并在苏联专家的协助下确定吉林市江北"满洲"电气化学工业株式会社旧址为新建电石厂厂址。[③]

[①] Чжан Байчунь, Яо Фан, Чжан Цзючунь, Цзян Лун. Передача технологий из Советского Союза в Китай. 1949–1966.–С. 178 (Приложение 1).

[②] Кузнецов Л.А. Производство карбида кальция.–М., Госхимиздат, 1954.

[③] Александрова М.В. Японский капитал и его значение в развитии промышленности Северо–Восточного Китая.–С. 353.

1951年1月，东北工业部化工局副局长林华同以姚依林为团长的中国贸易代表团在苏联莫斯科就吉林电石厂及其他化工厂的建厂方案问题同苏联达成协议，并正式开始筹备建厂工作。同年3月，东北工业部化工局第三次派专业人员并聘请苏联专家来吉林，对在"满洲"电气化学工业株式会社所遗留下来的石灰、电石、炼焦等设施基础上兴建吉林电石碳氮化钙厂的可行性进行了研究和论证。根据苏联驻华商务代表团提出的资料目录，成立了电石碳氮化钙厂筹建的气象、水文、地质钻探、建筑、铁路、机械、电机、原料生产、建筑材料、工程、编译、资料等13个工作组，负责勘测、调查、材料整理、译制、汇编等工作。1951年5月12日，以电石碳氮化钙设计组组长米哈依诺夫为首的苏联专家5人小组来到吉林电石厂厂址进行气象、水文、地理等建厂材料的搜集工作；6月6日，又派地质专家乌斯克维奇来吉林勘测电石厂厂址的地质情况。1956年3月13日，应中国重工业部邀请，苏联焦化专家果基洛夫、黑色冶金设计院焦化专家什列莫维奇和格拉尼柯夫一行3人来到吉林电石厂，开始具体环节的论证、鉴定和修复焦炉有关资料的搜集工作。东北化工局设计处和苏联专家两次到明城和磐石两地对石灰石矿进行考察，经过分析，苏联专家认为这两个地方的石灰含磷量均高于苏联制造电石的标准，最后经详细研究论证，确定明城的石灰石矿基本符合技术指标要求，最后把该矿作为我国生产电石的原料基地。

1951年11月20日，电石厂建厂设计所需资料全部搜集齐全。根据1951年6月中苏签订的No-00628号设计合同，由中国东北人民政府工业部化工局提出年产能力6万吨的电石碳氮化钙建厂设计任务书，由苏联合成橡胶工业科学研究设计院、国立氮气工业科学研究设计院、国立全苏托拉斯设计安装研究院莫斯科分院、苏联建筑部国立上下水管道设计院等单位承包全部设计任务。全部图纸从1954年3月至1956年9月完成并陆续交付施工。

苏联援助建设的电石厂总投资为4989万元，[①]建筑总面积为51323平方米，包括49个单项工程。其中有年产80970吨的石灰车间、年产63500吨的电石车间、年产14300吨的氰氨化钙车间和1个制桶车间以及机修车间等。施工现场还修建了各种管道29公里、铁路5.4公里，安装各种设备1595台（件），计3414.44吨。其中由苏联设计的有981台（件），由苏联供应的设备有343台（件），计441.39吨。

整个建厂期间，共聘请苏联专家24名，其中有地质专家、设计总工程师、工艺工程师、电石设备安装工程师、电石工艺工程师、石灰煅烧工艺工程师、电热工程师、高压设备调整工程师、碳氮化钙车间工艺工程师、电石及碳氮化钙调整控制工程师、电石炉值班主任、电石炉长、电石工段长、醋酸车间工艺工程师等。总之，在关键岗位都有苏联专家亲自指挥参与或手把手教干部或工人，直至其独立掌握生产技术为止。

苏联专家在组长尤利·彼得罗维奇·雅克福利夫的带领下始终坚持工作在施工第一线，精心施工，确保质量，哪里有问题就出现在哪里，遇到问题随时提出建议。据不完全统计，从施工到试车生产，共提出合理化建议1284条，对加快建厂进度、提高质量、节约原材料、节约资金等都起到了重要作用。在工厂建设期间，出现了基础工程施工与原设计有出入的问题，中国技术人员请教沙卡洛夫专家，他顾不得吃早饭就跑到现场，很快找到了毛病所在，及时准确地解决了问题。1956年，就在苏联十月革命胜利庆祝日的那天中午，有一厂房地面渗水，沙卡洛夫专家顾不上节日休息，亲自跑到现场，当时身边没有翻译，技术人员不得不用笔写汉字说明情况，专家终于弄清了问题所在，并很快解决了问题，没有因此影响施工进度。

[①] Чжан Байчунь, Яо Фан, Чжан Цзючунь, Цзян Лун. Передача технологий из Советского Союза в Китай. 1949–1966.–C. 178 (Приложение 1).

在设备安装阶段，专家们始终不离关键岗位。有一台机械设备是全厂的心脏，设备结构复杂，安装质量要求高、难度大，专家们不仅耐心讲解，而且安装时由始至终都是亲自指挥，有时还要亲自动手，直至把设备安全地、完全合乎国家质量标准地安装到位，受到施工人员的称赞。试车生产阶段，有一位专家根据不同季节、不同气候特点先后5次及时地提出关于安全生产的书面意见，保证了投产的安全。苏联专家平时也都非常注意对干部和工人实际操作技术的培养，直至其能独立工作为止。

电石厂1954年破土动工，到1957年7月25日竣工，又经过3个月的试车生产，最后由化工部部长彭涛、吉林省委书记赵林、化工部副部长张珍、苏联专家局局长纳扎尔金等20多位领导和专家进行了全面验收，基建、设备安装等环节的质量全部良好，受到广泛好评。

吉林电石厂的建成不仅为中国厂矿和企业提供了生产原料，也为振兴中国化工产业做出了贡献。该厂生产的基本化工产品，在工业、农业、建筑业、国防工业和人民日常生活中被广泛使用，起到了重要作用。

五 吉林氮肥厂

吉林氮肥厂于 1957 年建成投产，采用煤化工生产方式生产合成氨（分子式：NH_3）和硝酸铵（分子式：NH_4NO_3）。合成氨是化肥工业和基本有机化学工业的主要原料，硝酸铵在农业上用作肥料，能增加土壤中的氮含量，提高农作物的产量。20 世纪 50 年代初，新中国对化学肥料的年需求量达到 500 万~600 万吨，由于当时的中国没有强大的民族化学工业，因此化学肥料主要依赖进口，耗费了国家的大量外汇。[①]

"一五"期间，国家计划在苏联的援助下建设吉林氮肥厂一期工程，预计年产 5 万吨铵和 9 万吨硝酸铵。[②] 计划到 1958 年，中国在苏联的援助下建成五个大型的化肥厂，化肥年总产量计划达到 21 万吨。[③] 吉林氮肥厂是"一五"期间建成的第一个也是规模最大的化肥厂。

吉林氮肥厂建厂之初，所有勘测、设计、设备材料供应、施工、生产等项工作都是在苏联政府和苏联专家帮助下进行的。根据 1951 年 6 月 20 日中苏双方签订的 No–00628 号合同及第 1~5 号补充议定书，吉林化工区建设合成氨工程的全部设计工作由苏联化工部国内氨气工业科学院负责总承包。设计总工程师为别图霍娃，设计组长为乌

[①] Промышленность КНР. Под общ. ред. М.И. Сладковского.–С. 172.

[②] Чжан Байчунь, Яо Фан, Чжан Цзючунь, Цзян Лун. Передача технологий из Советского Союза в Китай. 1949–1966.–С. 178 (Приложение 1).

[③] Промышленность КНР. Под общ. ред. М.И. Сладковского.–С. 171.

伯达舍夫。共有苏联4个部下属的12个设计单位具体分工负责，其中包括：化学工业部下属的氮气工业科学研究院设计院及分院、氧气工业设计院、基础化学工业设计院；建筑工业部下属的建筑设计总局第二设计院、工业运输设计院哈尔科夫分院、上下水管道设计院、管道结构设计局；冶金化学工业建筑部下属的工业建筑设计院、热力工程局热工设计院；重型机械制造工业部下属的中央机械构造设计局。施工图纸从1954年开始交付，截至1957年陆续交付完毕。共计23375张。

氮肥厂从1954年4月1日开始破土动工，共聘请苏联专家117名。到1957年末，历时三年半，第一期工程共完成81项单位工程。其中生产系统包括氨生产车间、甲醇精制车间、空气分离车间、稀硝酸车间、浓硝酸车间、硝铵车间、干冰车间；辅助生产系统包括机械、电气维修、供电变电、供气供热、给水排水、总化验室、生产控制等车间；全区公用工程包括全区排水设施、全区运输及通信设施等。

工程总建筑面积为142286平方米。总安装工程为106项，苏联提供的化工设备由苏联国内180多家工厂承制（仅莫斯科市就有30多家），还有经苏联转至民主德国、捷克斯洛伐克等国家承制的一部分。最终由苏联提供的化工设备总量达10699吨，控制仪表达4104套。

1951年，为选择厂址和收集建厂原始资料，苏联政府派遣了大批专家来华工作。在测绘工作期间，苏联专家乌斯克维奇和奥尔罗夫亲自承担了从三家子水源地到氮肥厂自流沟的测绘工作。他们在2米深、3000米长的沟内，每天上下几十次，帮助解决了许多技术难题。

1955年，根据化工区基本建设和生产准备工作的需要，在化肥厂设立了苏联专家技术局。专家技术局负责国外设计质量的监督和向三个化工厂委派专家、解决技术疑难问题、为工厂培养技术骨干等工作。同年上半年，出现了氮肥厂基建过程中的设计、土建和安装进度不协调的问题。为此，苏联专家立即制订了统一的进度计划，同时提出了立体交叉作业的建议；强调各部门领导必须抓住工程重点、灵活调度、深入现场指导。由于采纳了苏联专家的建议，土建工程开始按月完成建设计划。

在1956年冬季的施工过程中，在某些材料供应不足或不及时的情况下，专家们采取划分出轻重缓急、帮助制定分期建厂方案、分期投产等实际措施，把全部工程划分为4期，并编制出每期的具体施工计划。铜洗工段基础工程专家建议采用苏联回填砂的施工方法，这种方法既加快了进度，又提高了质量。肮硫工段是动工最晚的主要厂房之一，地质土壤条件差，专家指挥加快垫层施工、采用国产漆代替进口的电木漆，既加快了速度，又节省了数万元资金。

在整个建设过程中，专家们都是亲临现场，在第一线指挥，严把质量关，手把手教工人如何施工和安装。如100多米高、100多吨重的硝酸排气筒的整个吊装，320个压力、4000千瓦压缩机的安装，高层立体交叉平行流水作业方法的推行，大型厂房采用的人造矿石基础施工等，都是由萨卡洛夫、连德列夫、基道夫等专家亲临现场指挥完成的，他们创造了氮肥厂建设中基建施工和设备安装的质量和速度历史性纪录。

试车投产阶段，苏联政府又派来以别良兹为队长的52人的开工队，成立了由中苏双方领导组成的开工指挥部。在苏联技术专家局全面审察各个车间技术文件、操作规程的各项准备工作之后，安排由苏联实习回厂的人员参加试车。按照国建安全验收委员会提供的验收技术资料，由专家们负责编写出每个车间的吹洗方案、试车方案、开车流程顺序等，专家在现场亲自指挥开车试运转，发现故障立即采取措施排除。例如，专家马卡连科发现铜洗三栓泵的低压缓冲器法兰被高压气体冲开后，不顾个人安危，顶着有毒气体，冲到现场紧急处理，避免了一次毁灭性的爆炸事故。在压缩机安装期间，专家基道夫早已到了回国时间，可他不回国，继续指挥并亲自参加设备安装任务。1956年9月，他妻子病重，来电报催他回国，他仍然没有立即回国，继续坚持安装，直到安装完毕、取得试车成功并顺利投产之后，他才离开氮肥厂。化学分析老专家库库什金，研究出一种极好的硝铵填料，他立即组织对氮肥厂研究人员和生产人员进行培训，教会他们如何使用这种材料。

据不完全统计，苏联专家在吉林氮肥厂建设期间共提出合理化建议4000余条，解决了许多技术和管理上的难题，节约了100多万元资金。通过各种渠道为氮肥厂培养了256名技术干部和工人骨干。援助中国的苏联专家充分发扬了国际主义精神，把自己的技术无私地贡献给援助中国建设的事业。

吉林化肥厂（原吉林氮肥厂）二期工程由中国自主设计，计划于1961~1962年完成。根据1958年8月8日中苏双方签订的协议，苏联方面在化肥厂二期工程建设期间，将向中方提供合成氨年产量由5万吨增加到12.5万吨所需的技术设备。①

---

① Чжан Байчунь, Яо Фан, Чжан Цзючунь, Цзян Лун. Передача технологий из Советского Союза в Китай. 1949–1966.–С. 185–186 (Приложение 2).

六 吉林热电厂

吉林热电厂是中国东北地区最大的供热电厂，是中国第一个五年计划期间兴建的156项重点工程之一。①该项目原为吉林化工区拟建的自备电厂，由原东北人民政府工业部化工局于1952年委托苏联设计。1953年5月，中央决定将该电厂项目移交燃料工业部，改称吉林热电厂，筹建阶段的工作由吉林电业局负责。

根据中苏两国签订的援建协议，吉林热电厂工程技术设计由苏联莫斯科火电设计院负责。从1952年到1954年，苏联火电设计院先后派3名专家来到吉林市，对热电厂厂址的地质、地貌、水文、气象等条件做了反复的钻探、勘察，获得了全面资料。1952年开始设计，到1954年初，陆续交付全部图纸。1955年1月开始动工，1959年全部竣工。

热电厂设备安装分6期进行。1~4期安装工程都是由苏联专家援助安装的。第一期安装工程是从1956年开始的，总计为10万千瓦。安装的4台发电机组#1~#4是苏联提供的ВПТ-25-3型25MW（每台2.5万千瓦）高温高压汽轮发电机组。②第二期安装1台#5汽轮发电机组，5万千瓦。第三期安装#6、#7两台汽轮发电机组共10万千瓦。#5、#6、#7机组都是苏联提供的高温双卸抽气

---

① Чжан Байчунь, Яо Фан, Чжан Цзючунь, Цзян Лун. Передача технологий из Советского Союза в Китай. 1949–1966.–C. 53, 175 (Приложение 1).
② ВПТ-25-3型汽输机是指：苏联生产的功率为2.5万千瓦的高压汽输机（В代表高压，主汽压力为50~150兆帕，温度为460~540°C），该机带有工业（П代表工业，压力为2.9~12.7大气压）和采暖（T代表采暖，压力为0.68~2.5大气压）两级调节抽汽。

ВПТ-50-2 型 5 万千瓦的汽轮发电机组。第四期安装 1 台 #8 汽轮发电机组，也是由苏联提供的纯凝汽 BK-100-6 型 10 万千瓦的汽轮发电机组。第五期安装 1 台 #9（与 #8 同型）由苏联提供的汽轮发电机组。第六期安装的两台 #10、#11（每台 5 万千瓦[①]）汽轮发电机组均为我国国产机组。#9、#10、#11 发电机组均为我国技术人员自行安装的。

苏联在设备上的援助是友好无私的。第一期工程安装的 #1、#2 发电机组本来已经安装好 VSKTN 型机械式的自动控制热工仪表系统，[②] 即将运行，可此时苏联国内又新发明了 BTN 型热工电子控制系统装置，专家们不怕困难和麻烦，决定毫无保留地全部拆除已经安装好的设备，重新装上了电子自动控制系统，使吉林热电厂成为中国第一座电子自动控制的高温高压热电厂，而且该项技术很快在中国国内得到推广。

第二期工程安装的 #5 机组，也是苏联新发明的 BП-50-2 型机组，苏联当时仅生产出 3 台，1 台在苏联，1 台在莱比锡博览会展览，第三台本来想安装在苏联克拉斯诺亚尔斯克电站，但为了使中国尽快掌握新设备，不惜推迟自己国内电站的建设工期，而首先给中国吉林热电厂安装上了。第三期工程又为中国特意赶制出两台同样型号的机组，确保了建厂的工程进度。

吉林热电厂是采用当时最先进的技术装备安装的全国最大的高温高压热电厂之一。从 1952 年开始，从勘测设计到基建、安装、试车生产（1~4 期）都是在苏联政府和专家们的热情援助下完成的。

---

① 在苏联和其他社会主义国家的援助下，中国掌握了 5 万千瓦电站发电机组的生产技术，参见《真理报》1958 年 2 月 4 日。
② 热电厂汽轮机等动力设备的正常运转需要实时监控各机组、机械装置以及所有部件的近千种工作参数（包括蒸汽的压力和温度、燃料燃烧过程中产生的气体的含氧量、二氧化碳及其他化学物质的含量、汽轮机的转数、发电厂输出的电流频率及强度等）。因此，除监控数据之外，为了避免意外情况，以及防止电站机器设备突发故障等情况，电站要有无须人工操作的、保障至少 100 个工作参数维持正常的自动装置。

该项目建设先后聘请了60位苏联专家。从第一期工程开始，苏联就派遣了以谢沙波瓦洛夫为组长的19名专家组来厂援建。其中有汽轮机、锅炉安装、锅炉运行、锅炉调试、锅炉机动、电气除尘、电焊、管道、保温、热检、电网调试、化学、土建等方面的专家。在施工中专家们发扬了国际主义精神，以高度负责的态度，随时发现、解决问题。据不完全统计，几年来，他们共提出合理化建议4000多条，大部分被采纳。仅1958年、1959年两年，在厂的专家就提出并解决重大技术关键问题384项。除了传授先进的安装技术经验外，还传授了有关降低工程造价、保证安全施工、缩短工期、企业管理等方面的经验，对加快建设进度、节约原材料、降低成本都起到了重要作用。当时，还通过各种途径为电厂培养了200多名工程技术干部和2000多名技术工人。他们常说："我们的任务就是教会我们的朋友，使我们的朋友都成为专家，加速建设伟大的国家。"

援助中国的苏联专家全国总组长叶菲莫夫是苏联著名的汽轮机全能专家，三次来吉林热电厂指导工作。他多次亲自讲课，把娴熟、精湛的技术无私地传授给中国技术人员和工人，为中国培养出一批比较成熟的安装技术队伍。在安装#7、#8机组时，他和工人们一起干，连续工作两昼夜，不叫一声苦。他对工作精益求精，对每一份图纸都能认真研究落实，亲自解决安装中出现的问题。在他的带领下，安装#6机组仅用了35天，#7机组30天，#8机组47天。这么快的安装速度在苏联也是从来没有过的。苏联专家们的忘我劳动热情、认真负责的工作态度，受到中国工人们的广泛称赞。

吉林热电厂在1959年投产运行之后，成为中国最大、技术设备最先进的热电站之一。

七 吉林铁合金厂

吉林铁合金厂是中国第一个五年计划期间 156 项重点建设工程之一。预计建设周期为 1953~1956 年，投产后预计年产铁合金 250 万吨。①

铁合金是铁与硅、锰、铬、钛、钒以及其他化学元素组成的中间合金，是现代冶金工业的重要产品，主要用来炼制合金和改善耐蚀钢、热强钢、工具钢以及其他专门用途钢材的性能。铁合金的生产主要通过电高炉冶炼的方式进行，②这就要求在铁合金厂附近必须同时建设保障铁合金生产的电站。

根据东北人民政府及中国技术进出口公司、苏联黑色冶金部与莫斯科全苏进出口公司于 1951 年 12 月 31 日签署的援建合同，1952 年初，苏联派布里克夫等 4 名专家来吉林就厂址选择、建厂设计所需资料进行勘测搜集。同年 5 月 31 日，中苏双方就建厂设计、设备供应达成协议。委托苏方设计，并由苏联提供主要设备。根据协议，设计图纸将于 1953 年和 1954 年陆续交付施工，设备于 1954 年和 1955 年上半年全部运抵到位。

除了建厂筹备期间苏联派遣的 4 名负责厂址勘测、建厂资料搜集的专家外，在整个建厂、安装设备过程中，苏联又派遣以莫斯科

---

① Чжан Байчунь, Яо Фан, Чжан Цзючунь, Цзян Лун. Передача технологий из Советского Союза в Китай. 1949–1966.–С. 176 (Приложение 1).
② Бабич В.К. и др. Основы металлургического производства (черная металлургия).–М., Металлургия, 1988.–С. 123–133.

国立重工业设计院工程师吉廖诺舍夫为组长的17名专家参与项目援助建设。他们对工作严肃认真，对工人要求严格，耐心指导，发现问题随时提出。如发现工人不认真对待，他们就向厂长提出意见备忘录。在试车投产过程中，在生产总工程师、专家组组长伏尔科夫的带领下，7名不同专业的工程师亲临现场，分工合作，直接指挥75%硅铁等7个产品的生产流程，使试车生产过程得以顺利完成。在援建过程中，苏联专家共提出了752项合理化建议，对加快建设速度、保证工程建设质量起到了至关重要的作用。

苏联专家还把提高职工技术水平当作援建工作中的一项重要任务对待。通过讲技术课、传授施工经验、实践操作中严格要求等手段帮助职工扎实地掌握技术。他们在讲课中详细介绍了铁合金与金属锰、钛、铁等多种金属的性质和生产工艺，不仅为工厂培养了技术骨干，也为工厂日后扩大再生产提供了有益的资料，为中国合金钢铁基地的建设发展做出了巨大的贡献。

八 吉林炭素厂

从20世纪中叶起,在黑色金属和有色金属冶金业的电弧炉中开始广泛使用石墨电极,这标志着冶金技术取得了重大的突破。冶金行业使用电炉不仅能提高生产效率,还更加环保,同时能提高产品的质量。[①]电弧炉在化学工业中开始得到广泛的应用,例如,可以用电弧炉生产电石。要满足新中国重工业建设的发展需求,就需要建设生产各类工业电极的工厂,吉林炭素厂就是其中之一。

1950年4月19日,东北人民政府、中国技术进出口公司同苏联有色冶金工业部以及全苏进出口公司,在莫斯科签订了援建合同。1950年7月到9月,苏联专家局根据合同规定,选派了结构总工程师法斯托维茨等10名专家来吉林协助勘测、选择厂址、搜集设计资料、商定设计任务书等事宜。1951年1月,由苏联政府正式下达设计任务书,委托苏联有色冶金工业部设计总局下属的两个公司负责设计,委托苏联重工业建筑部下属的3个单位同时参与设计。从1953年11月至1954年6月,陆续交付全部施工图纸。

吉林炭素厂于1954年2月20日破土动工,到1955年10月15日正式投入生产。在苏联专家的大力协助下,建造了厂房、仓库等56000平方米,民用设施52412平方米,安装机械设备3097吨,电气设备497吨,敷设电缆7940米,各种管道工程16520米,筑炉工

---

① Татарченко Д.М. Металлургия чугуна, железа и стали.–3-е изд.–М.–Л., Гос. научно-тех. изд-во, 1932.–С. 438–444. Уткин Н.И. Металлургия цветных металлов.–М., Металлургия, 1985.

程24420吨，铺设铁路专用线3949米。架设高压线1070米，建成了年产能力22300吨[①]、初具规模的炭素制品厂，经过国家验收全部质量优良。

在整个建厂过程中，共聘请了59名苏联专家。其中有筑炉专家托克列夫、鲍德涅诺夫，煅烧炉专家阿法纳耶夫，混挖破碎专家普烈斯曼，结构、电气专家利夫察，仪表专家哥列波聂克，煤气专家奇群，技术检查专家杜德尼克，生产总指挥、总工程师格鲁吉诺夫，等等。各个关键岗位都有专家参加援建。他们坚守岗位，对工作认真负责，严把质量关，随时解决发现的技术难题。在建厂期间，共提出合理化建议4000余条，编写出600多个施工规程，大部分被采纳应用，为高质量、高速度建成炭素厂做出了重大贡献。

[①] Чжан Байчунь, Яо Фан, Чжан Цзючунь, Цзян Лун. Передача технологий из Советского Союза в Китай. 1949–1966.–С. 177 (Приложение 1).

九　吉林丰满发电厂

吉林丰满发电厂①是日本帝国主义为了扩大侵略战争和掠夺东北丰富的自然资源于1937年动工修建的。按照最初设计，电站将安装8台功率为7万千瓦的发电机组。②丰满发电厂1942年开始蓄水，1943年3月开始发电。直至1945年8月日本投降时，整个工程还没有完成，当时的大坝千疮百孔，混凝土浇筑量只完成了89%，实际运行的只有6台发电机组。③中华人民共和国成立不久，中央人民政府委托苏联政府对丰满发电厂进行全面的改造和扩建，并将其列为第一个五年计划156项重点建设项目工程之一。

刘少奇副主席在1949年12月22日给斯大林的电报中详细通报了丰满发电站当时的状况："丰满水电站属坝式水电站，大坝使湖水形成69米落差，通过涡轮发电机利用水压进行发电。水电站的大坝属于混凝土重力坝，大坝长1080米，高91米。据观察大坝每秒渗水量达0.5立方米，严重渗水引起坝面混凝土的剥蚀。由于近二三年大坝渗水量增加了一倍，水电站建筑主体及设备地基也都出现了裂缝。目前大坝、水电站主体建筑的状况给水电站的正常运转造成了严重的威胁。待苏联专家研究后拿出修缮工作的意见……需要研究

---

① 中国及苏联的某些资料中，丰满电站也被称作小丰满。
② Китайская Народная Республика в 1950-е годы. Сборник документов: В 2 т. Под ред. В.С. Мясникова.–Т. 2: Друг и союзник Нового Китая.–С. 475.
③ Александрова М.А. Японский капитал и его значение в развитии промышленности Северо–Восточного Китая (конец XIX в.–1945 г.) // Китай в мировой и региональной политике. История и современность. Выпуск XIX.–С. 335.

渗水原因并制订出具体的修缮工作计划。特此专门发电报给您，请您将高水平的苏联专家组派往中国，以便评估目前大坝状况并指导研究大坝渗水原因、坝面混凝土状况以及修补方法。"①

1949年12月至1950年1月，毛泽东主席在苏联访问期间，于1950年1月2日就丰满水电站当时存在的技术以及大坝受损严重等问题专门给斯大林写了一封信，信中写道："斯大林同志：位于松花江上的小丰满水电站面临损毁威胁，问题性质严重。我们亟须苏联方面援助修复该电站。由于修建大坝时使用了劣质的水泥，大坝目前剥蚀严重……大坝修建工程并未完工——尚差20万立方米混凝土没有浇筑。大坝的损毁使东北地区的工业正面临停电的危险，生活在松花江河谷的几百万人口、哈尔滨和吉林两个城市也正面临水灾的威胁。"②中国领导人请求苏联尽快派大坝以及水电站设备方面的专家到丰满水电站指导修复工作。

1950年1月6日，苏联政府决定向中国派出4名经验丰富的专家，利用一个月的时间评估丰满水电站的现状，了解水电站所有建筑设施的状况，制定预防水电站发生事故的具体措施方案。③后来，水电站的修复工程被正式列入"一五"期间苏联援助中国的156个重点工程项目之中。④

1950年4月，苏联政府决定，丰满发电厂的改建、扩建的工程

---

① Китайская Народная Республика в 1950-е годы. Сборник документов: В 2 т. Под ред. В.С. Мясникова.–Т. 2.–С. 475–476.

② Письмо председателя Центрального народного правительства КНР Мао Цзэдуна И.В. Сталину с просьбой о помощи КНР в ремонте гидростанции Сяофынмэн на реке Сунгари. // Русско-китайские отношения в XX веке. Документы и материалы. 1946–февраль 1950 гг.–Кн. 2.–С. 251, 558.

③ Запись беседы министра иностранных дел СССР А.Я. Вышинского с председателем Центрального народного правительства КНР Мао Цзэдуном по вопросам советско-китайских отношений. // Русско-китайские отношения в XX веке. Документы и материалы. 1946–февраль 1950 гг.–Кн. 2.–С. 257, 558–559.

④ Чжан Байчунь, Яо Фан, Чжан Цзючунь, Цзян Лун. Передача технологий из Советского Союза в Китай. 1949–1966.–С. 175 (Приложение 1).

设计由莫斯科水电设计分院来承担。该院遂派遣了以设计总工程师爱沙别尔金·格里高罗维奇为首的专家小组一行12人来丰满电站现场考察，收集资料并进行地质勘探工作。当时的工作量，几乎同重新设计一个新的发电厂的设计任务量相当。莫斯科水电分院遵照中国政府提出的保证拦江大坝安全、延长拦江坝寿命的要求，按照在原有基础上最大限度地提高电站发电能力、尽量减少下游地区水害的原则，提出全面改建和扩建丰满水电站可行性的具体措施和依据，确定了6项改建、扩建工程项目，设计出全部施工图纸和所需设备的资料。1953年圆满地完成了整个设计任务。

改建、扩建所需要的自动化设备都是由苏联方面提供的，苏联政府指定列宁格勒金属加工厂、动力工厂和基洛夫的多家工厂先后为丰满电厂赶制出五台巨型水力发电机组。该机组的规格几乎与原来的旧机组（瑞士、德国、美国造）相同，但每台新机组的容量比旧发电机大15500KVA（千伏安），效率提高7%，发电机出力增加22%，即每台机组容量为72540千瓦，设计全场总容量为554000千瓦。比日本原设计增加17%，比美国原设计容量超出55%。苏联政府还提供了一批比较先进的高压空气开关和全部溢洪闸门等自动化的最新设备。

丰满发电厂的整个改建扩建工程都是在苏联专家直接指挥下进行的。他们把先进施工技术应用于工程建设中。从1950年到1957年，苏联专家共提出4800条宝贵的建议，大部分被付诸实施。除建厂准备时派来的12名专家外，在整个工程建设中，苏联又派来了相当于一个发电厂各个岗位的全套技术专家，共计19名，专家组长为沙科夫，其中有15名专家长期驻厂。1950年开始，在拦江坝上新浇筑了209万多立方米混凝土，使全长1080米的整个坝体都达到了设计要求的高度。在拦江坝及其基础的钻孔灌浆工程中，由苏联混凝土专家考山斯基等具体指导，运用了苏联最先进的帷幕灌浆法，工程从1951年7月2日开始施工，到1953年9月27日竣工，比原计划提前了一年零三个月。共钻孔77206米，插筋2286吨，灌浆3000余吨，使坝体相对变形保持在 11.8 毫米，比过去较低水位情况下相对变形 42 毫米减少了 30.2 毫米。监察廊漏水由 270 升/秒降低到 5 升/秒，有效解决了坝体渗、漏水稳定性的问题，将这个原来狼牙锯齿的堤坝改造成为比较坚固、比较平整的坝体。

溢洪道及坝下护坦效力设施改建工程，于 1951 年 11 月至 1953 年 5 月两次冬季施工，在专家康斯坦丁诺夫的指导下采用苏联先进的混凝土真空作业法，目的是解决在汛期从溢洪口溢出的大量急流冲坏坝基和河床的风险，采用苏联列宁格勒全苏水工科学研究院当时新研制成功的先进技术，即在坝基下游新建一个月牙形的差动式跃水坎（也叫消力线），当洪水以排山倒海之势流到坝基下时，差动式跃水坎使带有巨大惯性力的急流跃上二三十米高空，抛往一百五六十米的远方，变成飞云腾雾般的水花然后再轻轻地落下来，流向下游，使坝基和河床都免遭破坏。这一新科研成果的运用对延长坝基的寿命、减少浮力都起到了至关重要的作用，在中国水电史上写下了光辉的一页。在专家康斯坦丁诺夫的指导下，采用苏联先进的预压粗骨料施工方法，修补了拦江坝的上游和下游的坝面，防止了坝面破损部分的扩大，同时减少了坝面的漏水。

在苏联水轮机专家奥尔罗夫等的指导和亲自带领下，除了把两台旧机器改装成自动化机组外，先后新安装了六台自动化程度比较高的巨型发电机组，不仅高质量、高速度、安全地安装好全部机组，还为中国培养出水电安装技术队伍。当时参加安装的中国工程师吴秉言说："第一台机组安装主要是由苏联专家做，我们在一旁看着学，安装第二台机组时是我们做，专家在一旁指导，安装第三台机组时，专家连看也不看了。"苏联专家培养中国技术人员独立完成安装任务的愿望终于实现了。

在整个安装和试生产的过程中，为解决输配电供求之间平衡的重大技术难题，1956 年，在电气专家胡巴谢夫的指导下，所有机组都安装了苏联当时最新的低频率自同期装置。当电力网发生事故而造成电力不足时，丰满发电厂的备用机组便会自动在一两分钟内启动并马上并入电力网。这个装置在提高东北电网供电的可靠程度上起到了重要作用。另外，为了确保高压输配线路的安全送电，在苏联机电保护专家瓦文的亲自指导下，在线路上安装了一系列苏联的新式保护装置，特别是采用苏联最新的自动重合闸装置，在超高压线路发生故障时，它就会自动跳闸合闸恢复送电。这种动作的全部时间只需要0.3秒。如果没有这种装置，发生故障时，至少需要半个小时才能恢复送电。

苏联专家仍然把培养中国技术力量当作重要的任务。除了在现场具体指导、耐心地手把手传授之外，在业余时间每位专家都讲技术课，并亲自制定了全部操作规程。当时安装公司对苏联专家的各种建议和施工过程中的各项记录进行了一次总体的整理汇编，这本总汇编奠定了中国在水轮机安装技术方面的理论基础，也成为大型水轮机安装的基本大纲。专家们举办了各种培训班，他们通过耐心的讲解和教导，为电厂培养出2000多名技术人员和管理人员，这些人员成为新中国水电事业的骨干。这批骨干力量后来遍布在中国的大部分水电系统。在20世纪五六十年代的中国，哪里新建水电站，哪里就有苏联专家在丰满培养出来的技术安装力量。这其中就包括后来任国务院总理的李鹏。李鹏在1948~1954年在莫斯科动力学院学习，1955~1966年任丰满发电厂副厂长、总工程师，后来又担任东北电业管理局副总工程师。

在苏联专家的无私援助下，丰满发电厂发生了翻天覆地的变化，发电能力由新中国成立初期的12.5千瓦到20世纪50年代末期的55.375千瓦，成为东北工业发展中重要的动力枢纽。

结束语　21世纪中俄合作新篇章

1949年10月1日中华人民共和国宣告成立。这是中华5000年历史长河中的一个重要事件。中华人民共和国成立之后，用了不长时间就恢复了20世纪毁于战乱的国家经济，并且成功实现了大规模的社会主义改造，完成了经济的飞跃发展。今日的中国已经成为世界上最具影响力的国家之一，而且永久摆脱了经济和政治上的对外依赖，就像习近平主席指出的那样，中国摆脱了西方帝国主义列强强加给中国的百年屈辱。

20世纪50年代，在成立的最初十年，新中国在苏联的全面援助与支持下奠定了坚实的、大规模工业发展的基础。建成了数百个大型现代化工业企业，数以千计的先进技术流程被广泛应用到生产中，还建成了许多现代化的科研与教育基地。20世纪50年代的最初十年也因此被称为中苏友谊发展的"伟大十年"。在这部书中我们用真实的事例和数据来讲述了这段历史。

20世纪60~80年代，中苏关系发展经历了许多困难和问题。但从90年代开始，在中俄双方的共同努力下，这些困难被成功克服。

1996年，中俄双方宣布建立发展"平等互信、面向21世纪的战略协作伙伴关系"。2001年，中俄两国签署了睦邻友好合作条约。因此，当今中俄两国之间的关系，就像两国领导人所评价的那样，是"基于世代友好基础"上的"全面战略协作伙伴关系"。在正式文件中使用这样的术语来评价当今的中俄关系无疑具有特别重要的意义。

中俄国家领导人之间定期的、频繁的会晤对于新时期中俄关系的发展具有重要的促进意义。例如，中国国家主席习近平与俄罗斯总统弗拉基米尔·普京在2015年一年之内就举行了五次会晤，2016年6月、9月、10月和12月又分别举行了四次会晤。这些数字还不包含双方多次的电话会谈及相互致信。两国领导人之间的会晤不仅仅是国家领导人之间的单纯对话，更重要的是，促进了两国在各领域主要是经济领域多个双边协议的签署和许多具体重要问题的解决。俄罗斯总统对中国进行了多次国事访问，并多次出席与"一带一路"建设相关的重大活动。

2013年秋，中国国家主席习近平提出了"一带一路"倡议。这是中国在近十年工业、技术快速发展并成为"世界工厂"的背景下，与"一带一路"沿线的欧亚大陆国家积极发展平等合作、互利共赢、共同发展的创新合作模式。"一带一路"建设的一个重要环节就是要建立起联系东亚地区和欧洲大陆及海上通道的网络系统。

中国提出的"一带一路"建设的范围将覆盖欧亚大陆的大部分区域。与中国相邻的数十个国家将参与到"一带一路"建设中来。其中既有发达国家，也有发展中国家，这些国家都对"一带一路"倡议对本国的交通运输及物流网络的发展以及由此带来的本国工业企业和其他行业发展产生了浓厚的兴趣，并希望以此为契机实现以优惠条件吸引投资、引进现代化技术的目的。

在"一带一路"倡议实施过程中，俄罗斯的参与方式与作用不容忽视。众所周知，连接地球上最大的陆地欧亚大陆东部与西部的多条重要铁路干线（首先是西伯利亚大铁路）都途经俄罗斯境内。除此之外，北冰洋航线也经过俄罗斯北冰洋沿岸地区。该地区因大陆架蕴藏着丰富的油气资源，也因目前全球气候条件变化而具有越来越重要的地位。还有一个重要的因素是，俄罗斯是欧亚经济联盟的倡导国，其成员国中包括苏联解体之后独立出来的部分独联体国家。其中包括对建设"丝绸之路经济带"有着重要意义的哈萨克斯坦和白俄罗斯等国。无论是中国，还是俄罗斯，都早已与上述国家建立并发展起多领域的双边经济合作。

上述经济合作背景促成了中国国家主席习近平在2015年5月访问莫斯科期间与俄罗斯总统普京会谈后达成中俄两国就丝绸之路经济带建设与欧亚经济联盟建设对接问题的原则性决议，具体内容在2015年5月8日发布的中俄联合声明中有所体现。一年之后，2016年6月，俄罗斯总统普京在访问中国期间在两国元首发表的联合声明中又对该问题加以明确（详见结束语后所附文件）。

以中俄两国领导人达成的战略协议为基础，中俄两国政府及相关的经济部委提出了具体实施举措。2016年成立了中国东北地区与俄罗斯远东及贝加尔地区政府间合作委员会。多项国际合作项目，包括建设"西伯利亚力量"天然气管道，建设途经中国、哈萨克斯坦、俄罗斯的高铁项目等都已经进入具体实施阶段。

中国与俄罗斯就地理位置而言是邻国，又是20世纪40~50年代政治和经济的合作伙伴。随着历史的发展、双方合作与协作经验的不断积累以及两国人民友谊的进一步巩固，中俄两国不止一次地确认，只有在共同合作的基础上才能成功地解决我们所面临的各种问题。特别是在遇到困境的时候，向合作伙伴伸出援手，相互给予全方位的政治和经济援助是非常必要的，因为只有这样，才能达到合作共赢的目的。

从两国签署的文件看中俄关系的发展前景

《中华人民共和国与俄罗斯联邦关于丝绸之路经济带建设和欧亚经济联盟建设对接合作的联合声明》[①]

中华人民共和国和俄罗斯联邦（以下简称"双方"），确认将深化两国全面战略协作伙伴关系，促进欧亚地区及全世界平衡和谐发

---

① 资料来源：中央政府门户网站，http：//www.gov.cn/xinwen/2015-05/09/content_2859384.htm。

展，声明如下：

一

俄方支持丝绸之路经济带建设，愿与中方密切合作，推动落实该倡议。

中方支持俄方积极推进欧亚经济联盟框架内一体化进程，并将启动与欧亚经济联盟经贸合作方面的协议谈判。

双方将共同协商，努力将丝绸之路经济带建设和欧亚经济联盟建设相对接，确保地区经济持续稳定增长，加强区域经济一体化，维护地区和平与发展。双方将秉持透明、相互尊重、平等、各种一体化机制相互补充、向亚洲和欧洲各有关方开放等原则，通过双边和多边机制，特别是上海合作组织平台开展合作。

二

为推动实现上述目标，双方将在以下优先领域采取步骤推动地区合作：

- 扩大投资贸易合作，优化贸易结构，为经济增长和扩大就业培育新的增长点。
- 促进相互投资便利化和产能合作，实施大型投资合作项目，共同打造产业园区和跨境经济合作区。
- 在物流、交通基础设施、多式联运等领域加强互联互通，实施基础设施共同开发项目，以扩大并优化区域生产网络。
- 在条件成熟的领域建立贸易便利化机制，在有共同利益的领域制订共同措施，协调并兼容相关管理规定和标准、经贸等领域政策。研究推动建立中国与欧亚经济联盟自贸区这一长期目标。
- 为在区域经济发展方面能够发挥重要作用的中小企业发展创造良好环境。
- 促进扩大贸易、直接投资和贷款领域的本币结算，实现货币互换，深化在出口信贷、保险、项目和贸易融资、银行卡领域的合作。
- 通过丝路基金、亚洲基础设施投资银行、上海合作组织银联体等金融机构，加强金融合作。

• 推动区域和全球多边合作，以实现和谐发展，扩大国际贸易，在全球贸易和投资管理方面形成并推广符合时代要求的有效规则与实践。

三

双方支持启动中国与欧亚经济联盟对接丝绸之路经济带建设与欧亚经济一体化的对话机制，并将推动在双方专家学者参与下就开辟共同经济空间开展协作进行讨论。

双方将成立由两国外交部牵头、相关部门代表组成的工作组，协调上述领域的合作。双方将通过中俄总理定期会晤机制及其他双边合作机制，监督上述共识的落实进程。

莫斯科

2015 年 5 月 8 日

《中华人民共和国和俄罗斯联邦联合声明》摘选[①]

今年是双方宣布发展平等信任、面向二十一世纪的战略协作伙伴关系 20 周年，也是《中华人民共和国和俄罗斯联邦睦邻友好合作条约》签署 15 周年。

条约汲取中俄两国数百年来交往的积极经验，基于公认的国际法原则和准则，已成为当代中俄关系的国际法基础，充分体现了中俄两国人民睦邻友好的深厚历史传统和两国热爱和平的对外政策。

…………

条约签署 15 年来，中俄关系保持快速发展，达到历史最高水平，牢固的政治互信是两国关系的最主要特征。发展双边关系成为两国对外政策的主要优先方向。

---

① 资料来源：新华网，http://www.xinhuanet.com//politics/2016-06/26/c_1119111908.htm。

....

基于《中俄睦邻友好合作条约》确立的世代友好理念和共同目标，双方声明如下：

——支持对方自主选择发展道路和社会政治制度的权利，在维护各自主权、领土完整和安全等涉及彼此核心利益问题上相互坚定支持；

——基于平等信任、相互支持、共同繁荣、世代友好的中俄全面战略协作伙伴关系新阶段，继续扩大和深化双方全方位合作，并将其作为各自对外政策的优先方向；

——支持和发展高层战略信任对话，提升现有机制效率，根据需要建立新的政府、立法机关、部门及地方间合作机制；

——保持双边贸易稳定快速发展势头，逐步优化贸易结构，创新合作模式，为实现2020年前双边贸易额达到2000亿美元创造必要条件，扩大相互投资规模；

——坚持一揽子合作原则，推进油气、煤炭、电力、可再生能源、能源装备等领域合作，在互利共赢基础上建立长期能源战略伙伴关系；

——坚持一揽子合作原则，在平衡双方利益的基础上推动中俄核领域全面务实互利合作；

——积极探寻新的科技及创新合作模式，加强全方位合作，在优先领域开展联合基础研究和高新技术研发，促进科研成果商业化和产业化；

——在和平利用外层空间基础上，全面推动《2013—2017年中俄航天合作大纲》的落实，深化空间对地观测、月球与深空探测、火箭发动机、航天电子元器件及卫星导航等大型项目的合作；持续推进卫星导航领域务实合作，推动中国北斗和俄罗斯格洛纳斯系统进一步融合与互补；

——拓展和深化地方合作，积极运用"中国东北－俄罗斯远东"和"长江－伏尔加河"模式的经验，完善合作模式和机制，以推动重点项目，培育新的合作增长点；

……………

双方强调，落实中俄 2015 年 5 月 8 日《联合声明》中确定的丝绸之路经济带建设与欧亚经济联盟建设对接合作的共识具有重大意义。中俄主张在开放、透明和考虑彼此利益的基础上建立欧亚全面伙伴关系，包括可能吸纳欧亚经济联盟、上海合作组织和东盟成员国加入。鉴此，两国元首责成两国政府相关部门积极研究提出落实该倡议的举措，以推动深化地区一体化进程。

北京

2016 年 6 月 25 日

图书在版编目(CIP)数据

"一五"计划时期中苏工业合作史实研究.吉林卷/王金玲等编著. -- 北京：社会科学文献出版社，2020.9
ISBN 978 - 7 - 5201 - 7360 - 5

Ⅰ.①一… Ⅱ.①王… Ⅲ.①中苏关系 -国际关系史 -研究 -1953 - 1957②工业史 -研究 -吉林 -1953 - 1957 Ⅳ.①D829.512②F429.07

中国版本图书馆 CIP 数据核字(2020)第 180758 号

"一五"计划时期中苏工业合作史实研究（吉林卷）

编　　著 / 王金玲　帕斯穆尔采夫 A. V.　王 宁 等

出 版 人 / 谢寿光
责任编辑 / 史晓琳
文稿编辑 / 郭锡超

出　　版 / 社会科学文献出版社（010）59367142
　　　　　　地址：北京市北三环中路甲 29 号院华龙大厦　邮编：100029
　　　　　　网址：www.ssap.com.cn
发　　行 / 市场营销中心（010）59367081　59367083
印　　装 / 三河市尚艺印装有限公司

规　　格 / 开 本：787mm × 1092mm　1/16
　　　　　　印 张：19.25　字 数：255 千字

版　　次 / 2020 年 9 月第 1 版　2020 年 9 月第 1 次印刷

书　　号 / ISBN 978 - 7 - 5201 - 7360 - 5
定　　价 / 99.00 元

本书如有印装质量问题，请与读者服务中心（010 - 59367028）联系

▲ 版权所有 翻印必究